O SOCIALISMO

O livro é a porta que se abre para a realização do homem.

Jair Lot Vieira

Émile
Durkheim

O SOCIALISMO

DEFINIÇÃO E ORIGENS
A DOUTRINA SAINT-SIMONIANA

Tradução e Apresentação
Sandra Guimarães
Pós-doutoranda em Filosofia pela PUC-Rio.
Pós-doutora em Literatura, Cultura
e Contemporaneidade pela PUC-Rio.
Doutora em Literatura Comparada
pela Université Sorbonne Nouvelle – Paris III
e pela Universidade Federal Fluminense – UFF.
Mestre em Literatura Francesa
pela Universidade Federal Fluminense – UFF.
Pesquisadora associada da
Cátedra UNESCO de Leitura da PUC-Rio
desde outubro de 2011.

Copyright desta edição © 2016 by Edipro Edições Profissionais Ltda.
Todos os direitos reservados. Nenhuma parte deste livro poderá ser reproduzida ou transmitida de qualquer forma ou por quaisquer meios, eletrônicos ou mecânicos, incluindo fotocópia, gravação ou qualquer sistema de armazenamento e recuperação de informações, sem permissão por escrito do editor.

Grafia conforme o novo Acordo Ortográfico da Língua Portuguesa.

1ª edição 2016

Editores: Jair Lot Vieira e Maíra Lot Vieira Micales
Coordenação editorial: Fernanda Godoy Tarcinalli
Tradução: Sandra Guimarães
Editoração: Alexandre Rudyard Benevides
Revisão: Francimeire Leme Coelho
Arte: Karine Moreto Massoca

Dados Internacionais de Catalogação na Publicação (CIP)
(Câmara Brasileira do Livro, SP, Brasil)

Durkheim, Émile, 1858-1917.
  O socialismo / Émile Durkheim; tradução e prefácio Sandra Guimarães. – São Paulo : EDIPRO, 2016.

  Título original: Le socialisme.
  Bibliografia
  ISBN 978-85-7283-975-4

  1. Sociologia I. Guimarães, Sandra. II. Título.

16-01806   CDD-301

Índice para catálogo sistemático:
1. Sociologia : 301

São Paulo: Fone (11) 3107-4788 • Fax (11) 3107-0061
Bauru: Fone (14) 3234-4121 • Fax (14) 3234-4122
www.edipro.com.br

Sumário

APRESENTAÇÃO	7
Émile Durkheim	7
Durkheim e seu tempo	9
As influências	11
A carreira e a obra	14
O socialismo	14
LIVRO I – DEFINIÇÕES E ORIGENS DO SOCIALISMO	17
Capítulo I – Definição do socialismo	19
Primeira lição	19
Segunda lição	33
Capítulo II – Socialismo e comunismo	41
Segunda lição (*continuação*)	41
Terceira lição	47
Capítulo III – O socialismo do século XVIII	55
Terceira lição (*final*)	55
Quarta lição	62
Capítulo IV – Sismondi	77
Quinta lição	77

6 | O SOCIALISMO

Livro II – Saint-Simon – Sua doutrina – A escola saint-simoniana 89

Capítulo V – Saint-Simon (vida e obra) 91

Quinta lição (*final*) 91

Sexta lição 95

Capítulo VI – A doutrina de Saint-Simon – Fundação do Positivismo 99

Sexta lição (*continuação*) 99

Sétima lição 113

Capítulo VII – A doutrina de Saint-Simon (*sequência*) – Origens históricas do Sistema Industrial 117

Sétima lição (*final*) 117

Oitava lição 129

Capítulo VIII – A doutrina de Saint-Simon (*sequência*) – Organização do Sistema Industrial 135

Oitava lição (*final*) 135

Nona lição 145

Décima lição 159

Capítulo IX – A doutrina de Saint-Simon (*final*) – O internacionalismo e a religião 173

Décima primeira lição 173

Décima segunda lição 188

Capítulo X – Saint-Simon (*final*) – Conclusões críticas 193

Décima segunda lição (*final*) 193

Capítulo XI – A Escola saint-simoniana – Conclusões críticas do curso 205

Décima terceira lição 205

Décima quarta lição 220

Conclusões do curso 237

Apresentação*

Émile Durkheim

Considerado um dos fundadores da sociologia moderna, David Émile Durkheim nasceu em Épinal, uma pequena cidade no nordeste da França, em 1858, em uma família de devotos judeus franceses. Mesmo tendo optado precocemente por uma vida totalmente secular – seu pai e seu avô eram rabinos –, nunca rompeu os laços com a família ou com a comunidade judaica, desenvolvendo um trabalho marcado pela preocupação com a integridade da nova sociedade que surgia, em uma era marcada pela ruptura dos laços sociais e religiosos tradicionais.

Diante da nova estrutura social que emergia com o capitalismo, mergulhou no passado e, com ele, em autores que, de alguma forma, tentaram encontrar soluções para os diferentes "gritos de dor" e de indignação que as diversas sociedades, cada uma desigual a seu modo, provocaram ao longo dos séculos.

Assim, nas aulas ministradas em 1895 e 1896 na Faculdade de Letras de Bordeaux, tentou estabelecer distinções conceituais entre o comunismo e os socialismos (autoritário e democrático), com o mesmo cuidado metodológico característico das suas obras. Visitou, para tanto, um vasto campo conceitual que envolvia pensadores como Platão, Thomas More, Campanella, Saint-Simon, Proudhon e Fourier, dentre outros, chegando até Marx,

---

*. Nesta série das clássicas obras de Durkheim a Edipro já publicou, além do presente livro: *As regras do método sociológico* (2012), *O suicídio – estudos de Sociologia* (2014), *Sociologia e Filosofia* (2015), *Lições de Sociologia* (2015), *Da divisão do trabalho social* (2016) e *Educação e Sociologia* (2016). Encontram-se ainda em processo de tradução e produção editorial os títulos: *L'education morale* e *Les formes élémentaires de la vie religieuse*, a serem lançados em breve. (N.E.)

8 | O SOCIALISMO

cujos textos conheceu por meio do amigo finlandês, Neiglick, durante sua estadia em Leipzig. E foi partindo da herança cultural deixada por essas reflexões – que transitavam entre a utopia, o comunismo e o socialismo – que chegou à conclusão de que a paixão, a sede de uma justiça mais perfeita e a compaixão pela miséria das classes trabalhadoras foram as grandes fontes de inspiração de todos esses sistemas, e que eles nada mais eram do que um "grito de dor" perpetrado por aqueles que sentiam mais vivamente o mal-estar coletivo de seu tempo.

No seu estudo, procurou definir os traços comuns entre as diferentes percepções do socialismo, a fim de tentar descobrir sua verdadeira essência. Não tentava, portanto, fazer do socialismo uma ciência, mas um objeto da mesma:

> O socialismo não é uma ciência, uma sociologia em miniatura, é um grito de dor e, por vezes, de cólera, dado por homens que sentem mais vivamente nosso mal-estar coletivo. Ele é para os fatos que o suscitam o que são os gemidos do doente para o mal de que sofre e as necessidades que o atormentam. [...] Se ele não é uma expressão científica dos fatos sociais, ele mesmo é um fato social da mais alta importância. Se ele não é uma obra da ciência, é um objeto da ciência.[1]

Vislumbrando um mundo atravessado pelos egoísmos individuais e pelos apetites desenfreados, que a emergência do capitalismo exortou, passa a conceber a sociedade como um fato moral e o surgimento do socialismo como o reflexo da necessidade de uma reforma moral. Podemos dizer, no entanto, que, embora compartilhasse da indignação e da dor que esse mal-estar coletivo deflagrava, não defendeu reformas radicais e manteve-se a razoável distância dos movimentos partidários e políticos de seu tempo.

Propunha, contra o egoísmo e os apetites sociais patológicos, o resgate da solidariedade, que fazia parte da natureza coletiva, mas que havia se esvaído com a crise da religião e dos valores tradicionais. Nas suas pesquisas sobre o socialismo, observa que nas sociedades medievais as funções sociais estavam submetidas a dois poderes essenciais – o temporal e o espiritual – e passa a defender o argumento de que a sociedade de seu tempo também deveria estar submetida a um poder, simultaneamente, político e moral. Ou seja, para Durkheim, no período medieval, de um lado, havia os chefes do Exército, cuja reunião constituía o feudalismo e aos quais toda a sociedade estava subordinada, para tudo o que fosse relativo ao secular. Isso significava que as propriedades estavam em suas mãos, e os trabalhadores, individual ou coletivamente, estavam sob sua dependência. E do outro lado,

---

1. Ver, nesta edição, p. 20-1.

APRESENTAÇÃO | 9

havia o clero, que detinha a direção espiritual da sociedade. Com isso, os primeiros regulavam soberanamente as operações produtivas de riquezas, e os segundos, as consciências. Era, enfim, essa dupla submissão que constituía a organização social. Portanto, para se organizar, a sociedade industrial do século XIX também deveria estar submetida a um poder, ao mesmo tempo político e moral, capaz de sanar os males do capitalismo. Entretanto, segundo o sociólogo, por permanecer distante dos indivíduos, o Estado moderno não se mostrava apto a exercer tal função. Em contrapartida, os grupos sociais e as corporações, além de servirem de intermediários entre os indivíduos e o Estado, teriam autoridade moral para frear os apetites e estabelecer a disciplina. Socialista a sua própria maneira, Durkheim contrapunha-se ao comunismo de Marx em vários aspectos. Acreditava – muito mais do que na superação do dilema da propriedade e da coletivização dos instrumentos de produção – em uma sociedade na qual os interesses individuais fossem conciliados com os interesses coletivos, a partir da moralização das atividades comerciais e industriais. Também não defendia a utilização de meios violentos para sanar os problemas das lutas entre trabalhadores e empresários. E, mesmo durante o caso Dreyfus[2], em que assumiu uma posição mais ativa, não se entregou definitivamente a um movimento ideológico específico.

Para ele, as lutas de classes refletiam, sobretudo, a falta de organização da sociedade moderna, e caberia à solidariedade, enfim, a tarefa de recuperar o sentimento de unidade real, essencial para uma sociedade mais igualitária.

Durkheim e seu tempo

Como homem de seu tempo, assistiu e participou dos principais acontecimentos da História francesa e da História europeia. Aos 12 anos, vivenciou o impacto socioeconômico provocado – não apenas pela instabilidade política e militar vivida então por todo o continente europeu – mas, sobretudo, pela crise em que seu país mergulhara, após a desastrosa campanha franco-prussiana.

---

2. Escândalo político ocorrido no final do século XIX, fruto da onda de nacionalismo e xenofobia que invadiu, então, a Europa. O escândalo que dividiu a França por muitos anos girou em torno da condenação por alta traição de Alfred Dreyfus, em 1894, um oficial do Exército francês, de origem judaica. Dreyfus era inocente, e sua condenação baseou-se em provas falsas. A condenação provocou uma intensa onda de antissemitismo no país. Durkheim fazia parte do grupo de intelectuais que se mobilizou em favor do oficial judeu.

10 | O SOCIALISMO

Em setembro de 1870, Napoleão III foi capturado em Sedan pelos exércitos prussianos, onde assinou a rendição francesa, partindo logo em seguida para o exílio na Inglaterra. Dias depois, era proclamada, em Paris, a Terceira República. A deposição do Imperador colocaria fim a um período de considerável prosperidade econômica, desenvolvimento da indústria e do comércio e ebulição romântica, também marcado por uma estrutura política claramente influenciada pelos ideais românticos, pelo liberalismo autoritário e pelo socialismo utópico.

Proclamada a Terceira República, Louis Adolphe Thiers foi eleito presidente, legitimando um governo provisório de defesa nacional – formado pela ala mais conservadora dos políticos franceses – e que referendou a capitulação do país assinando, com Otto von Bismark, um Acordo de Paz que impunha humilhantes penalidades à França.

Além disso, a situação era bastante tensa, os exércitos prussianos que se encontravam em território francês impuseram um cerco a Paris, e Adolphe Thiers – após constatar a evidente disposição dos parisienses de resistir à assinatura do Acordo de Paz – optou por transferir as sessões da Assembleia Nacional para Versalhes, onde adotou uma série de medidas impopulares que só fizeram agravar as contradições de classe entre a burguesia e o proletariado. Entretanto, tais medidas chegariam ao limite quando Thiers tentou desmilitarizar a Guarda Nacional.

Com o apoio da Guarda, a classe operária tomou o poder em Paris, em março de 1871, substituindo o governo republicano e instalando a primeira ditadura do proletariado da História: a Comuna de Paris. Durante os 72 dias em que permaneceu no poder, de 18 de março a 28 de maio de 1871, a Comuna, organizada a partir de princípios democráticos, realizou, em semanas, mudanças de tais proporções que antes levariam séculos. Configurando-se como um governo que exercia o poder em benefício do povo, mostrou uma enorme preocupação em melhorar a situação material das grandes massas. E, para tanto, aboliu as jornadas noturnas, fixou a remuneração mínima para o trabalhador e adotou medidas de proteção ao trabalho e de luta contra o desemprego. Além disso, instituiu a igualdade entre os sexos, separou Estado e Igreja, tornou a educação gratuita, laica e compulsória e duplicou os salários dos professores. Dentre as melhorias instauradas, podemos contabilizar ainda como sendo de grande importância os decretos da Comuna acerca da organização de cooperativas de produção nas empresas, da legalização dos sindicatos e da elegibilidade dos dirigentes de algumas empresas estatais.

APRESENTAÇÃO | 11

No entanto, após selar a paz com o Império Alemão, Thiers estabeleceu um acordo com Bismark, no qual o Imperador deveria libertar os prisioneiros de guerra para compor as forças que o Exército francês usaria contra a Comuna. Assim, enquanto a última contava com menos de 15 mil milicianos defendendo Paris, o Governo de Versalhes conseguiu reunir um exército de cerca de 100 mil soldados sob o seu comando. A derrota dos revolucionários era certa.

Sua breve existência, no entanto, em nada diminui a importância política e social da Comuna, quer como o primeiro governo popular da história, quer como emblema da necessidade que se apresentava então de discutir a nova estrutura social que surgia, em razão da ascensão do sistema capitalista. Assim, mesmo com apenas 72 dias de existência, a Comuna influenciou os principais movimentos revolucionários que marcaram a transição entre os séculos XIX e XX, e levou pensadores, como Marx e Engels, a se debruçarem sobre sua experiência.

Em 1873, Thiers deixa o governo e Patrice Mac Mahon, que havia comandado as tropas de Versalhes contra a Comuna, assume a presidência. Sem esconder seus sentimentos restauracionistas e monárquicos, Mac Mahon iria incentivar a criação de governos conservadores e sem o apoio da Assembleia Nacional, levando a frequentes crises constitucionais e ao bloqueio das instituições. Justamente em um momento em que predominava no país uma forte tendência ao secularismo e ao republicanismo, a opção de adotar uma política de governo pautada pela convicção monarquista resultou na sua renúncia em 1879.

As influências

No mesmo ano (1879), Durkheim foi admitido na École Normale Superieure (ENS), justamente naquela que seria uma das mais expressivas turmas da Escola. Lá, teria como colegas de classe, dentre outros, o futuro político socialista e pacifista (deputado em 1902) Jean Jaurès e o filósofo, crítico do determinismo e Nobel de Literatura em 1927, Henri Bérgson. Quando entra na École, ela estava sob a direção de Pierre-Aimé Bersot, mais conhecido como Ernest Bersot, que o introduziu na obra de Montesquieu. Teve ainda como mestre o filósofo e historiador Émile Boutroux, cujo interesse pelo cientificismo e pelo progresso teria um enorme eco nas suas reflexões.

Foi também na École Normal que entrou em contato com obras que estariam entre as suas maiores influências intelectuais, como as de Auguste

12 | O SOCIALISMO

Comte e Herbert Spencer. Assim, em meio a colegas brilhantes e debruçado sobre textos que rompiam com as antigas ideologias socioculturais, Durkheim revê mais de um século da sua história, a partir da ótica cientificista que despontava então.

Na ENS, iria voltar os olhos para o início do seu século e vislumbrar que, durante a primeira metade do século XIX, a França, assim como os demais países europeus, seria surpreendida por um desenvolvimento científico e industrial sem precedentes. No continente do capital, Paris despontava como uma metrópole proeminente onde, em 1826, era inaugurada a Bolsa de Valores e, em 1828, os primeiros ônibus puxados a cavalo começaram a circular. A utilização do vapor e da eletricidade como fontes de energia também data desse período, que se caracterizou, sobretudo, por um processo de transição econômica. A Revolução Industrial propiciou a passagem de uma economia agrária e artesanal, fechada em células praticamente autônomas, para um sistema econômico mais ágil, aberto, dominado pela indústria e pelo capital. No campo, a agricultura deixava de ser um meio de subsistência e passou a visar à obtenção de lucro, fazendo que um número enorme de trabalhadores rurais, que não dispunham de meios para investir na terra, começassem a deixar o campo e a buscar trabalho nas cidades. Eles iriam constituir uma nova classe de operários que seria absorvida, principalmente, pelas fábricas e pelas usinas. O aumento da circulação entre o interior e a capital também estimulou a ampliação da rede ferroviária, que seria financiada, em parte pelo Estado e, em parte, por um sistema bancário, mais moderno, dinâmico e compatível com o advento do capitalismo. Enfim, nascia uma nova ordem social que, pautada pelos princípios do liberalismo econômico, não só provocou a ruína de todas as estruturas e valores tidos como sólidos até então, mas também engendrou outra estratificação social. De um lado, ela assegurava à burguesia, proprietária do capital, o papel de nova classe dominante e, de outro, atraía para as cidades um contingente enorme de trabalhadores que, vivendo em condições de higiene e salubridade precárias, com salários extremamente baixos e sem nenhuma lei ou garantia trabalhista, corporificavam a massa de operários que, posteriormente, seria chamada por Marx de classe proletária.

Assim que a nova ordem se estabeleceu, filósofos e pensadores começaram a idealizar formas mais humanas de reorganização política e social. Entre eles, o teórico Saint-Simon, cuja filosofia, que na época teve uma enorme aceitação entre os intelectuais, deu origem ao socialismo utópico. Saint-Simon acreditava que a sociedade de então havia sido organizada de forma anárquica e injusta. Por um lado, ela tinha alçado ao poder as classes

APRESENTAÇÃO | 13

"inúteis" e reduzido à condição de subalternos os verdadeiros produtores e, por outro, baseava-se na exploração do homem pelo homem. Diante disso, a solução imaginada por ele para humanizar o novo quadro social era a criação de um Estado industrial, no qual as forças produtivas fossem administradas coletivamente pelas elites produtoras e detentoras do saber. Ou seja, um Estado em que a liderança caberia a homens de negócio, gerentes, cientistas, banqueiros, filósofos e artistas; e a execução dos projetos elaborados por eles, aos trabalhadores. Fortemente influenciado por Adam Smith, Saint-Simon pregava, ainda, que a administração estatal da economia era parasitária e hostil às necessidades de produção, o que o levou a defender, da mesma forma que o filósofo britânico, uma intervenção mínima do Estado na economia. Para ele, o papel do governo deveria se restringir a assegurar a produtividade e diminuir o ócio dos especuladores.

Nascido em uma família aristocrática e tentando conformar-se com suas tradições, o conde de Saint-Simon alistou-se com apenas 17 anos e foi enviado, como oficial do Estado Maior, para lutar na Guerra de Independência dos Estados Unidos. Ao regressar, deixou o Exército, abandonou o seu título nobiliário e aderiu à Revolução. Passou, então, a defender que a hierarquia do mérito substituísse a da hereditariedade. Para o filósofo, da mesma forma que o militarimo feudal deveria ceder seu lugar na liderança política ao socialismo tecnocrático, a Igreja medieval deveria abrir mão da direção espiritual da sociedade para a ciência, uma vez que esta era a chave do progresso.

Entre os discípulos de Saint-Simon, um dos mais entusiastas foi o também filósofo Auguste Comte, considerado o criador do Positivismo. A doutrina – largamente difundida em toda a Europa, devido ao progresso das ciências naturais, e uma das principais correntes filosóficas desse período – foi sistematizada por Comte no início do século e baseava-se na "lei dos três estados". No primeiro estado, o teológico, o mundo e a humanidade teriam sido explicados por meio dos deuses e dos espíritos, e os fenômenos naturais eram atribuídos a causas e forças divinas; no segundo, o estado metafísico, os fenômenos eram explicados por meio das essências, de causas finais e de outras abstrações; e, finalmente, no terceiro estado, o estado positivo, considerado por Comte como a idade adulta da humanidade, o homem procurava conhecer e explicar a natureza por meio da observação e da experimentação, buscando as leis que a regem. Nesse estado, não se buscavam, entretanto, leis gerais além do que é permitido pela experimentação ou pelo raciocínio matemático. Tudo o que fica além desse domínio é metafísico e, por conseguinte, não tem valor. Tendo por método dois critérios,

14 | O SOCIALISMO

o histórico e o sistemático, Comte concluiu que outras ciências, antes da Sociologia, haviam atingido a positividade: a Matemática, a Astronomia, a Física, a Química e a Biologia e, por isso, ele se dispôs a usar (em sua nova ciência, chamada de *Física social*) a experimentação, a comparação, a classificação e a filiação histórica como método para a obtenção dos dados reais. Comte também elaborou uma classificação das ciências que ia da mais geral – a Matemática – à mais específica, a Física social, uma ciência nova – que propunha a observação científica dos fatos sociais – que, posteriormente, receberia o nome de Sociologia.

Um dos representantes do liberalimo clássico, o filósofo inglês Herbert Spencer, também teria uma grande influência sobre o pensameno de Durkheim. Spencer, que defendia a primazia do indivíduo face ao Estado, e a natureza como fonte da verdade, iria aplicar à nova ciência que surgia – a Sociologia – ideias extraídas das ciências naturais.

A carreira e a obra

Ao sair da ENS, em 1882, com o título de *Agrégé de Philosophie*, Durkheim começou a lecionar em vários liceus da província e, em 1887, após ter passado um ano na Alemanha, completando sua formação – e onde encontrou pensadores como Fred Wagner, Gustav Schmoller, Rudolph von Jehring, Albert Schäffle e Wilhelm Wundt –, foi indicado para ministrar aulas de Pedagogia e Ciência Social na Faculdade de Letras de Bordeaux. Pela primeira vez na história, uma universidade francesa oferecia um curso de Sociologia.

Foi também em Bordeaux que Durkheim encontrou o ambiente propício para deixar o seu pensamento florescer, dando início a uma obra substancial e profícua. Em 1893, publicou *Da divisão do trabalho social*; em 1895, *As regras do método sociológico* e, em 1897, *O suicídio*. Também fundou, em 1898, uma revista sociológica intitulada *L'Année sociologique*.

O socialismo

De acordo com Marcel Mauss, foi também nesse período, justamente em função do curso ministrado em Bordeaux, na Faculdade de Letras, de novembro de 1895 a maio de 1896, que nasceram as lições compiladas sob o título de *O socialismo*.

O ponto de partida para Durkheim foram os problemas de ordem moral e política levantados durante sua estada na ENS, período em que ele se dedicou ao estudo da questão social. Entretanto, ao mesmo tempo em que

APRESENTAÇÃO | 15

se deu conta de que as relações do indivíduo e da sociedade seriam o seu objeto primordial de pesquisa, conseguiu – por meio de uma análise progressiva das suas reflexões e dos fatos, entre o primeiro plano de *Da divisão do trabalho social* (1884) e a primeira redação (1886) – perceber que a solução do problema pertencia a uma ciência nova: a Sociologia. Diante dessa perspectiva – em um momento em que a ciência social ainda estava bem pouco em voga na França –, optou por realizar a obra de dar à Sociologia um método e um corpo.

O estudo do socialismo seria então interrompido e, ainda que as questões sociais permanecessem no fundo das suas preocupações, ele só voltaria ao tema em 1895. Continuaria tratando-o, no entanto, como veremos nesta obra, a partir do seu ponto de vista habitual, ou seja, com um olhar puramente científico.

Segundo Marcel Mauss:

> É o problema sociológico que ele trata: para Durkheim trata-se de explicar uma ideologia. A ideologia socialista; e, para explicá-la, é preciso analisar os fatos sociais que obrigaram homens como Saint-Simon e Fourier, como Owen e Marx, a produzirem novos princípios morais e de ação política e econômica. Além disso, acreditamos que este curso é um modelo de aplicação de um método sociológico e histórico à análise das causas de uma ideia.[3]

Apesar de conhecer bem o socialismo, sobretudo por meio do contato com as obras de Saint-Simon, Schaeffle e Karl Marx, sempre relutou em se entregar definitivamente a ele, talvez em virtude do seu caráter trabalhista, ou mesmo agressivo, em certo sentido.

Ainda de acordo com Mauss:

> Durkheim era profundamente oposto a quaisquer guerras de classes ou de nações; só desejava transformações em proveito de toda a sociedade, e não apenas de uma de suas frações, mesmo se ela fosse numerosa e tivesse força; ele considerava as revoluções políticas e as evoluções parlamentares como superficiais, custosas e mais teatrais do que sérias. Sempre resistiu, portanto, à ideia de se submeter a um partido de disciplina política, sobretudo internacional. Mesmo a crise social e moral do Caso Dreyfus, na qual assumiu um grande papel, não mudou sua opinião. Mesmo durante a guerra, esteve entre os que

---

3. "C'est le problème sociologique qu'il traite: pour lui, il s'agit d'expliquer une idéologie, l'idéologie socialiste; et pour l'expliquer, il faut analyser les faits sociaux qui ont obligé quelques hommes comme Saint-Simon et Fourier, comme Owen et Marx à dégager des principes nouveaux de morale et d'action politique et économique. Ce cours d'ailleurs est, croyons-nous, un modèle d'application d'une méthode sociologique et historique à l'analyse des causes d'une idée." MAUSS, Marcel. "Introduction". In: DURKHEIM, Émile. *Le socialisme*: sa définition, ses débuts. La doctrine saint-simonienne. Paris: Presses universitaires de France, 2011. p. 28.

16 | O SOCIALISMO

não colocaram nenhuma esperança no que chamamos de classe operária organizada internacionalmente. Sempre permaneceu, portanto, em um meio-termo; ele "simpatizou", como dizemos agora, com os socialistas, com Jaurès e com o socialismo. Mas nunca se entregou a ele.[4]

Enfim, o curso ministrado por Durkheim teve um enorme sucesso e ele chegou mesmo a preparar, em 1896-1897, um curso sobre Fourier e Proudhon. Pretendia, além disso, dedicar um terceiro ano a Lassalle, a Marx e ao socialismo alemão. No entanto, a partir de 1896, empreendendo *L'Année sociologique*, retornou à ciência pura e deixou inacabada a história do socialismo.

Nesta obra, estão reunidas, portanto: uma preciosa definição do socialismo, uma reflexão sobre o seu início e sobre a obra de Saint-Simon, além das opiniões críticas e históricas de Durkheim que envolvem, inclusive, as origens da própria Sociologia.

O manuscrito de Durkheim, que está dividido em lições, foi copiado por Louise Durkheim, decupado e organizado por Marcel Mauss*. Todos os títulos são do próprio Durkheim.

Esta tradução procurou manter, da maneira mais fiel possível, o estilo e a forma de expressão do autor.

Sandra Guimarães

Pós-doutoranda em Filosofia pela PUC-Rio.
Pós-doutora em Literatura, Cultura e Contemporaneidade pela PUC-Rio.
Doutora em Literatura Comparada pela Université Sorbonne Nouvelle – Paris III
e pela Universidade Federal Fluminense – UFF.
Mestre em Literatura Francesa pela Universidade Federal Fluminense – UFF.
Pesquisadora associada da Cátedra UNESCO de Leitura
da PUC-Rio, desde outubro de 2011.

---

4. "Durkheim était profondément opposé à toute guerre de classes ou de nations; il ne voulait de changement qu'au profit de la société tout entière et non d'une de ses fractions, même si celleci était le nombre et avait la force; il considérait les révolutions politiques et les évolutions parlementaires comme superficielles, coûteuses et plus théâtrales que sérieuses. Il résista donc toujours à l'idée de se soumettre à un parti de discipline politique, surtout international. Même la crise sociale et morale de l'affaire Dreyfus, où il prit une grande part, ne changea pas son opinion. Même pendant la guerre, il fut de ceux qui ne mirent aucun espoir dans ce qu'on appelle la classe ouvrière organisée internationalement. Il resta donc toujours dans un juste milieu; il 'sympathisa', comme on dit maintenant, avec les socialistes, avec Jaurès, avec le socialisme. Il ne s'y donna jamais." MAUSS, Marcel. "Introduction". In: DURKHEIM, Émile. *Le socialisme*: sa définition, ses débuts. La doctrine saint-simonienne. Paris: Presses universitaires de France, 2011. p. 29.

*. As notas de Marcel Mauss presentes nesta edição serão identificadas por (M.M.). (N.E.)

Livro I

DEFINIÇÕES
E ORIGENS
DO SOCIALISMO

CAPÍTULO I

Definição do socialismo

Primeira lição

É possível conceber duas maneiras muito diferentes de estudar o socialismo. Podemos ver nele uma doutrina científica sobre a natureza e a evolução das sociedades em geral e, mais especificamente, as sociedades contemporâneas mais civilizadas. Nesse caso, o exame feito não difere daquele a que os sábios submetem as teorias e as hipóteses de suas respectivas ciências. Ele é considerado, de forma abstrata, fora do tempo e do espaço, fora do devir histórico, não como um fato cuja gênese tentamos encontrar, mas como um sistema de proposições que exprimem ou que se presume que exprimam os fatos, e nos perguntamos o que há de verdadeiro ou falso, se ele é conforme ou não à realidade social, em que medida está de acordo consigo mesmo e com as coisas. É o método seguido, por exemplo, por M. Leroy-Beaulieu, no seu livro sobre o *Coletivismo*. Esse não será nosso ponto de vista. A razão disso é que, sem diminuir a importância e o interesse do socialismo, não saberíamos reconhecer nele um caráter propriamente científico. Na realidade, uma pesquisa só pode ser assim chamada quando tem um objetivo atual, realizado, e sua meta consiste simplesmente em traduzi-lo para uma linguagem inteligível. Uma ciência é um estudo dirigido a uma porção determinada do real, que trata de conhecer e, se possível, compreender. Descrever e explicar o que é e o que foi, esta é a sua única tarefa. As especulações sobre o futuro não são atribuições suas, ainda que ela tenha por objetivo último torná-las possíveis.

O socialismo, ao contrário, está totalmente voltado na direção do futuro. É, antes de tudo, um plano de reconstrução das sociedades atuais, um programa de uma vida coletiva que não existe ainda, ou que não existe tal

20 | LIVRO I – DEFINIÇÕES E ORIGENS DO SOCIALISMO

como é sonhada, e que é proposta aos homens como digna de suas preferências. É um ideal. Ocupa-se muito menos do que é ou foi, do que daquilo que deve vir a ser. Sem dúvida, até nas suas formas mais utópicas, nunca desdenhou o apoio dos fatos e, inclusive, em tempos mais recentes, adotou, cada vez mais, certo aspecto científico. É incontestável que, dessa forma, prestou às ciências sociais mais serviços talvez do que recebeu delas. Pois, ele despertou a reflexão, estimulou a atividade científica, provocou investigações, colocou questões, de forma que, em mais de um ponto, sua história se confunde com a história da própria Sociologia. Entretanto, como não se surpreender com a enorme desproporção que existe entre os raros e magros dados que ele empresta das ciências e a amplitude das conclusões práticas que deduz a partir deles e que são, no entanto, o coração do sistema? Ele aspira a um remanejamento completo da ordem social. Mas, para saber o que podem e devem tornar-se, inclusive em um futuro próximo, a família, a propriedade, a organização política, moral, jurídica e econômica dos povos europeus, é indispensável ter estudado o passado dessa multidão de instituições e de práticas; haver investigado a maneira como elas variaram ao longo da história; as principais condições que determinaram essas variações e, só então, será possível perguntar-se racionalmente o que devem tornar-se hoje, considerando as condições presentes de nossa existência coletiva. Mas todas essas pesquisas ainda estão na infância. Muitas acabam de começar a ser empreendidas; as mais avançadas ainda não ultrapassaram uma fase muito rudimentar. E como, por outro lado, cada um desses problemas é um mundo, a solução não pode ser encontrada em um instante, por mais que se sinta necessidade. As bases de uma indução metódica referente ao futuro, sobretudo de uma indução de tal extensão, não estão feitas. É preciso que o próprio teórico as construa. O socialismo não gastou um tempo nisso, ou talvez seja possível dizer, inclusive, que não tenha tido tempo.

É por isso que não pode haver, exatamente, um socialismo científico. Para que tal socialismo fosse possível, seriam necessárias ciências que não estão edificadas e que não podem ser improvisadas. A única atitude que a ciência permite diante desses problemas é a reserva e a circunspecção, e o socialismo dificilmente pode mantê-las sem mentir para si mesmo. Na realidade, não as mantém. Veja a obra mais forte, mais sistemática, mais rica em ideias que a Escola produziu: *O Capital*, de Marx. Quantos dados estatísticos, quantas comparações históricas, quantos estudos seriam indispensáveis para resolver qualquer uma das inúmeras questões que são tratadas por ele! É preciso recordar que toda uma teoria do valor é estabelecida ali

CAPÍTULO I - DEFINIÇÃO DO SOCIALISMO | 21

em algumas linhas? A verdade é que os fatos e as observações assim reunidos pelos teóricos preocupados em documentar suas afirmações só estão ali para figurar como argumentos. As pesquisas que eles fizeram foram empreendidas para estabelecer a doutrina cuja ideia eles tiveram anteriormente; a doutrina está longe de ser resultado da pesquisa. Quase todos tinham tomado sua posição antes de pedir à ciência o apoio que ela podia lhes prestar. Foi a paixão que inspirou todos esses sistemas; que os gerou, e o que faz a sua força é a sede de uma justiça mais perfeita, é a compaixão pela miséria das classes trabalhadoras, é um vago sentimento das perturbações que assolam as sociedades contemporâneas etc. O socialismo não é uma ciência, uma sociologia em miniatura, é um grito de dor e, por vezes, de cólera, dado por homens que sentem mais vivamente nosso mal-estar coletivo. Ele é para os fatos que o suscitam o que são os gemidos do doente para o mal de que sofre e as necessidades que o atormentam. Porém, o que diríamos de um médico que tomasse as respostas ou os desejos de seus pacientes por aforismos científicos? Por outro lado, as teorias que se opõem ao socialismo não são de outra natureza e não merecem mais do que ele a qualificação que lhe recusamos. Quando os economistas reclamam o *laisser-faire*[1], pedem que se reduza a nada a influência do Estado, que a concorrência seja liberada de qualquer freio, tampouco apoiam suas reivindicações em leis científicas induzidas. As ciências sociais são ainda muito jovens para poderem servir de base para doutrinas práticas, tão sistemáticas e de tal amplitude. São necessidades de outro gênero que mantêm essas últimas, é o sentimento invejoso da autonomia individual, o amor à ordem, o temor das novidades, o misoneísmo, como se diz hoje em dia. O individualismo, como o socialismo, é – antes de tudo – uma paixão que se afirma, ainda que possa eventualmente pedir à razão, razões para se justificar.

Se é assim, estudar o socialismo como um sistema de proposições abstratas, como um corpo de teorias científicas e discuti-lo doutrinariamente, é vê-lo e mostrá-lo pelo lado em que ele apresenta apenas um interesse medíocre. Quem quer que tenha consciência do que deve ser a ciência social,

---

1. O termo *laisser-faire* está vinculado a uma das expressões mais emblemáticas do liberalismo econômico: a célebre máxima da Escola Fisiocrata francesa do século XVIII, *"Laissez faire, laissez passer: le monde va de lui même"* (Deixa fazer, deixa passar: o mundo anda por si mesmo). O axioma é normalmente considerado o que melhor expressa a natureza da economia liberal, que defende que o mercado deve possuir seus próprios mecanismos de autorregulamentação, que atuam com eficácia sempre que o Estado não dificulta seu funcionamento espontâneo. (N.T.)

22 | LIVRO I – DEFINIÇÕES E ORIGENS DO SOCIALISMO

da lentidão de seus procedimentos, das laboriosas investigações que ela postula para resolver mesmo as questões mais restritas, não pode sentir muita curiosidade por essas soluções prematuras e por esses vastos sistemas tão sumariamente esboçados. Sentimos demasiadamente a distância que há entre a simplicidade dos meios postos em prática e a amplitude dos resultados e somos conduzidos, por conseguinte, a desdenhar desses últimos. Mas o socialismo pode ser examinado sob outro aspecto. Se ele não é uma expressão científica dos fatos sociais, ele mesmo é um fato social da mais alta importância. Se ele não é uma obra da ciência, é um objeto da ciência. Ela não tem de se ocupar dele para emprestar tal ou tal proposição pronta, mas para conhecê-lo, para saber o que ele é, de onde vem, para onde tende a ir. Por uma dupla razão, é interessante estudá-lo desse ponto de vista. Em primeiro lugar, podemos esperar que nos ajude a compreender os estados sociais que o suscitaram. Pois, precisamente porque deriva deles, manifesta-os e os exprime à sua maneira e, por isso mesmo, nos oferece um meio a mais para alcançá-los. Seguramente, não é que os reflita com exatidão. Ao contrário, pelos motivos que dissemos anteriormente, podemos estar seguros de que os refrata involuntariamente e nos dá apenas uma expressão infiel deles, da mesma forma que o doente interpreta mal as sensações que experimenta, e as atribui frequentemente a uma causa que não é verdadeira. Mas essas mesmas sensações, tais como são, possuem seu interesse, e o clínico as anota cuidadosamente e as tem muito em conta. Elas são um elemento do diagnóstico e um elemento muito importante. Não é indiferente, por exemplo, saber onde o doente as sente e nem quando começaram. Da mesma forma, é de suma importância, saber a época em que o socialismo começou a ser produzido. É um grito de angústia coletiva, dizíamos, pois bem, é essencial fixar o momento em que esse grito foi dado pela primeira vez. Por que, jugar-se-á de forma diferente as tendências que o socialismo manifesta, segundo se veja nele um fato recente relacionado a condições totalmente novas da vida coletiva, ou, ao contrário, uma variante extrema das reivindicações que os miseráveis de todas as épocas e todas as sociedades fizeram ouvir, as eternas reivindicações dos pobres contra os ricos? No segundo caso, tende-se a acreditar que não existe saída, que a miséria humana não pode acabar; passaremos a considerar tais tendências como uma espécie de mal crônico da humanidade que, de tempos em tempos, ao longo da história, sob a influência de circunstâncias passageiras, parecem se tornar mais agudas ou mais dolorosas, mas que sempre acabam por se acalmar ao longo do tempo, e então nos dedicaremos unicamente a buscar alguns calmantes para adormecê-lo novamente. Se, ao contrário, acredita-se que ele

CAPÍTULO I - DEFINIÇÃO DO SOCIALISMO | 23

é de data recente, que está relacionado a uma situação sem analogia na história, não podemos mais chegar à conclusão da sua cronicidade e é mais difícil tomar um partido. Mas não é somente para determinar a natureza do mal que este estudo do socialismo promete ser instrutivo, é também para encontrar os remédios apropriados. Com toda segurança, podemos estar certos antecipadamente, de que não são idênticos a nenhum dos que reivindicam os sistemas, da mesma forma que a bebida reivindicada pelo paciente febril não é a que lhe convém. Mas, por outro lado, as necessidades que ele sente não deixam de guiar o tratamento. Nunca deixam de ter alguma causa, e por vezes, acontece, inclusive, que o melhor é satisfazê-las. Igualmente, e pela mesma razão, é importante saber quais são os remanejamentos sociais, ou seja, os remédios que as massas sofredoras da sociedade tiveram espontânea e instintivamente a ideia de usar, por pouco científica que tenha sido a sua elaboração. Ora, é isso o que as teorias socialistas exprimem. As indicações que se podem recolher acerca desse sujeito serão úteis sobretudo se, em lugar de nos fecharmos em um sistema, fizermos um estudo amplamente comparativo de todas as doutrinas. Porque, então, temos mais chances de eliminar de todas essas aspirações o que elas possuem necessariamente de individual, subjetivo e contingente para retirar e reter delas apenas os seus caracteres mais gerais, os mais impessoais e, portanto, os mais objetivos.

Tal exame não apenas tem sua utilidade, mas parece ser bem mais fecundo do que aquele a que normalmente o socialismo é submetido. Quando estudado apenas para ser discutido a partir de um ponto de vista doutrinal, uma vez que se apoia em uma ciência muito imperfeita, é fácil mostrar o quanto ele ultrapassa os próprios fatos em que se apoia, ou opor-lhe fatos contrários, em poucas palavras, revelar todas as suas imperfeições teóricas. Pode-se assim, sem muita dificuldade, passar em revista todos os sistemas; não há nenhum cuja refutação não seja relativamente fácil, porque não há nenhum que esteja estabelecido em bases científicas. Somente, por mais sábia, por mais bem conduzida que seja tal crítica, ela continua sendo superficial, porque passa à margem do que é essencial. Ela se fixa unicamente à forma exterior e aparente do socialismo e, por conseguinte, não percebe o que constitui o seu fundo e a sua substância, a saber, essa diátese coletiva, esse mal-estar profundo do qual as teorias particulares são apenas síndromes e manifestações esporádicas e à flor da pele. Quando nos empenhamos contra as teorias de Saint-Simon, Fourier ou Karl Marx, não estamos informados sobre o estado social que suscitou a uns e a outros, que foi e que ainda é sua razão de ser, que amanhã suscitará outras doutrinas, caso

24 | LIVRO I – DEFINIÇÕES E ORIGENS DO SOCIALISMO

aquelas caiam em descrédito. Assim, todas essas belas refutações são um verdadeiro trabalho de Penélope[2], incessantemente a recomeçar, pois elas tocam o socialismo apenas pelo lado externo e o interior lhes escapa. Chegam apenas aos efeitos e não às causas. Ora, é justamente às causas que é preciso chegar, ainda que para compreender bem os efeitos. Mas, para tanto, o socialismo precisa não ser considerado de forma abstrata, fora de toda condição de tempo e lugar, é preciso, ao contrário, associá-lo aos meios sociais em que nasceu; é preciso não submetê-lo a uma discussão dialética, mas fazer sua história. Este é o ponto de vista que vamos tomar. Assim, vamos considerar o socialismo como uma coisa, como uma realidade e tentaremos compreendê-la. Nós nos esforçaremos para determinar em que consiste, quando começou, por quais transformações passou e o que determinou essas transformações. Uma pesquisa desse gênero não difere, pois, sensivelmente, das que temos feito em anos anteriores. Vamos estudar o socialismo como estudamos o suicídio, a família, o casamento, o crime, a pena, a responsabilidade e a religião.[3] A diferença é que, desta vez, vamos nos encontrar na presença de um fato social que, sendo bem recente, ainda possui apenas um curto desenvolvimento. O resultado disso é que o campo das comparações possíveis é muito restrito, o que torna o fenômeno mais difícil de conhecer, ainda mais sendo ele tão complexo. Assim, para ter uma compreensão mais completa, não seria inútil aproximá-lo de certas informações que devemos a outras pesquisas, pois este estado social ao qual o socialismo corresponde não se apresenta para nós pela primeira vez. Ao contrário, nós o encontramos todas as vezes que conseguimos seguir até a época contemporânea os fenômenos sociais dos quais nos ocupamos, ao final de cada um dos nossos estudos anteriores. É verdade que assim só conseguimos chegar a ele de uma maneira fragmentada; e, em certo sentido, o próprio socialismo não nos permitiria melhor apreendê-lo no seu conjunto, posto que se expresse em blocos, por assim dizer? Mas, chegada a ocasião, não poderemos deixar de utilizar os resultados parciais que obtivemos.

---

2. Na mitologia grega, Penélope é a fiel esposa de Odisseus, cujo retorno da Guerra de Troia é narrado no poema épico de Homero, *Odisseia*. Por vinte anos, Penélope esperou a volta de seu marido, sem saber se ele estava vivo ou morto. No entanto, diante da insistência de um grande número de pretendentes, que a constrangiam a escolher um novo marido, decidiu aceitar a corte à sua mão, estabelecendo a condição de que o novo casamento somente aconteceria depois que terminasse de tecer um sudário para seu sogro. No entanto, durante o dia, aos olhos de todos, Penélope tecia o sudário, e à noite, secretamente, ela desmanchava todo o trabalho. (N.T.)

3. Alusão ao curso que Durkheim ministrou em Bordeaux de 1887 a 1895. (M.M.)

CAPÍTULO I - DEFINIÇÃO DO SOCIALISMO | 25

Para poder empreender este estudo, antes de qualquer coisa, teremos que determinar o objeto ao qual ele vai se dirigir. Não basta dizer que vamos considerar o socialismo como uma coisa. Será preciso que indiquemos, além disso, por quais signos se reconhece essa coisa, ou seja, dar uma definição que nos permita percebê-la em todos os lugares e não confundi-la com aquilo que ela não é.

*****

De que maneira vamos proceder a essa definição?

Bastará refletir atentamente sobre a ideia que nós fazemos do socialismo, analisá-la e expressar os produtos dessa análise na linguagem mais clara possível? É certo, na realidade, que para atribuir um sentido a essa palavra que empregamos sem cessar, não esperamos que a Sociologia tenha formulado metodicamente a questão. Não teríamos então que nos debruçarmos sobre nós mesmos, interrogarmo-nos com cuidado, apoderarmo-nos dessas noções que possuímos e desenvolvê-la em uma fórmula definida? Procedendo assim, poderíamos chegar a saber o que pessoalmente entendemos por socialismo, não o que é o socialismo. E, como cada um o entende à sua maneira, segundo seu humor, seu temperamento, seus hábitos de espírito, seus preconceitos, assim obteríamos apenas uma noção subjetiva, individual, incapaz de servir de matéria a um exame científico. Com que direito eu imporia aos outros minha maneira pessoal de conceber o socialismo e com que direito os outros me imporiam as suas? Teríamos mais sucesso eliminando dessas concepções, variáveis de acordo com os indivíduos, o que elas têm de individual para conservar apenas o que possuem em comum? Em outras palavras, definir o socialismo seria exprimir não a ideia que eu faço dele, mas a ideia média que dele possuem os homens do meu tempo? Chamaremos assim não o que eu denomino dessa maneira, mas o que é geralmente designado dessa forma? Mas sabemos o quanto essas concepções comuns são indeterminadas e inconsistentes! Elas são elaboradas no dia a dia, empiricamente, à margem de toda lógica e de todo método; o que faz que ora se apliquem igualmente a coisas muito diferentes, ou excluam, ao contrário, coisas que são parentes próximos daquelas a que se aplicam. O vulgar, ao construir seus conceitos, ora se deixa guiar por semelhanças exteriores e enganosas, ora se deixa enganar por diferenças aparentes. Portanto, se seguíssemos por essa via, correríamos o forte risco de denominar como socialismo toda sorte de doutrinas contrárias, ou, inversamente, de deixar de

26 | LIVRO I – DEFINIÇÕES E ORIGENS DO SOCIALISMO

fora do socialismo doutrinas que possuem todos os seus traços essenciais, mas que as massas não adquiriram o hábito de chamar assim. Em um caso, nosso estudo se concentraria em uma massa confusa de fatos heterogêneos e sem unidade; no outro, ele não abraçaria todos os fatos que são comparáveis e capazes de se iluminarem mutuamente. Em ambos os casos, estaríamos em más condições para chegar a algum resultado.

Ademais, para se dar conta do que vale esse método, basta ver os resultados, ou seja, examinar as definições que frequentemente costumam ser dadas ao socialismo. Esse exame é ainda mais útil, porque, como essas definições exprimem as ideias mais difundidas sobre o socialismo, as maneiras mais comuns de concebê-lo, importa nos desembaraçar o quanto antes desses preconceitos que, caso contrário, poderiam impedir que nos entendêssemos e obstruir nossa pesquisa. Se não nos libertarmos deles antes de ir mais longe, eles se intercalarão entre nós e as coisas, e nos farão vê-las de forma diferente do que realmente são.

De todas as definições, aquela que, talvez, persiga de maneira mais constante e geral os espíritos, todas as vezes em que se coloca a questão do socialismo, é a que o faz consistir em uma negação pura e simples da propriedade individual. Não conhecemos, isso é verdade, passagem pertencente a um escritor autorizado em que essa fórmula seja expressamente proposta, mas ela se encontra de forma implícita, na base de mais de uma das discussões a que o socialismo deu lugar. Por exemplo, o senhor Janet[4] acredita, no seu livro sobre *As origens do socialismo* (p. 2), que, para estabelecer que a Revolução Francesa não teve nenhum caráter socialista, basta demonstrar que "ela não violou o princípio da propriedade". E, no entanto, pode-se dizer que não há uma única doutrina socialista à qual tal definição se aplique. Consideremos, por exemplo, a que mais restringe a propriedade privada, a doutrina coletivista de Karl Marx. Ela retira dos indivíduos o direito de possuírem instrumentos de produção, mas não toda espécie de riqueza. Eles conservam o direito absoluto sobre os produtos de seu trabalho. Esse ataque limitado ao princípio da propriedade pode ser considerado como uma característica do socialismo? Mas nossa organização econômica atual apresenta restrições do mesmo gênero e só se distingue do marxismo, sob esse aspecto, por uma diferença de graus. Acaso, tudo o que é, direta ou indiretamente, monopólio estatal não é retirado do domínio privado? Ferrovias, correio, tabaco, fabricação de moedas, pólvora etc., não podem ser

---

4. Alusão ao filósofo francês Paul Janet e ao seu livro *As origens do socialismo contemporâneo*, de 1883. (N.T.)

CAPÍTULO I – DEFINIÇÃO DO SOCIALISMO | 27

explorados por particulares ou só o podem em virtude de uma concessão expressa do Estado. Diremos que, efetivamente, o socialismo começa com a prática dos monopólios? Então, seria preciso colocá-lo em todos os lugares; ele é de todos os tempos e de todos os países. Porque nunca houve uma sociedade sem monopólio. O que significa que tal definição é demasiado extensa. E ainda há mais, longe de negar o princípio da propriedade individual, o socialismo pode, não sem razão, assegurar que é a afirmação mais completa e mais radical que jamais se fez dela. Na realidade, o contrário da propriedade privada é o comunismo; ora, ainda existe nas nossas instituições atuais um resto do velho comunismo familiar, é a herança. O direito dos parentes de sucederem uns aos outros na propriedade de seus bens, nada mais é do que um último vestígio do antigo direito de copropriedade que, outrora, todos os membros da família possuíam coletivamente sobre o conjunto da fortuna doméstica. Um dos artigos que reaparece com mais frequência nas teorias socialistas é a abolição da herança. Tal reforma teria, portanto, o efeito de liberar a instituição da propriedade individual de toda ligação comunista e, consequentemente, de torná-la mais verdadeiramente ela mesma. Em outras palavras, pode-se raciocinar da seguinte forma: para que a propriedade possa ser chamada verdadeiramente de individual, é preciso que ela seja a obra de um indivíduo e apenas dele. Ora o patrimônio transmitido por herança não tem esse caráter: é apenas uma obra coletiva da qual um indivíduo se apropriou. A propriedade individual, pode-se dizer ainda, é aquela que começa com o indivíduo para acabar com ele; mas, a que ele recebe em virtude do direito sucessório existia antes dele e foi feita sem ele. Ao reproduzir esse raciocínio, não pretendemos, de qualquer forma, defender a tese dos socialistas, mas mostrar que existe comunismo entre seus adversários e que não é por aí, consequentemente, que é possível definir os socialistas.

Diremos o mesmo dessa concepção, não menos difundida, de acordo com a qual o socialismo consistiria em uma estreita subordinação do indivíduo à coletividade. "Podemos definir como socialismo", disse Adolphe Held, "toda tendência que reclama a subordinação do bem individual à comunidade". Da mesma forma, Roscher, mesclando um julgamento e uma crítica à sua definição, denomina de socialistas as tendências "que reclamam uma consideração do bem comum superior ao que permite a natureza humana". Mas não houve nenhuma sociedade em que os bens privados não estivessem subordinados aos fins sociais; porque essa subordinação é a própria condição da vida em comum. Diremos, com Roscher, que a abnegação que o socialismo nos pede caracteriza-se por ultrapassar nossas forças?

28 | LIVRO I – DEFINIÇÕES E ORIGENS DO SOCIALISMO

Isso é apreciar a doutrina e não defini-la, e tal definição não pode servir de critério para distingui-la do que ela não é, porque abre muito espaço para o arbitrário. Esse limite extremo dos sacrifícios que tolera o egoísmo individual não pode ser determinado objetivamente. Cada um avança ou recua em direção a ele, de acordo com seu humor. Cada um, consequentemente, estará livre para compreender o socialismo à sua maneira. E há mais ainda: essa submissão do indivíduo ao grupo é muito pequena no espírito de certas escolas socialistas e as mais importantes dentre elas possuem preferencialmente uma tendência ao anarquismo. É o caso notadamente do fourierismo[5] e do mutualismo[6] de Proudhon, em que o individualismo é sistematicamente levado a suas mais paradoxais consequências. O próprio marxismo não se propõe, de acordo com uma célebre frase de Engels, à destruição do Estado como Estado? Certo ou errado, Marx e seus discípulos estimam que, no dia em que a organização socialista for constituída, ela poderá funcionar por si mesma, automaticamente, sem nenhum constrangimento, ideia que já encontramos em Saint-Simon. Em poucas palavras, se existe um socialismo autoritário, existe também um que é essencialmente democrático. Na realidade, como poderia ser de outro modo? Ele brotou, como veremos, do individualismo revolucionário, assim como as ideias do século XIX brotaram das do século XVIII e, consequentemente, não pode deixar de carregar os traços das suas origens. Permanece, é verdade, a questão de saber se essas tendências diferentes são suscetíveis de se conciliarem logicamente. Mas não temos, no momento, que estimar o valor lógico do socialismo. Procuramos saber somente em que ele consiste.

Mas existe uma última definição que parece mais adequada ao objeto definido. Com muita frequência, se não sempre, o socialismo teve como objetivo principal melhorar as condições das classes trabalhadoras, introduzindo mais igualdade nas relações econômicas. É por isso que o denominamos de a filosofia econômica das classes sofredoras. Mas essa tendência por si só não basta para caracterizá-lo, pois ela não é própria dele. Os economistas também aspiram a uma menor desigualdade nas condições sociais; eles acreditam, no entanto, que esse progresso pode e deve ser feito pelo jogo natural da oferta e da procura, e que toda intervenção legislativa é inútil.

---

5. Alusão à teoria de organização social, preconizada pelo socialista francês Charles Fourier (1772-1837), que defendia uma sociedade baseada em associações comunitárias de produtores, e na qual os homens teriam ocupações correspondentes a suas paixões e tendências pessoais. (N.T.)

6. Alusão ao termo criado por Pierre-Joseph Proudhon (1809-1865). O filósofo político e economista francês denominou de "mutualismo" sua teoria econômica, segundo a qual o valor se baseia no trabalho. Proudhon foi o primeiro autor a se autointitular anarquista. (N.T.)

CAPÍTULO I - DEFINIÇÃO DO SOCIALISMO | 29

Diremos, então, que o que distingue o socialismo é que ele deseja obter esse mesmo resultado por outros meios, a saber, pela ação da lei? Essa era a definição de Laveleye[7]. "Toda doutrina socialista", diz, "visa a introduzir mais igualdade nas condições sociais e, em segundo lugar, a realizar essas reformas por meio da ação da lei e do Estado." Todavia, de uma parte, se esse objetivo é efetivamente um dos que as doutrinas perseguem, falta muito para que seja o único. A incorporação de grandes indústrias pelo Estado, as grandes explorações econômicas que, por sua importância abraçam toda a sociedade, minas, estradas de ferro, bancos etc. têm por objetivo proteger os interesses coletivos contra certas influências particulares e não melhorar a sorte dos trabalhadores. O socialismo supera a questão operária. Esta ocupa um lugar bastante secundário, mesmo em certos sistemas. É o caso de Saint-Simon, ou seja, do pensador que é visto consensualmente como o fundador do socialismo. É o caso também dos socialistas da Cátedra, que estão muito mais preocupados em salvaguardar os interesses do Estado do que em proteger os deserdados da fortuna. Por outro lado, há uma doutrina que visa a realizar essa igualdade muito mais radicalmente que o socialismo: o comunismo, que nega toda propriedade individual e, por isso mesmo, toda desigualdade econômica. Ora, ainda que essa confusão tenha sido cometida com frequência, é impossível fazer do comunismo uma simples variação do socialismo. Logo voltaremos a essa questão. Platão e More de um lado e Marx de outro não são discípulos de uma mesma escola. A priori, inclusive, não é possível que uma organização social imaginada em vista das sociedades industriais que temos hoje diante dos olhos, já tenha sido concebida, quando essas sociedades ainda não tinham nascido. Enfim, há muitas medidas legislativas que não poderíamos olhar como exclusivamente socialistas e que, no entanto, têm o efeito de diminuir a desigualdade das condições sociais. O imposto progressivo sobre as heranças e as rendas tem necessariamente esse resultado e, no entanto, não é um privilégio do socialismo. Que devemos dizer das bolsas concedidas pelo Estado, das instituições públicas de beneficência, de previdência etc.? Se forem qualificadas como socialistas, como às vezes ocorre, no curso das discussões correntes, a palavra perde todo o sentido, pois adquire uma acepção extensa e indeterminada.

---

7. Émile Louis Victor de Laveleye (1822-1892) foi um economista, historiador e escritor socialista belga, considerado um dos introdutores do socialismo em seu país. Foi um dos co-fundadores do "Institut de Droit International" (Instituto de Direito Internacional), organização que agrupa principais advogados públicos internacionais do mundo e que recebeu o Prêmio Nobel da Paz em 1904. (N.T.)

30 | LIVRO I – DEFINIÇÕES E ORIGENS DO SOCIALISMO

Vemos a que nos expomos quando, para encontrar a definição do socialismo, nos contentamos em exprimir com certa precisão, a ideia que fazemos dele. Nós o confundimos, então, com tal ou tal aspecto particular, tal ou tal tendência especial de certos sistemas, simplesmente porque, por uma razão qualquer, somos mais tocados por essa particularidade do que por outras. O único meio de não incorrer nesses erros é praticar o método que sempre seguimos em tais circunstâncias. Esqueçamos por um instante a ideia que temos do objeto a definir. Em lugar de olhar para dentro de nós mesmos, olhemos para fora, em lugar de nos interrogarmos, interroguemos as coisas. Existe um certo número de doutrinas que concernem às coisas sociais. Observemos e comparemos essas doutrinas. Classifiquemos juntas as que apresentam caracteres comuns. Se, entre os grupos de teorias assim formados, houver um que, por seus caracteres distintos, lembre suficientemente o que designamos ordinariamente pela palavra socialismo, nós lhe aplicaremos sem modificá-la essa mesma denominação. Em outras palavras, chamaremos de socialistas todos os sistemas que apresentem esses caracteres e teremos assim a definição procurada. Sem dúvida, é bem possível que ela não inclua todas as doutrinas que, vulgarmente, nomeamos assim, ou, ao contrário, que inclua algumas que, nas conversas correntes, são chamadas de outra forma. Mas não importa. Essas divergências apenas provam, mais uma vez, o quanto as classificações que estão na base da terminologia usual são grosseiras, o que sabemos de outras formas. O essencial é que tenhamos diante de nós uma ordem de feitos unificados e claramente circunscritos, e ao qual possamos dar o nome de socialismo, sem com isso violentar a língua. Nessas condições, o nosso estudo será possível, pois teremos como matéria uma natureza de coisas determinadas; e, de outra parte, ela elucidará a noção comum, na medida em que ela possa ser esclarecida, ou seja, na medida em que ela seja consistente ou expresse qualquer coisa definida. Assim conduzida, a pesquisa responderá bem a tudo o que podemos logicamente nos perguntar quando colocamos a questão: O que é o socialismo?

Apliquemos esse método.

*****

As doutrinas sociais se dividem, em primeiro lugar, em dois grandes gêneros. Umas pretendem expressar unicamente o que é ou o que foi; elas são puramente especulativas e científicas. As outras, ao contrário, têm, antes de tudo, como objeto, modificar o que existe; elas propõem não leis,

CAPÍTULO I - DEFINIÇÃO DO SOCIALISMO | 31

mas reformas. São as doutrinas práticas. O que antecede é suficiente para nos advertir de que, se a palavra socialismo responde a algo definível, é ao segundo gênero que ele deve pertencer. Agora, esse gênero compreende espécies. As reformas assim propostas concernem, às vezes, à política, outras vezes à administração ou à vida econômica. Detenhamo-nos nessa última espécie. Tudo nos permite presumir que o socialismo faz parte dela. Sem dúvida, em um sentido mais amplo, podemos dizer que existe um socialismo político, pedagógico etc.; veremos inclusive que, por força das coisas, estende-se a esses diferentes domínios. É certo, entretanto, que a palavra foi criada para designar teorias que visam, antes de tudo, ao estado econômico e reivindicam sua transformação. É necessário, no entanto, preservar-se de acreditar que esse aspecto é suficiente para caracterizá-lo. Porque também os economistas individualistas protestam contra a organização presente, exigindo que ela seja livre de toda restrição social. As reformas que Molinari[8] defende, em sua *Evolution économique*, não são menos subversivas da ordem social atual que aquelas a que o socialismo mais intemperante aspira. É preciso, portanto, que levemos nossa classificação mais longe e vejamos se, através das transformações econômicas exigidas pelos diferentes grupos reformistas, existem as que são distintas do socialismo.

Para entender bem o que seguirá, são necessárias algumas definições. Dizemos normalmente que as funções exercidas pelos membros de uma mesma sociedade são de dois tipos: algumas são sociais, outras, privadas. As do engenheiro do Estado, do administrador, do deputado, do padre etc., são da primeira espécie; o comércio e a indústria, ou seja, as funções econômicas (com a reserva dos monopólios), pertencem à segunda. Para dizer a verdade, as denominações assim empregadas não são irrepreensíveis; pois, em certo sentido, todas as funções da sociedade são sociais, as funções econômicas e as outras. Na realidade, se elas não operam normalmente, toda a sociedade sente os efeitos e, inversamente, o estado geral da saúde social afeta o funcionamento dos órgãos econômicos. Entretanto, essa distinção, abstração feita das palavras que a expressam, não deixa de ser fundada. Na verdade, as funções econômicas possuem isto de particular: elas não estão em relação definida e regulada com o órgão que é encarregado de representar o corpo social no seu conjunto e de dirigi-lo, ou seja, o que

---

8. Gustave de Molinari (1819-1912) foi um economista nascido nos Países Baixos e adepto do *laissez-faire* – expressão-símbolo do liberalismo econômico. Defendeu a paz, o livre comércio, a liberdade de expressão, de livre associação, dentre outras, e ainda opôs-se, de maneira geral, a tudo o que considerava ser restritivo da liberdade. (N.T.)

32 | LIVRO I – DEFINIÇÕES E ORIGENS DO SOCIALISMO

se chama normalmente de Estado. Essa ausência de relações pode ser constatada tanto na maneira como a vida industrial e comercial age sobre ele, quanto na maneira como ele atua sobre aquela. Por um lado, o que acontece nas manufaturas, nas fábricas, no comércio privado, escapa em princípio do seu conhecimento. Não está direta e especialmente informado do que é produzido neles. Pode, em certos casos, sentir seus contragolpes, mas não é advertido de outra maneira nem em outras condições diferentes dos demais órgãos da sociedade. É preciso, para isso, que o estado econômico se encontre perturbado com gravidade suficiente para que o estado geral da sociedade seja sensivelmente modificado por ele. Nesse caso, o Estado sofre e, em seguida, toma vagamente consciência disso, como as outras partes do organismo, mas não de forma diferente. Em outras palavras, não há uma comunicação especial entre ele e essa esfera da vida coletiva. Em princípio, a atividade econômica está à margem da consciência social; ela funciona silenciosamente; os centros conscientes não a percebem até que ela esteja normal. Da mesma forma, eles não a acionam de uma maneira especial e regular. Não há um sistema de canais determinados e organizados através dos quais a influência do Estado se faz sentir sobre ela. Em outras palavras, não existe um sistema de funções encarregado de lhe impor a ação vinda dos centros superiores. – É completamente diferente nas outras atividades. Tudo o que acontece nas diferentes administrações, nas assembleias deliberativas locais, no ensino público, no Exército etc. é suscetível de chegar ao que chamamos de cérebro social, pelas vias especialmente destinadas a assegurar essas comunicações, de modo que o Estado se mantém ciente sem que as partes ambientes da sociedade sejam advertidas. Existem também outras vias do mesmo gênero, através das quais ele reenvia a esses centros secundários sua ação. Entre eles e ele existem trocas contínuas e diversas. Podemos, portanto, dizer que essas últimas funções são organizadas, pois o que constitui a organização de um corpo vivo é a instituição de um órgão central e a conexão dos órgãos secundários com esse órgão. Em oposição, diremos que as funções econômicas, no estado em que se encontram, são difusas, sendo a difusão consistindo na ausência de organização.

Isto posto, é fácil constatar que, entre as doutrinas econômicas, há as que reclamam a união das funções comerciais e industriais com as funções dirigentes e conscientes da sociedade, e que a essas doutrinas se opõem a outras que reclamam, ao contrário, uma difusão maior das primeiras. Parece incontestável que, ao dar às primeiras doutrinas o nome de socialistas, não violentaremos o sentido ordinário da palavra, pois todas as doutrinas chamadas normalmente de socialistas concordam com essa reivindicação.

CAPÍTULO I - DEFINIÇÃO DO SOCIALISMO | 33

Seguramente, essa união é concebida de maneiras diferentes segundo as escolas. De acordo com algumas, todas as funções econômicas devem ser ligadas aos centros superiores; de acordo com outras, basta que algumas sejam. Para esses, a conexão deve ser feita através de intermediários, ou seja, de centros secundários, dotados de certa autonomia, grupos profissionais, corporações etc.; para outros, deve ser imediata. Mas todas essas diferenças são secundárias e, consequentemente, podemos nos deter na definição seguinte que expressa os caracteres comuns a todas essas teorias: *Chamamos socialista a toda doutrina que demande a conexão de todas as funções econômicas ou de certas funções dentre elas que são atualmente difusas, aos centros diretores e conscientes da sociedade.* É importante observar, de imediato, que dizemos conexão, não subordinação. Assim, na realidade, esse laço entre a vida econômica e o Estado não implica, em nossa opinião, que toda a *ação* venha desse último. Ao contrário, é natural que ele receba tanto quanto imprima. Podemos prever que a vida industrial e comercial, uma vez colocada em contato permanente com ele, afetará seu funcionamento, contribuirá para determinar as manifestações da sua atividade muito mais do que hoje, desempenhará na vida governamental um papel muito mais importante, e isso é o que explica como, respondendo a definição que acabamos de obter, há sistemas socialistas que tendem à anarquia. Desse modo, para eles, essa transformação, bem longe de colocar as funções econômicas nas mãos do Estado, deve ter o efeito de colocar o Estado sob a dependência dessas funções.

Segunda lição

Ainda que o socialismo seja uma questão cotidiana, podemos ver, pelas definições usuais que lhe são atribuídas, como é inconsistente e mesmo contraditória a noção que normalmente fazemos dele. Os adversários da doutrina não são os únicos a falar dela sem ter uma ideia definida; frequentemente, os socialistas provam, pela maneira como entendem suas próprias teorias, que têm apenas uma consciência imperfeita das mesmas. Constantemente acontece de adotarem esta ou aquela tendência particular para a totalidade do sistema, pela simples razão de se impressionarem pessoalmente mais por uma particularidade do que pelas demais. É assim que, em geral, acabou-se por reduzir a questão social à questão operária. Se quisermos alcançar o estado de espírito necessário para abordar o estudo que desejamos empreender do ponto de vista científico, não po-

34 | LIVRO I – DEFINIÇÕES E ORIGENS DO SOCIALISMO

deremos pensar muito nessas inúmeras confusões. Ao mostrarmos o que valem as ideias correntes sobre o socialismo, elas nos advertem de que é preciso fazer *tabula rasa*[9] do que acreditamos saber sobre ele, se quisermos, ao menos, exigir da pesquisa que começamos outra coisa que não a simples confirmação dos nossos preconceitos. É preciso que nos coloquemos diante do socialismo da mesma forma que de uma coisa desconhecida, de uma ordem de fenômenos inexplorados, e nos mantenhamos dispostos a vê-lo se mostrar sob um aspecto mais ou menos diferente daquele sob o qual o consideramos normalmente. Além disso, de um ponto de vista não mais teórico, mas prático, tal método, se fosse praticado com mais frequência, teria a vantagem de trazer ao menos uma trégua às paixões contrárias que esse problema suscita, posto que ele opõe tanto a uns como a outros a mesma recusa categórica, mantendo-os igualmente a distância. Em lugar de exigir que os espíritos escolham imediatamente uma solução e uma etiqueta e, consequentemente, dividi-los logo de entrada, ele os reúne, ao menos por um tempo, em um sentimento comum de ignorância e de reserva. Ao fazê-los compreender que – antes de julgar o socialismo, antes de fazer apologia ou crítica a ele, é preciso conhecê-lo, e isso por meio de uma pesquisa de amplo fôlego – ele lhes oferece um terreno comum em que possam se encontrar e trabalhar juntos, e com isso prepara-os para considerar com muito mais calma, serenidade e mesmo imparcialidade as questões irritantes, quando chegar a hora de examiná-las. Porque, nesse gênero de matéria, uma vez que se é obrigado a desconfiar do seu próprio ponto de vista e a deixá-lo, ainda que seja apenas provisoriamente e por meio de um método, se está muito menos propenso a soluções exclusivas e simplistas e, ao contrário, em melhores condições para levar em consideração toda a complexidade das coisas.

Após termos discutido as definições que recebemos e mostrado a sua insuficiência, procuramos saber por que signos poderíamos reconhecer o socialismo e distingui-lo daquilo que ele não é, e, por meio de uma comparação objetiva, das diferentes doutrinas cujo objeto são as coisas sociais, chegamos à seguinte fórmula: denominamos teorias socialistas todas aquelas que reclamam a conexão mais ou menos completa de todas as funções econômicas, ou de algumas dentre elas, ainda que difusas, aos órgãos diretores e conscientes da sociedade. Essa definição exige alguns comentários.

Nós já salientamos que dizíamos conexão e não subordinação, e não será demasiado insistir nessa diferença, que é essencial. Os socialistas não pe-

---

9. Expressão que significa "tratar como uma folha de papel em branco". (N.T.)

CAPÍTULO I - DEFINIÇÃO DO SOCIALISMO | 35

dem que a vida econômica seja colocada nas mãos do Estado, mas que ela esteja conectada com ele; ao contrário, estimam que ela deve reagir sobre ele, ao menos tanto, senão mais, do que ele deve agir sobre ela. De acordo com o pensamento socialista, essa relação não deve ter o efeito de subordinar os interesses industriais e comerciais aos interesses ditos políticos, mas antes, de elevar os primeiros ao nível do segundo. Pois, uma vez assegurada essa comunicação constante, eles afetariam com muito mais profundidade que hoje o funcionamento do órgão governamental, e contribuiriam em medida bem mais larga para determinar seu curso. Bem longe de relegá-los a um segundo plano, trata-se muito mais de convidá-los a desempenhar, no conjunto da vida social, um papel bem mais importante do que o que lhes cabe atualmente, pois justamente em razão do distanciamento em que se encontram dos centros diretores da sociedade, só podem acioná-los de maneira frágil e intermitente. Mesmo de acordo com os teóricos mais célebres do socialismo, em lugar da vida econômica ser absorvida pelo Estado, seria o Estado tal qual nós o conhecemos que desapareceria, para tornar-se apenas o ponto central da vida econômica. É por essa razão que, na nossa definição, não nos servimos da palavra "Estado", mas da expressão, desenvolvida e um pouco figurativa "os órgãos conscientes e diretores da sociedade", pois de acordo com a doutrina de Marx, por exemplo, o Estado – como tal, ou seja, enquanto ele tem um papel específico e representa interesses *sui generis* superiores aos do comércio e aos da indústria, das tradições históricas, das crenças comuns de natureza religiosa ou de outra natureza etc. – já não existiria. As funções propriamente políticas, que são atualmente sua especialidade, não teriam mais razão de ser, e ele teria apenas funções econômicas. Ele não deveria mais ser chamado por um mesmo nome, e eis por que tivemos de recorrer a uma denominação mais geral. Enfim, uma última observação que convém fazer acerca da fórmula proposta é que uma palavra importante é empregada nela com sua acepção comum e sem ter sido metodicamente definida, contrariamente ao próprio princípio que estabelecemos. Falamos, na realidade, de coisas ou de funções econômicas, sem ter dito previamente em que elas consistem e por quais signos exteriores as reconhecemos. A culpa é da própria ciência econômica, que não determinou melhor seu conceito fundamental, de forma que tivemos que tomá-lo emprestado no mesmo estado em que ele nos foi transmitido. Entretanto, não há grandes inconvenientes nisso, pois, ainda que não sabemos bem quais são, ao certo, os limites do domínio econômico, geralmente nos entendemos sobre a natureza das coisas essenciais que ele compreende, e isso nos basta por enquanto.

36 | LIVRO I – DEFINIÇÕES E ORIGENS DO SOCIALISMO

Comparando essa definição com a concepção geralmente feita do socialismo, podemos, como era de se esperar, constatar as divergências. Assim, de acordo com os termos da nossa fórmula, as teorias que recomendam – como remédio para os males que as sociedades atuais sofrem – um desenvolvimento considerável das instituições de caridade e de previdência, não somente as privadas, mas também as públicas, não poderiam ser chamadas de socialistas, ainda que frequentemente as denominemos assim, tanto para atacá-las quanto para defendê-las. Mas não é que a nossa definição seja falha. É que, ao chamá-las assim, damos a elas um nome que não lhes convém, pois, por mais generosas e úteis que possam ser, colocá-las em prática, por outro lado – o que não está em discussão –, não responderia, em absoluto, às necessidades e às preocupações que o socialismo despertou e exprime. Ao aplicarmos a elas tal qualificação, confundimos em uma mesma classe e sob uma mesma palavra coisas muito diferentes. Instituir obras de assistência ao lado da vida econômica, não significa anexar esta à vida pública. O estado de difusão em que se encontram as funções industriais e comerciais não diminui quando são criadas caixas de seguro para suavizar a sorte dos que, temporariamente ou para sempre, param de cumprir essas funções. O socialismo é essencialmente uma tendência a organizar, mas a caridade não organiza nada. Ela mantém as coisas no estado em que se encontram, pode apenas atenuar os sofrimentos particulares que essa desorganização engendra. Vemos, por meio desse novo exemplo, como é importante determinar bem o sentido da palavra, se não quisermos nos equivocar sobre a natureza das coisas e sobre o alcance das medidas práticas que adotamos ou que aconselhamos.

Outra observação importante à qual nossa definição dá lugar é que nem a luta de classes, nem a preocupação de tornar as relações econômicas mais equitativas, e por isso mesmo mais favoráveis aos trabalhadores, não figuram notadamente nela. Assim, esses caracteres não somente não são todo o socialismo, como também não representam sequer um elemento essencial ou *sui generis* dele. Estamos, é verdade, acostumados a uma concepção tão diferente que, à primeira vista, tal constatação surpreende um pouco e poderia despertar dúvidas sobre a exatidão da nossa definição. Partidários e adversários não nos apresentam sem cessar o socialismo como a filosofia das classes operárias? E, no entanto, é fácil, a partir de agora, dar-se conta de que essa tendência não só não é a única que o inspira, mas também que ela é apenas uma forma particular e derivada daquela, mas geral, em função da qual o expressamos. Na realidade, a melhora da sorte dos

CAPÍTULO I - DEFINIÇÃO DO SOCIALISMO | 37

operários é apenas uma das consequências que o socialismo espera da organização econômica que ele reclama, da mesma forma que a luta de classes é apenas um dos meios dos quais essa concentração deve resultar, um dos aspectos do desenvolvimento histórico que estaria em vias de engendrá-la. E, na realidade, qual é a causa, de acordo com os socialistas, da inferioridade das classes operárias e da injustiça da qual eles as declaram vítimas? Ademais elas estão colocadas sob a dependência imediata, não da sociedade em geral, mas de uma classe particular, suficientemente poderosa para lhes impor suas vontades próprias: refiro-me aos capitalistas. De fato, os trabalhadores não têm negócios diretos com a sociedade; não é ela que os remunera diretamente, é o capitalista. Mas isso é um mero particular que, como tal, se preocupa, e isso legitimamente, não com os interesses sociais, mas com os seus próprios. Dessa forma, trata de pagar os serviços que compra, não de acordo com o que valem socialmente, ou seja, conforme o grau exato de utilidade que eles têm para a sociedade, mas o mais barato possível. Todavia, ele tem entre as mãos uma arma que permite obrigar aqueles que vivem do seu trabalho a lhe vender o produto abaixo do que ele vale realmente. É seu capital. Ele pode, senão indefinidamente, ao menos durante um longo tempo, viver da riqueza acumulada de que dispõe em lugar de empregá-la para dar trabalho aos operários. Ele compra, portanto, a ajuda dos operários apenas quando deseja, enquanto eles, ao contrário, não podem esperar; necessitam vender sem demora a única coisa que possuem para vender, posto que, por definição, não possuem outro meio de subsistência. São, portanto, obrigados a ceder, em certa medida, às exigências de quem lhes paga e reduzir suas próprias demandas abaixo do que deveriam ser se somente o interesse público servisse de medida para o valor das coisas, e, por conseguinte, são forçados a se deixarem lesar. Não vou avaliar aqui se essa preponderância do capital é real ou se, como dizem os economistas ortodoxos, a concorrência dos capitalistas entre si a elimina completamente; contento-me em reproduzir o argumento socialista sem avaliá-lo. Uma vez colocadas essas premissas, fica claro que o único meio de suavizar essa submissão e de melhorar esse estado de coisas é moderar o poder do capital com outro que tenha força igual ou superior, mas que, além disso, possa fazer sentir sua ação em conformidade com os interesses gerais da sociedade. Seria totalmente inútil fazer com que outra força particular ou privada interviesse no sistema; isso seria substituir a escravidão que os proletários sofrem por outra, e não suprimi-la. Somente o Estado pode, portanto, desempenhar o papel de moderador; mas, para isso,

38 | LIVRO I – DEFINIÇÕES E ORIGENS DO SOCIALISMO

é preciso que os órgãos econômicos cessem de funcionar à sua margem, sem que ele tenha consciência; é preciso, ao contrário, que – graças a uma comunicação constante – ele perceba o que acontece e possa, por sua vez, fazer sentir sua ação. Se desejarmos ir ainda mais longe, se pretendermos, não apenas atenuar, mas fazer com que essa situação cesse radicalmente, é preciso suprimir completamente esse intermediário do capitalista que, intercalando-se entre o trabalhador e a sociedade, impede que o trabalho seja avaliado e remunerado segundo o seu valor social. É preciso que esse último seja diretamente estimado e retribuído, se não pela coletividade, o que é praticamente impossível, ao menos pelo órgão social que a representa normalmente. O que significa que a classe dos capitalistas nessas condições deve desaparecer, que o Estado deve preencher suas funções e, ao mesmo tempo, ser colocado em relação direta com a classe operária e, consequentemente, tornar-se o centro da vida econômica. A melhora da sorte dos operários não é, portanto, um objetivo especial, é apenas uma das consequências que a anexação das funções econômicas pelos órgãos diretores da sociedade deve produzir e, de acordo com o pensamento socialista, quanto maior e mais radical for essa anexação, mais completa será a melhora. Não há nisso duas tendências, uma que teria como objetivo organizar a vida econômica e outra que aspiraria a tornar menos ruim a condição da maioria: a segunda é apenas uma variedade da primeira. Em outros termos, de acordo com o socialismo, existe, atualmente, todo um segmento do mundo econômico que não está verdadeira e diretamente integrado à sociedade. São os trabalhadores não capitalistas. Eles não são plenamente societários, pois só participam da vida social por um meio interposto que, tendo sua própria natureza, impede-os de agir sobre a sociedade e de receber seus benefícios na medida e da maneira condizente com a importância social dos seus serviços. É assim que é criada a situação da qual eles alegam sofrer. O que pedem, consequentemente, quando reinvidicam um tratamento melhor, é não serem mantidos mais distantes dos centros que presidem a vida coletiva; é estarem ligados a eles mais ou menos intimamente; as mudanças materiais que esperam são apenas uma forma e uma sequência dessa integração mais completa.

Nossa definição tem em conta, na realidade, essas preocupações especiais que, à primeira vista, pareciam não fazer parte dela; apenas as coloca em seu lugar, que é secundário. O socialismo não se reduz a uma questão de salários, ou, como se diz, do estômago. Ele é, antes de tudo, uma aspiração a uma reorganização do corpo social, cujo efeito será inserir o aparelho

CAPÍTULO I – DEFINIÇÃO DO SOCIALISMO | 39

industrial de outra maneira dentro organismo, de tirá-lo da sombra em que funcionava automaticamente, chamando-o à luz e ao controle da consciência. Podemos, inclusive, a partir de agora, perceber que essa aspiração não é sentida apenas pelas classes inferiores, mas pelo próprio Estado que, à medida que a atividade econômica torna-se um fator mais importante da vida geral, é conduzido, por força das circunstâncias, por necessidades vitais da mais alta importância, a supervisionar e a regulamentar mais as manifestações. Da mesma forma que as massas operárias tendem a se aproximar dele, ele tende igualmente a se aproximar delas, pela simples razão de que assim ele estende cada vez mais longe suas ramificações e sua esfera de influência. O socialismo está longe de ser algo exclusivamente operário! Existem, na realidade, duas correntes sob a influência das quais a doutrina socialista se formou, uma que vem de baixo e que se dirige para as regiões superiores da sociedade e outra que vem delas e segue na direção inversa. Mas como, no fundo, elas são apenas o prolongamento uma da outra, como implicam mutuamente uma na outra e como são apenas aspectos diferentes de uma mesma necessidade de organização, não se pode definir o socialismo antes por uma do que pela outra. Sem dúvida essas duas correntes não inspiram igualmente os diferentes sistemas; de acordo com a posição ocupada pelo teórico, se ele está mais próximo dos trabalhadores ou mais atento aos interesses gerais da sociedade, uma ou outra terão maior influência sobre o seu espírito. Daí resultam dois tipos diferentes de socialismo: *socialismo operário* e *socialismo de Estado*, separados por simples diferenças de graus. Não existe socialismo operário que não reinvidique um desenvolvimento mais considerável do Estado; não existe socialismo de Estado desinteressado pelos trabalhadores. Ambos são apenas variações de um mesmo gênero; mas é o gênero o que nós estamos definindo.

Entretanto, se as questões econômicas são as que se colocam em toda doutrina socialista, a maioria dos sistemas não se atém a elas. Quase todos estenderam mais ou menos suas reivindicações a outras esferas da atividade social, à política, à família, ao casamento, à moral, à arte e à literatura etc. Há inclusive uma escola que adotou a regra de aplicar o princípio socialista a toda a vida coletiva. É o que Benoît Malon[10] denominava de *socialismo integral*. Será preciso, portanto, para permanecer conforme a nossa definição, colocar essas diferentes teorias fora do socialismo, considerá-las como inspiradas por outro espírito, como provenientes de uma origem muito distinta, somente pelo fato de não estarem diretamente relacionadas às fun-

---

10. Ver MALON, Benoît. *Le socialisme intégral*. Paris, 1882.

40 | LIVRO I – DEFINIÇÕES E ORIGENS DO SOCIALISMO

ções econômicas? Tal exclusão seria arbitrária, pois, se há doutrinas em que
não se encontram esses tipos de especulação, se o socialismo dito realista
as proíbe, ela são, entretanto, comuns para um grande número de escolas;
além disso, como apresentam importantes semelhanças, em todas as varie-
dades do socialismo em que são observadas, podemos estar seguros de que
são colocadas sob a dependência do pensamento socialista. Por exemplo,
elas estão geralmente de acordo, ao menos atualmente, em reivindicar uma
organização mais democrática da sociedade, mais liberdade nas relações
conjugais, igualdade jurídica dos dois sexos, uma moral mais altruísta, uma
simplificação das formas jurídicas etc. Possuem assim um ar familiar que
demonstra que, sem serem essenciais ao socialismo, não deixam de se rela-
cionarem com ele. E, de fato, é fácil conceber que uma transformação como
essa que ele reivindica provoca necessariamente outras reorganizações em
toda a extensão do corpo social. As relações que um órgão tão complexo
como o industrial sustenta com os outros e, sobretudo, com os mais importantes de todos, não podem ser modificadas a esse ponto sem que todos
sejam afetados. Imagine que, uma das funções vegetativas do organismo
individual, situadas até então fora da consciência, venha a ser religada a ela
por vias de comunicação diretas, é o próprio fundo da nossa vida psíqui-
ca que será profundamente modificado pelo fluxo de novas sensações. Da
mesma forma, quando compreendemos o que é o socialismo, torna-se evidente que dificilmente ele pode se circunscrever a uma região determinada
da sociedade, mas que os teóricos, suficientemente intrépidos para seguir
até o fim as consequências de seus pensamentos, tenham sido conduzidos
a sair do domínio puramente econômico. Esses projetos particulares de reforma não estão, portanto, inseridos no sistema de peças recolhidas, mas
são devidos à mesma inspiração e, consequentemente, é necessário dar a
eles um lugar na nossa definição. É por isso que, após ter definido as teorias
socialistas, como fizemos no princípio, acrescentamos: "secundariamente,
denominamos também de socialistas as teorias que, sem se referirem diretamente à ordem econômica, estão, no entanto, em conexão com as precedentes". Dessa forma, o socialismo será definido essencialmente por suas
concepções econômicas, ainda que possa ir além delas.

CAPÍTULO II

Socialismo e comunismo

Segunda lição (*continuação*)

Após ter assim definido o socialismo, é preciso, para ter uma ideia clara do mesmo, distingui-lo de outro grupo de teorias com o qual frequentemente o confundimos. São as teorias comunistas, das quais Platão foi o primeiro a dar, na Antiguidade, uma fórmula sistemática, e que foram retomadas nos tempos modernos, na *Utopia** de Thomas More, na *Cidade do Sol*, de Campanella, para citar os mais ilustres. Tanto os amigos quanto os inimigos do socialismo têm feito a confusão com frequência. "Desde que o homem", disse Laveleye, "teve cultura suficiente para ser tocado pelas iniquidades sociais... sonhos de reforma germinaram em seu espírito. Assim, em todos os lugares, em todas as épocas e em todos os países, depois que a igualdade primitiva desapareceu, aspirações socialistas foram vistas por vezes sob a forma de protestos contra o mal existente; por outras sob a de planos utópicos de reconstrução social. O modelo mais perfeito dessas utopias é... *A República** de Platão" (*Socialisme contemporain*; prefácio, p. V). No seu *Socialisme intégral* (p. I, 86), Benoît Malon exprime a mesma ideia e, indo além de Platão, apresenta o comunismo dos pitagóricos como precursor do socialismo contemporâneo. Em seus *Études sur les réformateurs contemporains*, Louis Reybaud, a partir de 1840, procedeu com um método análogo. Para ele, o problema colocado por Platão não difere dos que foram levantados por Saint-Simon e Fourier; apenas a solução não é idêntica. Por vezes, as duas palavras "socialismo" e "comunismo" são tomadas uma pela outra. No seu livro *Le socialismo*

---

*.   Obra publicada em *Clássicos Edipro*. (N.E.)

42 | LIVRO I – DEFINIÇÕES E ORIGENS DO SOCIALISMO

au XIIIᵉ siècle, M. Lichtenberger, tentando dar uma definição do socialismo, exprime-se da seguinte forma: "Chamamos de socialistas os escritores que, em nome do poder de Estado e em um sentido igualitário e comunista, propuseram-se a modificar a organização tradicional da propriedade" (Prefácio, p. I). Outros, mesmo reconhecendo que era preciso distinguir o comunismo do socialismo, Thomas More de Karl Marx, não observaram entre eles mais do que diferenças de graus e simples nuances. É o que faz Woolesley no seu livro *Communism and Socialism*; para ele, o socialismo é o gênero e o comunismo, a espécie, e, finalmente, ele reclama o direito de utilizar as duas expressões quase indistintamente. Enfim, no programa operário de Marselha, Guesde e Lafargue, para demonstrarem claramente que o coletivismo marxista não tinha nada de irrealizável, apresentaram-no como uma simples extensão do comunismo antigo.

Existe, realmente, entre esses dois tipos de sistema uma identidade de natureza ou, ao menos, um estreito parentesco? A questão é muito importante, pois, de acordo com a solução dada, o socialismo aparece sob um aspecto completamente diferente. Se ele é apenas uma forma do comunismo, ou se se confunde com ele, não podemos ver no socialismo mais do que uma velha concepção mais ou menos rejuvenescida, e somos levados a julgá-lo como as utopias comunistas do passado. Se, ao contrário, ele é distinto, constitui uma manifestação *sui generis* que reclama um exame especial.

Um primeiro fato que, sem ser demonstrativo, deve nos colocar em guarda contra a confusão, é que a palavra socialismo é totalmente nova. Ela foi forjada na Inglaterra, em 1835. Naquele ano, sob os auspícios de Robert Owen, foi fundada uma sociedade que adotou o nome um tanto enfático de *Associação de todas as classes de todas as nações*. As palavras "socialismo" e "socialista" foram empregadas pela primeira vez ao longo das discussões que ocorreram naquela ocasião. Em 1839, Reybaud serviu-se delas no seu livro sobre os *Reformateurs modernes*[11], no qual são estudadas as teorias de Saint-Simon, Fourier e Owen. Reybaud, inclusive, reivindica para si a paternidade da palavra que, de qualquer forma, não tinha mais de cinquenta anos. Mas da palavra, passemos às coisas.

Uma primeira diferença, ainda muito externa, mas que não deixa de ser surpreendente, é que as teorias comunistas aparecem apenas de forma esporádica na História. De Platão a Thomas More transcorreram quase dez séculos, e as tendências comunistas que podem ser observadas em certos Padres da Igreja não são suficientes para suprir essa solução de continui-

---

11. *Études sur les réformateurs contemporains ou socialistes modernes. Saint-Simon, Charles Fourier, Robert Owen.* (N.T.)

CAPÍTULO II – SOCIALISMO E COMUNISMO | 43

dade. Da *Utopia* (1518) à *Cidade do Sol* (1623) há mais de um século de distância, e, depois de Campanella, foi preciso esperar o século XVIII para ver o comunismo renascer. Em outras palavras, o comunismo não se dissemina. Os pensadores que ele inspira são solitários que surgem de tempos em tempos, mas que não formam uma escola. Suas teorias parecem, portanto, expressar bem mais a personalidade de cada teórico do que um estado geral e constante da sociedade. São sonhos dos quais se comprazem espíritos generosos, que atraem a atenção e sustentam o interesse em razão dessa mesma generosidade e elevação, mas que, não respondem às necessidades atuais sentidas pelo corpo social, agem apenas na imaginação e são praticamente improdutivos. Além disso, é dessa forma que são apresentados por aqueles que os conceberam. Eles próprios dificilmente veem nas suas teorias algo além de belas ficções, que, de tempos em tempos, é preciso colocar sob os olhos dos homens, mas que não estão destinadas a se converterem em realidades. "Se", disse sir Thomas More, ao terminar o seu livro, "não posso aderir completamente a tudo o que acaba de ser relatado da Ilha da Utopia, reconheço que nela acontece muito mais coisas que desejo, bem mais do que espero, ver imitadas pelas nossas sociedades." Por outro lado, o próprio método de exposição seguido por esses autores indica bem qual é o caráter que emprestam à sua obra. Todos, quase sempre adotam, como quadro, um país absolutamente imaginário, situado fora de qualquer condição histórica. O que prova que os seus sistemas só se atêm de forma frágil à realidade social e que apenas fragilmente visam a reagir a ela. Muito diferente é a forma como o socialismo se desenvolve. Desde o começo do século, teorias que carregam esse nome seguem umas às outras sem interrupção; trata-se de uma corrente contínua que, apesar de certa diminuição por volta de 1850, torna-se cada vez mais intensa. E tem mais: não apenas escolas sucedem escolas, como as que vemos aparecer simultaneamente, sem nenhum entendimento prévio e influência recíproca, por uma espécie de impulso que testemunha que elas respondem a uma necessidade coletiva. É assim que, simultaneamente, vemos Saint-Simon e Fourier, na França, e de Owen, na Inglaterra, para recordar apenas os nomes mais importantes. Assim, o sucesso ao qual eles aspiram não é mais do que puramente sentimental e artístico; não lhes basta mais elevar a alma, embalando-a com belos sonhos, eles pretendem chegar a algo prático. Nenhum deles considera que suas concepções não são passíveis de serem realizadas com facilidade; por mais utópicas que elas possam nos parecer, elas não o são para seus autores. É porque pensam, não sob o impulso da sua sensibilidade privada, mas de aspirações sociais que exigem ser satisfeitas com eficácia e que não se contentam com simples

44 | LIVRO I – DEFINIÇÕES E ORIGENS DO SOCIALISMO

romances, por mais sedutores que possam ser. Tal contraste na maneira em que esses dois tipos de doutrinas se manifestam não pode deixar de resultar de uma diferença de natureza. De fato, em certos pontos essenciais, elas estão diametralmente opostas uma à outra. O socialismo, dissemos, consiste em uma anexação das funções industriais ao Estado (nos servimos dessa última palavra, apesar da sua inexatidão, para abreviar). O comunismo tende bem mais a colocar a vida industrial à margem do Estado. E isso é particularmente evidente no comunismo platônico. A cidade, tal qual ele a concebe, é formada por duas partes muito distintas: de um lado a classe dos trabalhadores e dos artesãos; de outro, a dos magistrados e guerreiros. É a esses dois últimos que pertencem as funções propriamente políticas. A um, cabe defender pela força os interesses gerais da sociedade, caso eles sejam ameaçados interna ou externamente; ao outro, regulamentar o funcionamento interno. Reunidas, elas constituem o Estado, posto que somente elas são capazes de agir em nome da comunidade. Todavia, é à terceira classe que são atribuídas as funções econômicas; é a ela que cabe prover, de acordo com as palavras de Platão, a alimentação da sociedade. Ora, o princípio fundamental da política platônica é que a classe inferior deve ser radicalmente separada das duas outras, ou seja, bem longe de ter uma conexão com o Estado, o órgão econômico deve se situar fora dele. Os artesãos e os trabalhadores não participam nem da administração, nem da legislação e estão excluídos das funções militares. Não possuem, portanto, nenhuma via de comunicação que os associe aos centros diretores da sociedade. Inversamente, esses últimos devem permanecer alheios a tudo o que diz respeito à vida econômica. Não apenas não devem tomar parte ativa nela, mas são mantidos indiferentes a tudo o que nela ocorra. Desse modo, são proibidos de possuir qualquer coisa. A propriedade privada lhes é vetada. Ela é permitida apenas à terceira classe. Nessas condições, magistrados e guerreiros não têm nenhuma razão para se interessar em que o comércio e a agricultura prosperem mais ou menos, pois não recebem nada dessas atividades. Tudo o que pedem é que o alimento, que lhes é estritamente indispensável, seja fornecido. E, desde a infância, são ensinados a odiar a vida fácil e o luxo, como não necessitam de quase nada, têm a segurança de sempre ter o que necessitam, sem que tenham de se ocupar disso. Assim, da mesma maneira que o acesso à vida política é interditado aos trabalhadores e aos artesãos, a quem Platão chama de γένος χρηματιστικόν, os guardiões do Estado, κηδεμόνες τῆς πόλεως, não podem intervir na vida econômica. Entre esses dois aparelhos da vida da cidade, Platão coloca uma

CAPÍTULO II – SOCIALISMO E COMUNISMO | 45

solução de continuidade. E, inclusive, para torná-la o mais completa possível, exige que os primeiros vivam separados dos segundos. Todos os servidores públicos (civis ou militares) deverão viver em um campo de onde seja possível supervisionar facilmente o que acontece dentro e fora do Estado. Assim, enquanto a reforma socialista tem por objetivo situar o organismo econômico no próprio centro do organismo social, o comunismo platônico lhe atribui a situação mais excêntrica possível. A razão dessa separação é que, segundo Platão, a riqueza e tudo o que com ela se relaciona é a grande fonte da corrupção pública. É ela que, estimulando os egoísmos individuais, coloca os cidadãos em confronto e desencadeia os conflitos interiores que arruínam os Estados. É ela também que, criando interesses particulares ao lado de interesses gerais, retira do último a preponderância que deve ter em uma sociedade bem regulamentada. É preciso, pois, colocá-la fora da vida pública e tão longe quanto seja possível do Estado, o qual ela só pode perverter.

Ora, todas as teorias comunistas formuladas posteriormente derivam da teoria platônica, da qual elas são apenas variações. Sem que seja necessário, portanto, examiná-las todas em detalhes, podemos estar certos de que elas apresentam esse mesmo caráter, pelo qual se opõem ao socialismo, longe de se confundirem com ele. Vejamos, por exemplo, a *Utopia* de Thomas More. Sobre um ponto, ela se afasta do sistema de Platão. More não admite classes na sua sociedade ideal. Todos os cidadãos participam da vida pública; todos elegem os magistrados, e todos podem ser eleitos. Da mesma maneira, todos devem trabalhar, contribuir para a manutenção material da comunidade, como agricultores e artesãos. Parece, portanto, que essa dupla difusão das funções políticas e econômicas deveria ter o efeito de uni-los estreitamente. Como poderiam ser separadas se cada um cumpre igualmente umas e outras funções? E, no entanto, se a separação é obtida por outros meios, que não os da República de Platão, ela não é menos completa. Ela não ocorre no espaço, é verdade, mas no tempo. Não há mais duas ordens de cidadãos, entre os quais existe a solução de continuidade. Mas More estabelece duas partes na vida de cada cidadão, uma que é consagrada ao trabalho agrícola e industrial, outra, à questão pública, e, entre as duas, ele coloca uma barreira, de tal modo que a primeira não pode ter ação sobre a segunda. O procedimento que ele emprega para tanto, toma emprestado de Platão. Para colocar os dirigentes do Estado fora das questões econômicas, Platão lhes recusa o direito de posse. More estende essa interdição a todos os cidadãos uma vez que, no seu sistema, todos têm parte na direção do Estado. Ele os proíbe de se apropriar do produto de seu tra-

46 | LIVRO I – DEFINIÇÕES E ORIGENS DO SOCIALISMO

balho; devem disponibilizar tudo para todos e consumir tudo em comum. As refeições serão coletivas. Nessas condições, os interesses econômicos não poderão mais afetar as resoluções tomadas pelos habitantes quando eles deliberarem sobre assuntos públicos, porque eles não terão mais interesses econômicos. Não podendo mais enriquecer, eles tornam-se, a partir de então, indiferentes ao que é produzido em maior ou menor quantidade; tudo de que necessitam é que sua subsistência seja assegurada. E como, a exemplo dos magistrados e guerreiros da cidade platônica, são criados de maneira a ter poucas necessidades, e como sua vida deve ser muito simples, precisam de muito pouca coisa e, nesse sentido, não possuem nenhuma preocupação. A maneira como dirigem a sociedade, seja escolhendo os magistrados, seja exercendo a magistratura caso sejam eleitos, é, portanto, completamente livre de influências econômicas. E ainda mais: More não apenas organiza as coisas de forma que as funções alimentares não atuem de modo algum sobre as funções políticas, como se esforça para reduzir a importância das primeiras a fim de que elas não ocupem espaço muito grande na existência. A extrema frugalidade que é obrigatória na sociedade utópica permiti-lhe reduzir a seis horas por dia o trabalho que cada um deve prestar para que a existência material da sociedade seja assegurada. Campanella, mais tarde, chegará mesmo a exigir apenas quatro horas. Quanto à razão que determina essas diferentes disposições, é a mesma que já inspirava Platão: a influência antissocial que é atribuída à riqueza.

Identificar o socialismo com o comunismo é, portanto, identificar contrários. Para o primeiro, o órgão econômico deve quase se tornar o órgão diretor da sociedade; para o segundo, qualquer distância é pouca entre os dois órgãos. Entre essas duas manifestações da atividade coletiva, uns veem uma estreita afinidade e quase identidade de natureza; outros, ao contrário, percebem apenas antagonismo e repulsão. Para os comunistas, o Estado só pode cumprir o seu papel se lhe subtrairmos completamente o contato com a vida industrial; para os socialistas, esse papel é essencialmente industrial e a aproximação nunca será suficientemente completa. Para aqueles, a riqueza é maléfica e é preciso deixá-la fora da sociedade; para esses, ao contrário, ela só deve ser temida quando não está socializada. Sem dúvida, e é isso que leva ao equívoco, ambas propõem uma regulamentação; mas é preciso estar atento ao fato de que a operam em sentidos opostos. Aqui, ela tem o objetivo de moralizar a indústria anexando-a ao Estado. Lá, de moralizar o Estado excluindo-o da indústria.

É verdade que ambos os sistemas fazem entrar no domínio coletivo modos de atividade que, segundo as concepções individualistas, deveriam per-

CAPÍTULO II - SOCIALISMO E COMUNISMO | 47

tencer ao domínio privado; e, sem dúvida, é isso o que mais contribuiu para a confusão. Mas, ainda sobre esse ponto, há uma clara oposição. De acordo com o socialismo, as funções econômicas propriamente ditas, ou seja, as funções produtivas de serviços (comércio e indústria) devem ser socialmente organizadas; mas o consumo deve ser privado. Não há, como vimos, doutrina socialista que recuse ao indivíduo o direito de possuir e empregar como bem lhe aprouver o que adquiriu legitimamente. No comunismo, ao contrário, é o consumo que é comum, e a produção, privada. Na *Utopia*, cada um, por seu lado, trabalha como quer, é obrigatório apenas não permanecer ocioso. Cultiva o seu jardim, ocupa-se de seu trabalho, da mesma forma como faria na sociedade mais individualista. Não há regra comum que determine a relação dos diferentes trabalhadores entre si, a forma como todas essas atividades devem colaborar tendo em vista objetivos coletivos. Como todos fazem a mesma coisa, ou quase a mesma, não existe nenhuma cooperação para ser regulamentada. Somente, o que cada um produz não lhe pertence. Não é possível dispor da própria produção como quiser. É preciso que ela seja entregue à comunidade, e só se faz uso dela quando esse uso é feito coletivamente. Entre esses dois tipos de organização social, existe, portanto, a mesma distância que separa a organização de certas colônias de pólipos das dos animais superiores. Na primeira, cada um dos indivíduos associados caça por sua conta, a título privado; mas aquilo que apanha é destinado a um estômago comum, e ele não pode ter a sua parte da riqueza comum, ou seja, não pode comer sem que toda a sociedade coma ao mesmo tempo. Ao contrário, entre os vertebrados, cada órgão é obrigado, no seu funcionamento, de se conformar com as regras que são destinadas a colocá-lo em harmonia com os outros; é o sistema nervoso que assegura esse acordo. Mas cada órgão, e em cada órgão, cada tecido, e em cada tecido, cada célula, nutre-se à parte, livremente, sem ser para isso dependente dos outros. Cada uma das grandes partes do organismo possui, inclusive, sua alimentação especial. A distância entre as duas concepções sociais, que com tanta frequência são aproximadas, não é menos considerável.

Terceira lição

Para contar a história do socialismo, é preciso primeiramente determinar o que designamos com essa palavra. Demos, portanto, uma definição que, exprimindo os caracteres exteriores comuns a todas as doutrinas que convencionamos chamar assim, permite-nos reconhecê-las onde quer que as encontremos. Isso feito, restava apenas averiguar em que época a coisa assim

48 | LIVRO I – DEFINIÇÕES E ORIGENS DO SOCIALISMO

definida começa a aparecer na história e a seguir seu curso. Nós nos encontramos, então, em presença de uma confusão que, quando cometida, tem o efeito de recuar as origens do socialismo até as próprias origens do desenvolvimento histórico, tornando-o um sistema quase tão antigo quanto a humanidade. Se, como dissemos, o comunismo primitivo é, efetivamente, apenas uma forma mais geral ou mais particular do socialismo, para compreender esse último, para reconstituir sua evolução completa, seria preciso que voltássemos a Platão e mesmo aos seus antecessores, às doutrinas pitagóricas, às práticas comunistas das sociedades inferiores, que seriam apenas sua aplicação. Mas vimos que, na realidade, essas duas doutrinas, longe de caberem em uma mesma definição, opõem-se uma à outra por caracteres essenciais. Enquanto o comunismo consiste em uma excomunhão das funções econômicas, o socialismo, ao contrário, tende a integrá-las mais ou menos estreitamente na comunidade, e é por essa tendência que ele se define. Para um, não poderiam ser relegadas ao mais longe dos órgãos essenciais da vida pública; para o outro, deveriam constituir o centro de gravidade. Para o primeiro, o papel do Estado é específico, essencialmente moral e só pode ser realizado se ele for privado das influências econômicas; para o segundo, o Estado deve, antes de tudo, servir como fator de união entre as diferentes relações industriais e comerciais, das quais ele seria como um *sensorium commune*.

Mas não é somente pelas conclusões a que chegam que essas duas escolas se opõem uma a outra, é também por seus pontos de partida. Ainda que, no início deste curso, só possamos falar por antecipação do que seguirá a partir do método socialista, concordaremos facilmente, e as lições futuras o estabelecerão, que o socialismo tem como base observações – exatas ou não, não importa – que se referem todas ao estado econômico de sociedades determinadas. Por exemplo, é porque, nas sociedades mais civilizadas da Europa atual, a produção não parece ser suficientemente capaz de se regular em relação às necessidades de consumo, ou porque a centralização industrial parece ter dado vida a empresas muito grandes para que a sociedade possa se desinteressar por elas, ou porque as transformações incessantes das máquinas – por meio da instabilidade resultante delas – retiram toda a segurança do trabalhador e o coloca em um estado de inferioridade que o impede de concluir contratos equitativos. É sobre essas constatações e outras similares que o socialismo se funde para reclamar a reforma da ordem atual. Em resumo, é aos países com grande desenvolvimento industrial, e só a eles, que ele se atém e, nesses países, são exclusivamente as condições em que funcionam o intercâmbio e a produção de valores que ele ataca. – Muito diferente é o princípio dos comunistas. Sua ideia fundamental, que aparece idêntica em todos os lugares e apenas sob formas muito pouco diferentes, é que a propriedade privada é a fonte do egoísmo e que do egoísmo deriva a imoralidade. Ora, tal proposição não visa a nenhuma organização social em particular. Se é verdadeira, aplica-se a todos os tempos e em todos os países, e convém igualmente ao regime da grande e da pequena indústria. Não visa sequer a um fato econômico, pois a instituição da propriedade é um fato jurídico e moral, que afeta a vida econômica, mas sem tomar parte dela. Em resumo, o comunismo ocupa inteiramente um lugar comum de moral abstrata, que não pertence a nenhum tempo e a nenhum país. O que ele coloca em questão são as consequências morais da propriedade privada em geral e não, como fazem os socialistas, a oportunidade de uma organização econômica determinada, que vemos aparecer em um momento preciso da história. Os dois problemas são completamente diferentes. De um lado, propõem-se a estimar o valor moral da riqueza *in abstracto*, e nega-o; de outro, pergunta-se se tal tipo de comércio e de indústria está em relação com as condições de existência dos povos que o praticam, se ele é normal ou mórbido. Assim, enquanto o comunismo se ocupa apenas assessoriamente dos acordos econômicos propriamente ditos e modifica-os apenas na medida necessária para colocá-los conforme o seu princípio, inversamente, a abolição da propriedade individual, o socialismo, só toca na propriedade privada indiretamente, na medida em que é necessário modificá-la para colocá-la em harmonia com as reorganizações econômicas que são o objeto essencial das suas reivindicações.

Todavia, é isso o que explica a grande diferença que assinalamos na maneira como um e outro sistema se manifestam historicamente. Os teóricos do comunismo, dizíamos, são solitários que se mostram apenas de tempos em tempos e cuja palavra parece despertar apenas frágeis ecos nas massas sociais que os cercam. É que, na realidade, são mais filósofos que tratam de um problema moral geral dentro do seu escritório, do que homens de ação que especulam apenas para acalmar as dores sentidas atualmente ao seu redor. De onde vêm o egoísmo e a imoralidade? É isso o que se perguntam, e a questão é eterna. Mas ela só pode ser colocada por pensadores, e para esses, é um traço do pensamento filosófico desenvolver-se apenas de forma descontinuada. Para que a ideia comunista possa emergir, é preciso encontrar um espírito que seja induzido, por suas disposições naturais e pela natureza dos tempos, a levantar esse problema e resolvê-lo em um sentido ascético. Então, se vê essa ideia encarnar em um sistema, mas as combinações contingentes de circunstâncias aptas a suscitá-la podem ser

50 | LIVRO I – DEFINIÇÕES E ORIGENS DO SOCIALISMO

produzidas apenas de tempos em tempos. Durante o intervalo, ela dorme sem chamar a atenção e, inclusive, nos momentos em que brilha com seu mais vivo esplendor, é demasiado especulativa para exercer muita influência. É a mesma razão que forja o caráter sentimental e artístico de todas essas teorias. As próprias teorias que tratam da questão percebem perfeitamente que ela não comporta soluções práticas. O egoísmo é muito essencial à natureza humana para ser retirado dela, por mais desejável que isso seja. No entanto, na medida em que se vê nele um mal, sabe-se que é um mal crônico da humanidade. Quando, no entanto, nos perguntamos em quais condições poderíamos extirpá-lo, não podemos ignorar que nos colocamos fora das condições do real, e que chegaremos apenas a um idílio em que a poesia pode ser agradável à imaginação, mas não poderá pretender passar para o campo dos fatos. Mesmo sabendo que essa regeneração é impossível, experimenta-se o fascínio de representar o mundo assim regenerado. O único efeito útil que podemos esperar dessas ficções é que moralizem, na medida em que podem dar origem a um bom romance. O socialismo, ao contrário, por ser solidário com um estado social determinado, mostra-se logo de entrada diante de nós, sob a forma de uma corrente social e durável. Pois, como os sentimentos que ele traduz são gerais, manifestam-se simultaneamente em diferentes pontos da sociedade e se afirmam com persistência enquanto as condições que os engendraram não desaparecem. E é isso também que dá a eles uma orientação prática. O estado ao qual ele responde, sendo recente, é demasiado agudo para tolerar que o declarem incurável. Não se trata de um mal inveterado, como a imoralidade humana em geral, que um longo costume acabou por tornar quase insensível. Certos ou errados, os homens ainda não tiveram tempo de se acostumarem ou de se resignarem a ele; e ainda que, na realidade, não houvesse remédios possíveis, eles os reivindicam com insistência e suscitam assim, quase sem cessar, pesquisadores que se esforçam para encontrá-los.

Assim, seja qual for a maneira que considerarmos o comunismo e o socialismo, constataremos entre eles, bem mais um contraste que uma identidade de natureza. A questão que eles colocam não é a mesma; as reformas solicitadas por um e por outro se contradizem mais do que se assemelham. Existe, sim, um ponto em que eles parecem se aproximar, é que ambos temem para a sociedade o que poderíamos chamar de particularismo econômico. Ambos estão preocupados com os perigos que os interesses particulares podem representar para os interesses gerais. Um e outro são animados por essa dupla sensação de que o livre jogo dos egoísmos não é suficiente para produzir automaticamente a ordem social e que, por outro lado, as necessidades coletivas devem pesar mais do que as comodidades individuais. É isso o que lhes dá certo ar de parentesco, que explica a confusão criada com frequência. Mas, na realidade, o particularismo que essas duas escolas combatem não é o mesmo. Uma declara antissocial tudo o que é propriedade individual, de maneira geral. A outra julga ser perigosa apenas a apropriação privada das grandes empresas econômicas, que vimos se estabelecer em um dado momento da história. Tampouco os motivos que os determinam são os mesmos. O comunismo é movido por razões morais e atemporais, o socialismo por considerações de ordem econômica. Para o primeiro, a propriedade privada deve ser abolida por ser a fonte de toda imoralidade; para o segundo, as grandes empresas industriais e comerciais não podem ser abandonadas a si mesmas, por elas afetarem de forma grave toda a vida econômica da sociedade. Por isso, suas conclusões são tão diferentes; um vê remédio apenas na supressão, a mais completa possível, dos interesses econômicos; o outro, na socialização dos mesmos. Eles se assemelham, portanto, somente por uma vaga tendência em atribuir à sociedade certa preponderância sobre o indivíduo, mas sem que haja nada em comum nas razões pelas quais essa preponderância é solicitada, nem nos objetivos, ou na intenção dos quais ela é reivindicada, nem na maneira com que pretendem que ela se manifeste. Se isso é suficiente para ver nesses sistemas apenas dois aspectos de uma mesma doutrina e para reuni-los sob uma mesma apelação, então, é preciso estender o sentido da palavra a toda teoria moral, política, pedagógica, econômica e jurídica que estime que o interesse social deva ter primazia mais ou menos sobre o interesse particular, e o termo perderia toda acepção definida. Em resumo, o comunismo e o socialismo têm de semelhante o fato de se oporem igualmente ao individualismo radical e intransigente; mas isso não é uma razão para confundi-los, pois não são menos opostos entre si.

A partir dessa distinção, chegamos à conclusão de que, para explicar o socialismo e narrar sua história, não temos de retornar às origens comunistas. Trata-se de suas ordens de fatos históricos que devem ser estudados separadamente. Além disso, se nos reportarmos à definição que demos do socialismo, veremos que, longe de ter podido se constituir, mesmo sob a forma embrionária, na cidade antiga, ele só pôde aparecer em um momento muito avançado da evolução social. Efetivamente, os elementos essenciais por meio dos quais nós o definimos dependem de várias condições que só se produziram tardiamente.

Em primeiro lugar, para que se possa anexar o comércio e a indústria ao Estado, era preciso que o valor atribuído a esses dois órgãos sociais pela

52 | LIVRO I – DEFINIÇÕES E ORIGENS DO SOCIALISMO

consciência pública fosse sensivelmente igualitário, que fossem concebidos por todos como sendo da mesma ordem e do mesmo nível. Mas, durante muito tempo, existiu entre eles um verdadeiro abismo. Por um lado, como a vida comercial e industrial era ainda muito pouco desenvolvida, enquanto a vida política já havia se tornado relativamente muito intensa, as oscilações pelas quais as primeiras passavam não afetavam muito a segunda. Por serem fortes e poderosas, as nações não tinham necessidade de serem ricas. A riqueza parecia interessar, portanto, apenas aos indivíduos. Todavia, nesse momento, o indivíduo e o que lhe concernia interessavam pouco. Ao contrário, a sociedade era a única coisa à qual a moral anexava um valor. Quer fosse representada, com suas multidões, com a ajuda de símbolos religiosos, ou sob formas mais racionais, com filósofos como Platão, a sociedade aparecia para as pessoas como que marcada por um caráter sacrossanto que a colocava infinitamente acima do mundo inferior dos interesses individuais e, consequentemente, o Estado, sua mais alta encarnação, participava desse mesmo caráter. Porque o Estado tinha, como tarefa, perseguir os fins sociais por excelência, e esses eram considerados como originários das esferas ideais, superiores aos fins humanos, ele próprio estava investido de uma dignidade religiosa. E, como, desde então, o aparelho econômico era, ao contrário, destituído de qualquer valor social, uma vez que dizia respeito apenas aos egoísmos privados, não era o caso de anexá-los um ao outro, e menos ainda de confundi-los. A mera ideia de tal confusão causava revolta como se fosse um sacrilégio. Entre essas duas ordens de interesses havia, portanto, uma incompatibilidade. Estavam situadas em polos opostos da vida moral. Havia entre elas a mesma distância que há entre o divino e o profano. Era impensável, portanto, encarregar um mesmo órgão de administrar ambas. Por isso, na solução comunista, tudo o que é da ordem econômica é afastado tanto quanto seja possível do Estado e exilado, por assim dizer, da sociedade. Para que tal estado de coisas chegasse ao fim e a ideia socialista pudesse, em seguida, despertar, era preciso, de um lado, que as funções econômicas adquirissem mais importância social e, de outro, que as funções sociais ganhassem um caráter mais humano. Era preciso que o comércio e a indústria se tornassem engrenagens mais essenciais da máquina coletiva, e que a sociedade cessasse de ser considerada como um ser transcendente, planando bem alto acima dos homens, a fim de que o Estado pudesse, sem descer abaixo de si mesmo, sem derrogar, aproximar-se mais deles e se ocupar de suas necessidades. Era preciso que o Estado se despojasse de seu caráter místico, que se tornasse uma potência profana para que pudesse, sem se contradizer, misturar-se mais intimamente às coisas profanas.

CAPÍTULO II - SOCIALISMO E COMUNISMO | 53

É somente à medida que a distância entre os dois termos diminui – e nos dois sentidos – que a ideia de religá-los e uni-los pode enfim aparecer. Mas essa primeira condição não basta. Não é suficiente que a opinião pública não veja nada de contraditório no fato de o Estado se encarregar de tal papel, é preciso também que ele pareça capaz de se encarregar dele, para que a ideia de lhe confiar essa tarefa possa surgir. Mas, para isso, duas outras condições são necessárias. Em primeiro lugar, é preciso que o Estado tenha se desenvolvido o suficiente, para que tal empreendimento não pareça ser maior do que suas forças. É preciso que sua esfera de influências já seja bem extensa para que se possa pensar em estendê-la ainda mais, sobretudo nesse sentido. Trata-se, na realidade, de fazê-lo intervir em uma ordem de manifestações sociais cuja complexidade e mobilidade tornam refratárias a uma regulamentação invariável e simples. Portanto, enquanto o Estado não fosse visto cumprindo tarefas tão complexas, não era questão de entregar-lhe essa. Em segundo lugar, por mais desenvolvido que um Estado seja, ele não pode fazer nada se as empresas econômicas, pela natureza da sua organização, não apoiam a sua influência. Em razão da pouca extensão de cada uma delas, multiplicam-se ao infinito, de forma que quase todo cidadão possui a sua, essa dispersão torna impossível qualquer direção comum. Enquanto cada uma delas se abrigar no recinto doméstico, escaparão de todo controle social. O Estado não pode entrar em cada residência para regular as condições em que os intercâmbios e a produção devem ser feitas. É preciso, portanto, que o comércio e a indústria já tenham chegado, por meio de um movimento espontâneo, a um início de centralização, para que certos centros diretores da sociedade possam chegar a eles e então fazer sentir sua ação de maneira regular. Em poucas palavras, é preciso que o regime da grande indústria seja constituído.

Essas são as três condições que o socialismo, tal como nós o definimos, pressupõe. Mas todas elas são recentes. A grande indústria nasceu ontem, e foi só quando se adaptou a essa forma que adquiriu uma importância verdadeiramente social. Enquanto estava dispersa em uma infinidade de pequenas empresas independentes umas das outras, como cada uma delas não podia agir além de um círculo muito limitado, a maneira como funcionava, ao menos em princípio, não podia afetar gravemente os interesses gerais da sociedade. Por outro lado, até recentemente, a ordem religiosa e pública predominava a tal ponto sobre a ordem temporal e econômica, que esta se via relegada ao nível mais baixo da hierarquia social. Enfim, o próprio desenvolvimento do Estado é um fenômeno novo. Na cidade, ele é

54 | LIVRO I – DEFINIÇÕES E ORIGENS DO SOCIALISMO

ainda muito rudimentar. Sem dúvida, seu poder é absoluto, mas suas funções são muito simples. Elas se resumem quase a administrar a justiça e a fazer ou preparar as guerras. Ao menos, isso é o essencial. Sua ação, quando exercida, é violenta e irresistível, porque carece de contrapeso, mas não é variada nem complexa. Tratava-se de uma máquina pesada e opressiva, mas cujas rústicas engrenagens não podiam produzir e não produziam nada além de movimentos de forças elementares e muito gerais. Mas, dada a complexidade da vida econômica, para convocar o Estado a se tornar a sua figura central, era preciso que ele se mostrasse capaz de uma ação ao mesmo tempo unida e variada, flexível e ampla; e o que ele necessitava para tanto não era uma potência coerciva enorme, mas uma vasta e sábia organização. Somente quando os grandes povos europeus foram constituídos e centralizados que o vimos administrar, ao mesmo tempo, uma infinidade de povos e serviços diversos, Exército, Marinha, frotas, arsenais, vias de comunicação e transporte, hospitais, estabelecimentos de ensino, belas artes etc.; em poucas palavras, oferecer o espetáculo de uma atividade infinitamente diversificada. Eis aqui, junto com as precedentes, uma nova razão que não permite que se veja no comunismo uma primeira forma do socialismo. As condições essenciais desse último ainda não tinham se apresentado quando as grandes teorias socialistas foram formuladas. É verdade que poderíamos supor que os pensadores daquela escola anteciparam, por meio da imaginação, os resultados futuros do desenvolvimento histórico; que construíram na mente um estado de coisas muito diferente daquele que tinham diante dos olhos e que só deveria acontecer em uma época tardiamente na história. Mas, além de ser pouco científico admitir a possibilidade de semelhantes antecipações, que são verdadeiras criações *ex nihilo*[12], é fato também que todos os teóricos do comunismo têm o seu pensamento voltado para o passado e não para o futuro. São retrógrados. O que pedem não é que precipitemos a evolução e que nos adiantemos a ela em certo sentido, mas que voltemos atrás. É atrás de si que eles buscam seus modelos. É assim que a cidade platônica apenas reproduz abertamente a antiga organização de Esparta, ou seja, o que de mais arcaico havia nas formas constitucionais da Grécia. E, sobre esse ponto como sobre os outros, os sucessores de Platão não fizeram mais do que repetir o mestre. São os povos primitivos que eles nos oferecem como exemplo.

---

12. Expressão latina que significa "surgir do nada". (N.T.)

CAPÍTULO III

O socialismo do século XVIII[13]

Terceira lição (*final*)

De acordo com o que foi dito anteriormente, não era possível falar de socialismo antes do século XVII. Mas, naquele momento, ao menos na França, as três questões que enumeramos estão incontestavelmente presentes. A grande indústria está em vias de desenvolvimento; a importância atribuída à vida econômica está suficientemente estabelecida, pelo fato de esta tornar-se então a matéria de uma ciência; o Estado se torna laico e a centralização da sociedade francesa é concluída. Poderíamos pensar, portanto, que, desde aquela época, encontramos doutrinas que apresentam os caracteres distintivos do socialismo. De fato, essa ideia tem sido sustentada e recentemente acreditou-se ainda ser possível, em um livro muito conscienciosamente estudado, a história do socialismo no século XVIII.[14] Mas, na realidade, se as doutrinas às quais demos esse nome contêm de fato os germes do que mais tarde será o socialismo, em si mesmas e no seu conjunto não ultrapassam a concepção comunista.

Duas doutrinas, em particular, foram apresentadas como tendo saído diretamente da história do socialismo. São elas as de Morelly e Mably. O primeiro expõe suas ideias na *Basiliade* (1753) e *Code de la Nature* (1755); o outro em um número bem grande de obras, cujas principais são: *Les doutes proposés aux philosophes économiques sur l'ordre naturel et essenciel des*

---

13. Não vamos dissimular que estas duas lições possuem mais o caráter de notas de curso do que as precedentes. Na realidade, de um lado, elas seguem de perto o livro consciencioso e inteligente de André Lichtenberger, citado por Durkheim. Por outro, Durkheim passa com certa rapidez por outros pontos, como por exemplo, por Babeuf e o babovismo, ainda quase tão mal conhecidos atualmente quanto na época em que Durkheim leciona (Bordeaux, 1895-1896).
14. LICHTENBERGER, A. *Le socialisme au XVIIIe siècle*, 1895.

56 | LIVRO I – DEFINIÇÕES E ORIGENS DO SOCIALISMO

sociétés politiques (Paris, 1768); *De la législation ou principe des lois* (Amsterdam, 1776); *Les entretiens de Phocion sur les rapports de la morale et de la politique*; *Des droits et des devoirs du citoyen* (1758). Porém, atendo-se somente ao aspecto exterior, os dois sistemas já apresentam esse signo característico do comunismo: o quadro de exposição é puramente imaginário. A organização social que nos é descrita na *Basiliade* é atribuída a um povo fictício que Morelly situa em uma ilha perdida no meio de um vasto mar, longe de qualquer continente. Seu livro é um poema alegórico e utópico que ele apresenta como tendo sido traduzido do indiano. Da mesma forma, quando no *Les droits et les devoirs du citoyen* (*Œuvres*, XI, 383)[15], Mably expõe seu Estado modelo pela boca de Stanhope, transporta-se por meio da imaginação para uma ilha deserta e é lá que funda a sua República.

Em ambos, o problema é colocado nos mesmos termos que em Platão, More e Campanella. Trata-se de saber quais são as causas do vício e qual é o meio de suprimi-las. "Os moralistas", disse Morelly, "sempre supuseram que o homem nascia viciado e mal, sem se darem conta de que era possível propor e resolver este excelente problema! Encontrar uma situação em que seja quase impossível que o homem seja depravado e mal" (*Code de la Nature*, 14). E é esse problema que ele tenta resolver. Mably não se expressa de forma muito diferente. Os homens só podem ser felizes por meio da virtude. Trata-se, portanto, de saber quais são os obstáculos que impedem a virtude de reinar, para suprimi-los. É este o objetivo que os teóricos da política devem se propor. "Não é certo", diz Mably, "que a política deva fazer com que amemos a virtude e que esse é o único objetivo a que os legisladores, as leis e os magistrados devem se propor?" (*Entretiens de Phocion. Œuvres*, X, 54). Estamos, portanto, na presença de uma questão não de economia política, mas de moral, e de moral abstrata, independente de qualquer condição de tempo e lugar.

O remédio também é o mesmo que os comunistas de todos os tempos propuseram. A causa do mal é o egoísmo; o que engendra o egoísmo é o interesse particular; o interesse particular só pode desaparecer junto com a propriedade privada. Ela deve ser, portanto, abolida; na sociedade ideal, a igualdade econômica entre os cidadãos deve ser completa. "O único vício que eu conheço no universo", disse Morelly, "é a avareza; todos os outros, qualquer que seja o nome dado a eles, são apenas tons, graduações daquele... Mas, essa peste universal, o interesse particular, poderia ter se estabelecido lá, onde não tivesse encontrado, não apenas alimento, mas o menor fermento perigoso? Creio que não se contestará a evidência da

---

15. Durkheim teve que utilizar a mesma edição que Lichtenberger, a do ano III. (M.M.)

CAPÍTULO III – O SOCIALISMO DO SÉCULO XVIII | 57

proposição de que lá onde não existe nenhuma propriedade privada, não pode existir nenhuma dessas perniciosas consequências." (*Code de la Nature*, 29 e 30)[16]. E em outra passagem: "Eliminem a propriedade, o cego e impiedoso interesse que a acompanha..., e já não há mais paixões furiosas, ações ferozes, ideias de má moral" (Ibid., 132). A distinção do teu e do meu é chamada de "navalha fatal dos laços de toda sociedade, que dificilmente podem se unir novamente, quando experimentaram o corte mortal" (*Basiliade*, I, 189)[17]. Mably possui a mesma linguagem. Os termos são quase os mesmos. A mãe de todos os vícios é a cobiça ou a avareza. "As paixões estão sempre dispostas a marchar sob as insígnias da avareza... Para o avaro, não existe pátria, parente ou amigo. As riquezas produzem a necessidade que é o mais covarde dos vícios, ou o luxo que dá aos ricos todos os vícios da pobreza e aos pobres uma inveja que só podem satisfazer por meio do crime ou das covardias mais degradantes". (*Œuvres*, XIV, 342-3). O único meio de tornar a cobiça impossível, é suprimir a propriedade dos bens. "Você quer saber", disse Stanhope a Mably, na sua conversa imaginária, "qual é a fonte principal de todos os males que afligem a humanidade? É a propriedade de bens" (*Droits et devoirs. Œuvres*, XI, 378). O ideal é portanto "esta comunidade de bens tão louvada, tão lamentada pelos poetas, que Licurgo estabeleceu na Lacedemônia, que Platão queria reviver na sua República e que, graças à depravação dos costumes, não pode ser mais do que uma quimera no mundo" (XI, 379). O único erro de Platão foi o de permitir aos agricultores e aos artesãos possuir; esse erro perturbou o seu Estado (*Législation. Œuvres*, I, 106).

Assim, nas duas doutrinas, não se trata de organizar e centralizar a vida econômica, o que é próprio do socialismo, mas ao contrário, de despojá-la, por razões morais, de toda importância social por meio da supressão da propriedade privada. A solução é, portanto, como todas as soluções comunistas, essencialmente retrógrada. Esses dois autores, como eles mesmos confessam, tomam o seu programa emprestado das sociedades inferiores, das formas primitivas da civilização. É nela que encontram o seu ideal realizado da forma mais completa possível. Mably exalta sem cessar povoações da América, em que as famílias vivem tranquilamente em comum, suprindo suas necessidades com a caça. Ele celebra igualmente a legislação de Licurgo e a do antigo Egito.

O nome Licurgo também aparece sem cessar sob a pena de Mably. "Licurgo conheceu melhor que ninguém os desígnios da natureza e tomou

---

16. Durkheim teve que utilizar a segunda edição, 1760. (M.M.)
17. A edição citada é a de 1750. (M.M.)

58 | LIVRO I – DEFINIÇÕES E ORIGENS DO SOCIALISMO

as medidas mais eficazes para que seus cidadãos não se afastassem deles." (*Observations sur l'histoire de Grèce. Œuvres*, IV, 22). Assim, bem longe de acreditarem que a reforma que reivindicam deva consistir na instituição de formas sociais novas, em harmonia com as novas condições de existência coletiva, é do passado mais longínquo que eles tomam emprestado a ideia integralmente. Por conseguinte, como Platão, como More e Campanella, eles mesmos estimam que dificilmente a ideia seja susceptível de realização. Percebem que não podem refazer a humanidade a este ponto: "Infelizmente, é verdade", disse Morelly, "que seria impossível constituir em nossos dias uma República semelhante" (*Code de la Nature*, 189). Dessa forma, seu objetivo é, finalmente, mais especulativo do que prático. Ele se propõe, antes de tudo, a mostrar de onde vem "o erro da prática ordinária fundada na moral vulgar" (*Basiliade*, I, 109), mais do que espera nesse erro colocar um fim. Mably é ainda mais cético: "Os homens", disse, "são muito depravados para que possa existir uma política sábia" (*Œuvres*, XIV, 46). Em uma passagem citada anteriormente, pudemos ver que qualificava a si mesmo como uma quimera ideal a qual recomendava.

Isso posto, não é questão de discutir para saber se Rousseau deve ou não ser encarado como socialista; pois sua doutrina não é mais do que uma forma mesurada e atenuada das precedentes. Também ele, vai tomar os seus modelos nas repúblicas antigas, cuja organização lhe parece ser a mais perfeita que já existiu. Na sua *Lettre à d'Alembert*, fala com entusiasmo daquela Esparta que é impossível citar "o bastante para o exemplo que dela deveríamos tirar". (*Œuvres*, III, p. 175).[18] Cita Mably com respeito, embora nunca tenha tido com ele relações muito cordiais; interessa-se pela *Utopia* de More e pela *Basiliade* de Morelly[19]. Não vai tão longe, essa é toda a diferença. Ainda que o regime comunista receba todas as suas preferências, ele não o vê como praticável, fora do estado natural. Ele se contenta então em aproximar-se dele tanto quanto seja possível. "Minha ideia", disse, "não é destruir absolutamente a propriedade particular, porque isso é impossível, mas encerrá-la nos mais estreitos limites, dar-lhe um freio que a contenha, dirija, subjugue e a mantenha sempre subordinada ao bem público." (*Œuvres inédites*, p. 100).[20] Uma igualdade econômica absoluta é irrealizável

---

18. Durkheim se refere à edição de 1845. (M.M.)
19. LICHTEMBERGER, A. *Le socialismo au XVIIIe siècle*. 1895, p. 154.
20. Durkheim utiliza a edição de STRECKEISEN-MOULTOU, *Œuvres et Correspondance Inédites*, 1861. (M.M.)

CAPÍTULO III – O SOCIALISMO DO SÉCULO XVIII | 59

atualmente, mas ela é o ideal que é preciso ter sempre sob os olhos e se esforçar para realizar tanto quanto seja possível. "A lei fundamental da sua instituição deve ser a igualdade." (Ibid., p. 72). Sabemos, além disso, o que ele pensa do comércio e da indústria, como das artes. Ele não os julga de maneira diferente de Platão. Também, da mesma forma que esse último, longe de desejar organizá-los e socializá-los, procura muito mais expulsá--los da sociedade, ou pelo menos dar a eles um lugar o mais restrito possível. Uma vez que os termos tenham sido definidos, tal teoria não pode ser chamada de outra forma além de um comunismo moderno.

Entretanto, ainda que o século XVIII tenha conhecido apenas o comunismo, não podemos ignorar que o comunismo daquele momento apresenta caracteres muito particulares que o distingue das teorias anteriores de mesmo nome e deixam pressentir que alguma coisa nova está em vias de ser produzida.

Em primeiro lugar, essas teorias não têm nada de esporádico. Enquanto, até então, só eram produzidas de tempos em tempos, separadas umas das outras por intervalos de tempo bem consideráveis, no século XVIII assistimos a um verdadeiro florescimento de sistemas comunistas. Os dois ou três de que acabamos de falar são os mais célebres e importantes, mas estão longe de serem os únicos. Desde o início do século, em Fénelon e no abade de Saint-Pierre, encontramos algumas simpatias, ainda vagas, por um regime mais ou menos comunitário. Elas são muito claras no padre Meslier, cuja obra, intitulada *Le Testament de Jean Meslier*, é uma crítica violenta aos efeitos da propriedade privada. Dois discípulos de Jean-Jacques, Mercier e Restif de la Bretonne, produziram cada um sua Utopia na quais encontramos as ideias do mestre mais ou menos modificadas. A de Mercier é intitulada *L'An 2440*, e a de Restif, *Le Paysan perverti*. A *Utopia* de More foi traduzida, bem como todas as obras antigas e estrangeiras que respiram mais ou menos o mesmo espírito, e Fréron podia escrever: "Temos quase tantos romances de moral, de filosofia e de política, quanto de gênero frívolo." (*Lettres sur quelques écrits de ce temps*, VIII, 21). Inclusive, nos locais em que a ideia comunista não adota uma forma sistemática, encontramos frequentemente concepções isoladas e teorias fragmentadas manifestamente inspiradas nela. Se Montesquieu prefere a monarquia à democracia, não resta dúvida de que ele tem, pelo regime primitivo da cidade, em particular da cidade lacedemoniana, uma complacência que não dissimula. Certo comunismo parece-lhe inseparável da organização verdadeiramente democrática e, por outro lado, ele estima que este convenha mais do que a monarquia aos Estados pequenos. Enfim, fora os escritores que possuem

60 | LIVRO I – DEFINIÇÕES E ORIGENS DO SOCIALISMO

a especialidade de refletir sobre as coisas sociais, não há ramo literário em que as mesmas tendências não sejam expressas de maneira repetida. Os romances, os teatros, os relatos de viagem imaginários louvam a todo instante as virtudes dos selvagens e sua superioridade sobre os civilizados. Em todos os lugares se fala do estado natural, dos perigos do luxo e da civilização, das vantagens da igualdade.

Aqui está uma primeira particularidade que nos adverte sobre o fato de que estamos diante de um novo gênero de comunismo. Mas ela não é a única. Até agora, as soluções comunistas possuíam um caráter totalmente hipotético. Todas podiam ser expressas a partir da seguinte fórmula: se desejamos suprimir o egoísmo e fazer reinar a virtude e a felicidade, é preciso abolir a propriedade privada. Mas essa abolição era apresentada apenas como um meio eficaz para chegar a esse fim, e não como um direito estrito. Não era dito que a propriedade privada estava desprovida de toda a base racional, que ela não estava em conformidade com a natureza das coisas, mas simplesmente que ela produzia a consequência lamentável de afastar o indivíduo do grupo; e que portanto, era preciso suprimi-la ou reduzi-la, se desejássemos suprimir, ou reduzir os seus efeitos sociais. As sociedades que praticavam a desigualdade não eram descritas como sendo necessariamente injustas, moralmente intoleráveis, mas simplesmente como condenadas à discórdia, incapazes de qualquer coesão. Os comunistas do século XVIII vão mais longe. Não são apenas os resultados nocivos da propriedade e a desigualdade que eles atacam, mas a propriedade em si. "As leis eternas do universo", disse Morelly, "são de que nada é do homem em particular, a não ser o que exige às suas necessidades atuais, o que necessita a cada dia para o sustento ou as comodidades da sua existência. O campo não pertence a quem nele trabalha, nem a árvore àquele que colhe seus frutos; sequer as produções de sua própria indústria lhe pertencem, a não ser a porção que utiliza, o resto, assim como a sua pessoa, pertence a humanidade inteira." (*Basiliade*, I, 204). A igualdade não é um meio artificial recomendado ao legislador devido ao interesse dos homens; ela está na natureza e o legislador, ao estabelecê-la, está ou estará apenas seguindo o curso da natureza. Ela é de direito e o seu contrário é contrário ao direito. As condições se tornaram desiguais devido à violação daquilo que deveria ser. Sem dúvida, todos esses autores não deixaram de desenvolver as consequências funestas da desigualdade para a sociedade; mas essas consequências são colocadas sob os nossos olhos apenas para nos provar, por meio do absurdo em certo sentido, a verdade do princípio, a saber que a desigualdade só pôde ser introduzida por uma desnaturalização da sociedade, que constitui um escândalo moral, que é a negação da justiça. Em poucas palavras, enquanto

CAPÍTULO III - O SOCIALISMO DO SÉCULO XVIII | 61

até agora os comunistas não faziam mais do que suspirar dizendo que as coisas seriam bem melhores, se elas fossem tais quais como eles as sonharam, os escritores do século XVIII afirmam categoricamente que elas deveriam ser como eles as expõem. A nuance é importante. Assim, ainda que uns e outros sintam que seu ideal não é realizável, como vimos, suas renúncias não possuem as mesmas características. Há, na resignação dos pensadores do século XVIII, algo mais triste, mais atormentado, mais desencorajador. É essa a impressão que passa, em um grau mais elevado, a leitura de Rousseau. De fato, o que eles abandonam, ou acreditam abandonar assim, não é simplesmente um belo sonho ao qual não se pode pedir mais do que elevar os corações, sem que a realidade tenha que se adequar exatamente a ele, mas o que consideram como a lei do real e a base normal da vida. Existe, inclusive, em tal atitude, uma contradição da qual eles não podem escapar e pela qual nutrem um sentimento doloroso.

Aqui estão duas grandes novidades na história do comunismo. Qual o sentido delas? Advertem-nos que, desta vez, essas teorias particulares não são construções individuais, mas respondem a alguma inspiração nova que nasce na alma da sociedade. Se a desigualdade é reprovada a tal ponto, evidentemente, é porque ela fere um sentimento muito vivo e, porque a reprovação é geral, é preciso que esse sentimento tenha a mesma generalidade. Se a jogamos para fora da natureza, é porque as consciências rejeitaram sua ideia. Se a igualdade não é mais concebida como um simples meio engenhoso, imaginado no silêncio do escritório, para manter unidos esses sistemas de conceitos cujo valor objetivo é mais do que duvidoso; se vemos nela o ideal natural do homem em oposição ao estado atual, em que é vista como anormal, é porque ela responde a alguma exigência da consciência pública. Essa nova tendência é o sentimento mais vivo e mais geral da justiça social; é a ideia de que a situação dos cidadãos na sociedade e a remuneração dos seus serviços devem variar exatamente como seu valor social. Mas vemos que, já agravado pelas lutas e resistências, esse sentimento alcançou a partir de então uma intensidade e uma susceptibilidade anormais, pois chega a negar toda espécie de desigualdade. Porém, não há dúvidas de que esse é um dos fatores do socialismo. Ele é que exprime todo esse socialismo, a partir de baixo. Disso falaremos da próxima vez. Se ele existe desde o século XVIII, é preciso se perguntar, é verdade, se não produziu então as consequências posteriores; como a ideia socialista, de uma maneira mais caracterizada, não resultou dele. Assim, como veremos, ele não foi suscitado pelo espetáculo da ordem econômica e só indiretamente se estendeu a esse último.

62 | LIVRO I – DEFINIÇÕES E ORIGENS DO SOCIALISMO

Quarta lição

Quando comparamos a orientação geral do comunismo com a do socialismo, elas parecem ser tão diferentes que nos perguntamos como foi possível ver em uma apenas uma forma da outra. Regular as operações produtivas de valores de maneira que elas concorram harmonicamente, essa é a fórmula do socialismo. Regular o consumo individual de maneira que ele seja igual e medíocre em todos os lugares, essa é a do comunismo. De um lado, deseja-se estabelecer uma cooperação regular das funções econômicas umas com as outras e também com outras funções sociais, de maneira a diminuir os atritos, a evitar as perdas de forças e a obter o rendimento máximo. De outro, buscamos unicamente impedir uns de consumir mais do que os outros. Lá, os interesses particulares são organizados, aqui, suprimidos. O que há de comum entre esses dois programas? Poderíamos acreditar, de fato, que a confusão pode ser explicada pelo duplo fato de que o comunismo, ao mesmo tempo em que nivela o consumo, também se propõe a assegurar a cada um o estritamente necessário e, para tanto, melhorar a sorte dos miseráveis e que, por outro lado, o socialismo é movido, em parte, por uma preocupação análoga. Considerando que, frequentemente, o sistema inteiro é feito dessa última tendência, parece de fato que, sob esse ponto de vista, as duas doutrinas se tornam indiscerníveis. Mas, além do fato de que o socialismo, na realidade, estende-se muito além dessa questão única, ela se coloca para ele de uma maneira e em termos completamente diferentes do que se apresenta para o comunismo. O comunismo tem em vista a situação específica dos pobres e dos ricos em geral, independentemente de qualquer consideração relativa ao estado do comércio e da indústria e da maneira como cada um contribui para ele, de modo que, supondo que suas reivindicações sejam legítimas, elas se aplicam a todas as sociedades em que existem desigualdades, qualquer que seja o seu regime econômico. Os socialistas, ao contrário, ocupam-se apenas dessa engrenagem particular da máquina econômica, a qual chamamos de operários, e das relações que ela mantém com o resto do aparelho. Os primeiros tratam da miséria e da riqueza *in abstracto*, de seus fundamentos lógicos e morais; os segundos, das condições nas quais o trabalhador não capitalista troca os seus serviços, considerando uma organização social determinada. Temos assim um critério que nos permite distinguir muito facilmente esses dois sistemas, mesmo por esse lado em que parecem se aproximar um do outro. Quando um autor opõe, de maneira geral e filosófica, pobres e ricos para fazer-nos ver que esta oposição é perigosa ou mesmo que ela não é fundada na natureza das

CAPÍTULO III – O SOCIALISMO DO SÉCULO XVIII | 63

coisas, podemos estar certos de que estamos diante de uma teoria comunista; e só pronunciamos o nome socialismo a propósito de doutrinas que não tratam pura e simplesmente dos desafortunados, mas dos trabalhadores e da situação deles diante de quem os emprega. Definitivamente, o comunismo não é outra coisa senão a caridade elevada a princípio fundamental de toda legislação social: é a fraternidade obrigatória, posto que ela implica cada um ser obrigado a repartir com todos. Todavia, nós já sabemos que multiplicar as obras de assistência e de previdência não é o que faz o socialismo. Suavizar a miséria não é organizar a vida econômica e o comunismo apenas leva a caridade ao ponto da supressão de toda a propriedade. Ele responde a um duplo sentimento, de piedade pelos miseráveis e de temor da inveja e do ódio antissociais que o espetáculo da riqueza pode despertar em seus corações; sob sua forma mais nobre, traduz um movimento de amor e de simpatia. O socialismo é essencialmente um processo de concentração e centralização econômica. Arrasta toda uma esfera da sociedade, os trabalhadores, como contrapeso, porque eles fazem parte dela, dentro da órbita dos centros diretores do corpo social.

E, no entanto, percebemos que, apesar de tudo, há entre essas duas doutrinas certa relação. Vejamos o que aconteceu de fato. Os sentimentos que estão na raiz do comunismo, pertencendo a todos os tempos, são também nossos. Sem dúvida, não são traduzidos em cada época sob forma doutrinal. Mas não desaparecem completamente apenas pelo fato de não estarem suficientemente vivos para dar vida a um sistema que os expresse metodicamente. Além disso, é claro que, os tempos em que esses sentimentos estão nas melhores condições possíveis para se manifestarem assim são aqueles em que quaisquer razões atraem mais particularmente a atenção sobre a sorte das classes miseráveis. Não existe, portanto, século que tenha sido mais favorável para o desenvolvimento dos sentimentos comunistas do que o nosso. O socialismo, precisamente por ter outra finalidade, não poderia satisfazer essas inclinações. Suponhamos um Estado socialista realizado o mais plenamente possível: ele ainda terá desafortunados, desigualdades de toda sorte. O fato de que nenhum indivíduo possua capital, não fará com que ele não tenha talentos desiguais, doentes e inválidos e, consequentemente, ricos e pobres. Como em tal hipótese, a concorrência não é abolida, mas regulada, ainda haverá serviços que serão de pouca utilidade e que, portanto, mesmo que sejam avaliados e recompensados de acordo com seu justo valor social, poderão muito bem não bastar para o sustento de um homem. Sempre haverá incapazes que, sem má vontade, estarão fora das condições de ganhar suficientemente a vida; e outros que, ainda que ganhem o estri-

64 | LIVRO I – DEFINIÇÕES E ORIGENS DO SOCIALISMO

tamente necessário, não chegarão a conseguir, como o operário dos dias de hoje, mais do que uma existência precária, estreita e nem sempre em relação com o esforço despendido. Em resumo, no socialismo marxista, o capital não desaparece, só é administrado pela sociedade e não por particulares. O resultado é que a maneira como ele remunera os trabalhadores de todas as espécies não depende mais de interesses individuais, mas apenas de interesses gerais. Porém, o simples fato de que a remuneração será justa, não significa necessariamente que será suficiente para todos. Da mesma forma que os capitalistas, a sociedade, se não for movida por outros sentimentos, terá o interesse de pagar o mais barato possível; e sempre haverá, para os serviços vulgares, fáceis e ao alcance de todos, uma demanda bastante ampla e, consequentemente, uma concorrência muito violenta para permitir que o corpo social obrigue a massa a se contentar com pouco; a pressão exercida sobre as camadas inferiores emanará então da coletividade inteira e não de certas individualidades poderosas; entretanto, ela ainda poderá ser muito forte. Todavia, é justamente contra essa pressão e seus resultados que protestam os sentimentos aos quais o comunismo responde. Ainda falta muito, portanto, para que o socialismo tire dele toda a sua razão de ser. Se amanhã a socialização das forças econômicas fosse um fato consumado, os comunistas se oporiam às sensíveis desigualdades que subsistiriam então da mesma forma que hoje. Em poucas palavras, ao lado do socialismo, há lugar para um comunismo, precisamente porque um e outro não estão orientados em um mesmo sentido. Compreende-se apenas que, o comunismo em lugar de permanecer sendo o que era antes da eclosão do socialismo, uma doutrina independente, foi anexado por esse último, enquanto o socialismo foi constituído. De fato, ainda que tendo nascido sobre influências muito diversas e respondendo a diferentes necessidades, o socialismo, pelo simples fato de que ele já era conduzido por si mesmo a se interessar pelas classes operárias, encontrou-se com toda naturalidade e particularmente acessível a esses sentimentos de piedade e fraternidade que temperavam, sem contradizer, o que ainda poderia haver de mais rigoroso no seu princípio. Por essas causas que podemos entrever, mas que iremos investigar com mais precisão em seguida, ao menos em geral, são os mesmos espíritos que, desde então, experimentaram ambas: as novas aspirações que suscitaram o socialismo e as aspirações antigas que constituíam a essência do comunismo. Para dar uma única razão: como sentir a necessidade de que as funções econômicas se solidarizem mais estreitamente, sem ter ao mesmo tempo um sentimento de solidariedade social e de fraternidade? O socialismo se abre assim para o comunismo; propôs-se a desempenhar o papel dele, ao

CAPÍTULO III - O SOCIALISMO DO SÉCULO XVIII | **65**

mesmo tempo que o seu próprio. Nesse sentido, foi realmente o herdeiro do comunismo; sem derivar dele, absorveu-o completamente, mesmo permanecendo distinto. E é certo que estamos propensos a associar suas ideias. Existe assim, no socialismo contemporâneo, duas correntes que se justapõem, que agem uma sobre a outra, mas que vêm de fontes muito diferentes e se dirigem para sentidos não menos diferentes. Uma é muito recente; a corrente socialista propriamente dita. A outra é a corrente comunista que acaba de misturar suas águas à precedente. A primeira está colocada sob a dependência das causas obscuras que impulsionam a sociedade a organizar as forças econômicas. A outra responde às necessidades de caridade, fraternidade e humanidade. Ainda que, em geral, fluam uma ao lado da outra, não deixam de ser distintas e se, em razão de sua proximidade no seio dos mesmos sistemas, o cidadão comum as confunde, o sociólogo não deve se expor à mesma confusão. Além disso, veremos que, em certos casos, elas se separam; mesmo em nossos dias, acontece de a corrente comunista retomar sua independência. Houve um momento no século em que sistemas francamente comunistas se constituíram ao lado de sistemas socialistas.

Não é somente sob o ponto de vista teórico que é importante ter essa distinção bem presente. Se não nos enganamos, essa corrente de compaixão e simpatia, substituta da antiga corrente comunista, que encontramos geralmente no socialismo atual, é apenas um elemento secundário. Ela o completa, mas não o constitui. Consequentemente, as medidas que adotamos para detê-la deixam intactas as causas que deram vida ao socialismo. Se as necessidades que esse último traduz são fundadas, não serão satisfeitas concedendo alguma satisfação a esses vagos sentimentos de fraternidade. Mas, observem o que ocorre em todos os países da Europa. Em todos os lugares preocupam-se com o que chamamos de a questão social e se esforçam para lhe trazerem soluções parciais. E, no entanto, quase todas as disposições feitas com esse objetivo, são exclusivamente destinadas a melhorar a sorte das classes trabalhadoras, ou seja, respondem unicamente às tendências generosas que estão na base do comunismo. Parecemos acreditar que o mais urgente e útil é aliviar a miséria dos operários, compensar, por meio de liberalidades e favores legais, o que há de triste na sua condição. Estamos prestes a multiplicar as bolsas, as subvenções de toda sorte, a estender o máximo possível o círculo de caridade pública, a fazer leis para proteger a saúde dos operários etc., a fim de diminuir a distância que separa as duas classes, a fim de diminuir a desigualdade. Não se observa, e isso acontece sem cessar com os socialistas, que ao proceder assim toma-se o secundário por essencial. Não é manifestando uma generosa complacência

66 | LIVRO I – DEFINIÇÕES E ORIGENS DO SOCIALISMO

pelo que resta ainda do velho comunismo, que conseguiremos um dia deter o socialismo ou realizá-lo. Não é dedicando toda atenção a uma situação que é secular que vamos suavizar a que data de ontem. Assim, não apenas passamos à margem do objetivo que devemos ter em vista, como o próprio objetivo a que nos propomos não pode ser alcançado pelo caminho que seguimos. Pois, será em vão criar privilégios para os trabalhadores que neutralizem em parte os que desfrutam os patrões; será em vão diminuir a duração da jornada de trabalho ou elevar legalmente os salários, não conseguiremos acalmar os apetites despertados, porque eles adquirirão novas forças à medida que os acalmarmos. Não há limites possíveis para as suas exigências. Dedicar-se a apaziguá-los, satisfazendo-os é o mesmo que desejar encher a jarra das Danaides[21]. Se, verdadeiramente, a questão social se colocasse nesses termos, valeria mais declará-la insolúvel e opor-lhe firmemente um arquivamento absoluto, do que trazer para ela soluções que não estão lá. Aqui vemos como, quando não se distingue as duas correntes que inspiram os sistemas do nosso tempo, não é possível perceber a mais importante das duas; e como, por conseguinte, acredita-se exercer sobre ela uma ação que, na realidade, não a atinge e, inclusive, é desprovida de toda eficácia.

Uma vez estabelecida essa distinção, é possível reconhecer mais facilmente que as teorias sociais do século XVIII não ultrapassaram o nível do comunismo. Entretanto, o comunismo apresenta-se nelas com um aspecto novo. Não se fala mais da igualdade como de um regime que os homens fariam bem de impor a seu egoísmo, mas ao qual não estão moralmente obrigados; ela é considerada como um direito estrito. As sociedades, ao estabelecê-la, não se elevariam acima da natureza; não fariam mais do que seguir o caminho marcado pela natureza e se conformar com o próprio princípio de toda justiça. Por esse tom novo, é possível pressentir que o comunismo do século XVIII se formou, ao menos em parte, sob influências e condições novas. Ele tem como base esse sentimento coletivo muito vivo e geral: que as desigualdades sociais que tínhamos sob os olhos, não eram fundadas na justiça. Inclusive, como reação contra o que existia, a consciência pública chegava a declarar injusta qualquer tipo de desigualdade. Supo-

---

21. Na mitologia grega, as Danaides foram as 50 filhas do rei Dánao, irmão gêmeo de Egipto, que tinha outros 50 filhos homens. Após Dánao tornar-se rei de Argos, Egipto instrui os filhos a se casarem com as Danaides. Para evitar uma guerra, o pai das jovens concedeu a mão das filhas aos filhos de Egipto, porém instruiu-as a matarem os seus esposos na noite de núpcias, todas acataram a decisão do pai exceto Hipermnestra, que poupou Linceu porque este aceitou não violá-la. Em algumas versões do mito, as jovens que assassinaram os seus esposos foram condenadas a lavarem seus pecados, no Hades, enchendo continuamente de água uma jarra com furos, por onde a água voltava a sair. (N.T.)

CAPÍTULO III - O SOCIALISMO DO SÉCULO XVIII | 67

nhamos que, à luz dessa ideia, alguns teóricos considerem aquelas dentre as relações econômicas que a ferem mais evidentemente; o resultado não poderia ser outro além de toda uma série de reivindicações, propriamente socialistas. Certamente, teremos lá um germe de socialismo. Somente, no século XVIII, esse germe não recebeu o desenvolvimento que comportava. Esse sentimento de protesto não se voltou contra os fatos da vida comercial e industrial, tal como ela funcionava então; não atacou, por exemplo, a situação do pequeno comerciante ou do pequeno produtor diante do grande comerciante e do grande fabricante ou as relações do operário com o empregador. Ateve-se simplesmente aos ricos em geral e não se traduziu ao menos nos grandes sistemas dos quais falamos, a não ser em generalidades abstratas e dissertações filosóficas sobre os perigos sociais da riqueza e sua imoralidade. Ainda que a sua força e a sua generalidade testemunhem que tinha raízes profundas na consciência pública e que, por essa razão, tinha condições sociais determinadas, para tudo o que diz respeito à ordem econômica, dir-se-á que permaneceu alheio à vida ambiente. Não possui ponto de aplicação na realidade contemporânea, não visa a nenhum fato definido, mas se prende unicamente a noções gerais e metafísicas, que não são de nenhum tempo nem lugar. Foi assim que os teóricos que ele inspirou caíram geralmente nos lugares comuns do comunismo tradicional.

No entanto, mesmo a esse respeito, algumas reservas são necessárias. Existem alguns escritores da época em que esse sentimento de justiça social entrou mais imediatamente em contato com a realidade econômica e assumiu assim uma forma que, em certos lugares, é bem mais próxima do socialismo propriamente dito. É especialmente o caso de Simon-Nicolas--Henri-Linguet. Desconhecido nos dias de hoje, Linguet foi célebre durante uma parte do século XVIII. Foi ele que tomou a defesa do cavaleiro La Barre[22]. Aventuras de todos os tipos, querelas inflamadas com os economistas, os enciclopedistas, a ordem dos advogados e o caráter audacioso de algumas de suas ideias chamam a atenção sobre ele e, se não estamos ainda bem certos sobre o valor moral do seu caráter, não restam dúvidas de que foi um espírito original e um pensador independente. Nas suas diferentes obras, e mais especificamente na sua *Théorie des lois civiles* (1767) e nos *Annales politiques, civiles et littéraires du XVIIIᵉ siècle* (1777-1792), encontram-se formuladas considerações que relembram bem de perto a linguagem dos socialistas contemporâneos.

---

22. Jean-François de La Barre foi um nobre francês, que ficou conhecido por ter sido torturado, decapitado e queimado na fogueira por não ter reverenciado uma procissão católica. (N.T.)

68 | LIVRO I – DEFINIÇÕES E ORIGENS DO SOCIALISMO

Linguet, de fato, não se contentou em dissertar sobre a riqueza, ainda que, na ocasião, não tenha se autointerditado as dissertações que estavam na moda. Ele nos descreve de forma bem extensa, qual era, no seu tempo, a condição do trabalhador que não tinha mais do que seus braços para sobreviver e, da mesma forma como mais tarde fará Karl Marx, vê nele o sucessor do escravo da Antiguidade e do servo da Idade Média. "Gemem sob os trapos repugnantes que são o uniforme da indigência. Jamais participaram da abundância de que seu trabalho é a fonte, são os criados que substituíram verdadeiramente os servos entre nós." (*Théorie*, II, p. 462).[23] Mesmo a escravidão lhe parece um estado preferível: "Trata-se de examinar qual é o ganho efetivo que ele obteve com o fim da escravidão. Eu o digo com tanta dor, quanto franqueza: tudo o que ganharam foi serem a cada instante atormentados pelo medo de morrer de fome, desgraça da qual, ao menos, estavam isentos os seus predecessores desse último grau da humanidade" (Ibid.). De fato, o dono estava interessado em tratar bem os escravos, porque eles eram sua propriedade e expor sua saúde era expor sua fortuna. Hoje, mesmo essa ligação de solidariedade entre o empregador e aqueles a quem ele emprega foi rompida. Se eles se tornam incapazes de prestar os serviços pelo qual o empregador lhes paga, são substituídos por outros. A liberdade que o trabalhador ganhou é, portanto, a de morrer de fome. "Ele é livre, diriam vocês; ah! Eis a sua desgraça, não pertence a ninguém, mas ninguém se interessa por ele" (*Annales*, XIII, 498). "É, portanto, uma triste ironia dizer que os operários são livres e não têm dono. Possuem um, e mais terrível e mais imperioso que os donos... não estão sob ordens de um homem em particular, mas às de todos em geral" (Ibid., XIII, 501). Os economistas respondiam que os contratos que fixam os salários eram acordados livremente e que era nisso que consistia a superioridade do trabalhador moderno. Mas, responde Linguet, para que possa ser assim, seria preciso que o peão pudesse permanecer algum tempo sem trabalhar, a fim de se fazer necessário. Mas ele é obrigado a ceder, pois é obrigado a comer. Se ocorrer a ele resistir, sua derrota, que é inevitável, aumenta e reforça ainda mais sua dependência, precisamente porque o desemprego o tornou mais necessitado. "Se não trabalha hoje a qualquer preço, estará morto de inanição em dois dias; mas a restrição que o seu salário sofreu ontem é uma razão para diminuí-lo ainda mais." (*Annales*, VII, 216). "Pois a própria insuficiência de pagamento cotidiano é uma razão para diminuí-lo. Quanto mais ele é apressado pela necessidade, mais barato se vende. Quanto mais a necessidade é urgente,

---

23. Durkheim utilizou a edição de 1767, como M. Lichtenberger. (M.M.)

CAPÍTULO III – O SOCIALISMO DO SÉCULO XVIII | 69

menos o seu trabalho é frutífero. Os déspotas momentâneos que conjura, chorando para que aceitem seus serviços, não enrubescem de verificar o seu pulso, por assim dizer, a fim de se assegurarem das forças que ainda lhe restam, é a partir do seu grau de debilidade que regulam a retribuição que lhe oferecem... Tal é o estado no qual esmorecem, na Europa, a partir do dom envenenado da liberdade, os dezenove vinte avos de cada nação." (*Annales*, I, 98-9).

Essa situação não é antiga, ao contrário, é muito recente, e vejamos como Linguet elabora sua história. Quando os reis começaram a lutar contra o feudalismo, solicitaram a aliança dos servos e lhes prometeram a liberdade, caso triunfassem sobre o seu adversário comum. Qual foi o resultado?

"Desencadearam aquela multidão que, conhecedora do peso dos grilhões de seus mestres e ignorante acerca do que pesavam os dos reis, reuniram-se com entusiasmo sob as bandeiras deles: verdadeiramente, foi o cavalo selvagem que se vingava do cervo." (*Annales*, I, 94). Porque, então, "a sociedade se encontrou dividida em duas porções, uma dos ricos, proprietários de dinheiro que, sendo também, consequentemente, proprietários dos gêneros alimentícios, arrogavam-se o direito exclusivo de taxar o salário do trabalho que era produzido para eles; e outro, de trabalhadores isolados que, não pertencendo mais a ninguém, não tendo mais mestre e, por conseguinte, nem protetores interessados em defendê-los... encontravam-se entregues sem recursos ao critério da mesma avareza" (Ibid.). É, portanto, a liberdade a causa de todo o mal, pois, ao libertar o servo, ela o privou, ao mesmo tempo, de toda garantia. Por isso, Linguet a chama de "um dos mais funestos flagelos que o requinte dos tempos modernos produziu" (*Annales*, I, 101-2).

Tais são as consequências "da revolução que ocorreu na sociedade" (XIII, 501). "Jamais, em meio à sua prosperidade aparente, a Europa esteve mais perto de uma ruína total, tão mais terrível que sua causa será o desespero [...]. Chegamos por um caminho direto ao ponto em que a Itália se encontrava, quando a guerra dos escravos a inundou de sangue e levou a carnificina e o incêndio às portas da dona do mundo."(*Annales*, I, 345). Revoltas já estouraram na Itália, na Bohemia, na França. Logo, talvez vejamos um novo Espártaco[24] que virá pregar uma nova guerra civil. Não acreditaremos que estamos ouvindo um socialista de hoje profetizar a revolução social?

Outro espírito, muito moderado no entanto, Necker, que também nos descreve a situação econômica do seu tempo com cores muito sombrias.

---

24. Gladiador trácio, líder rebelde da mais famosa revolta de escravos na Roma Antiga: a "Guerra dos Escravos" ou "Guerra dos Gladiadores". (N.T.)

70 | LIVRO I – DEFINIÇÕES E ORIGENS DO SOCIALISMO

(Ver em particular *Sur la Législation et le commerce des grains*, primeira parte, capítulo XXV).[25] Ele começa definindo a palavra *povo*. "Entenderei por esse nome", escreve, "a parte da nação nascida sem propriedade, de pais mais ou menos no mesmo estado e que, não podendo receber deles nenhuma educação, fica reduzida às suas faculdades naturais. É a classe mais numerosa e miserável, pois sua sobrevivência depende unicamente do seu trabalho diário." Mas o povo assim definido é condenado à miséria em razão do "poder que os proprietários possuem de dar em troca de um trabalho que lhes é agradável, apenas um salário que seja o menor possível, ou seja, o que representa o estritamente necessário. Esse poder nas mãos dos proprietários baseia-se em seu pequeno número em comparação ao dos homens sem propriedade; na grande concorrência desses últimos e principalmente na prodigiosa desigualdade que existe entre os homens que vendem o seu trabalho para viver hoje, e aqueles que o compram simplesmente para aumentar o seu luxo e sua comodidade: uns são pressionados pelo momento, os outros não; uns sempre farão as leis, os outros serão sempre obrigados a recebê-las. Esse império, de fato, é de todos os tempos, mas duas circunstâncias o aumentam sem cessar. "Uma é que as propriedades tendem antes a se concentrarem do que a se dividirem [...] as pequenas posses se reúnem insensivelmente nas mãos dos ricos, o número de proprietários diminui e eles podem então ditar uma lei mais imperiosa aos homens de quem compram o trabalho." "A segunda circunstância que tende a enfraquecer a resistência dos homens industriosos que lutam por seus salários, é que à medida que a sociedade envelhece, uma grande quantidade de obras de indústria própria para o luxo e comodidade se acumula, visto que a durabilidade de um grande número dessas obras ultrapassa a vida dos homens, tais como as joias, os espelhos, os edifícios, os diamantes, a louça e muitos outros objetos ainda; esse acúmulo de riquezas que cresce cotidianamente estabelece uma concorrência surda e permanente com o trabalho novo dos operários e torna suas pretensões mais impotentes." Nessas condições, o contrato de trabalho "é um tratado de força e coação, derivado unicamente do império do poder e do jugo que a fraqueza é obrigada a suportar." (*De l'importance des opinions religieuses,* p. 239). Ele também compara a sorte dos operários com a dos escravos (Ibid., p. 46).[26]

A esses dois nomes, convém acrescentar o de Graslin. Na sua *Correspondance avec L'Académie économique de Saint-Pétersbourg* (Londres, 1779),

---

25. Edição de 1775. (M.M.)
26. Edição de 1788. (M.M.)

CAPÍTULO III – O SOCIALISMO DO SÉCULO XVIII | 71

encontramos enunciada uma teoria que não é outra que a dos "fundos de salários". De acordo com Graslin, existe, na sociedade atual, uma multidão de privilegiados que retiram da soma do trabalho muito mais do que nela depositam. Em primeiro lugar, estão os proprietários de terras, de rendas, de cargos, ou seja, os que não acrescentam absolutamente nada à soma. Em seguida, vêm os que possuem situações mistas entre a dos privilegiados e a dos trabalhadores e que recebem salários "superiores ao que lhes caberia se houvesse igualdade na divisão do trabalho e de seus frutos". Esses são os empresários da indústria, do comércio etc.; pois seu ganho depende, em parte, da riqueza acumulada da qual dispõem, mas que é dissociada do indivíduo. Porém, todas essas arrecadações injustificadas são feitas à custa da parte que deveria corresponder às classes trabalhadoras e que se encontra assim injustamente reduzida. Além disso, se uma invenção diminui a quantidade de trabalho manual necessária, a sorte dos operários torna-se mais precária ainda. "Na constituição atual das sociedades", escreve Graslin, "a humanidade tem mais a perder do que a ganhar com as invenções que abreviam o trabalho." (*Corresp.*, 57-8). Já Montesquieu (*Esprit des lois**, XXIII, 15) assinalou os perigos sociais do progresso industrial. "Estas máquinas cujo objetivo é abreviar a arte, nem sempre são úteis. Se uma obra está com um preço medíocre e que convém igualmente ao que a compra e ao operário que a faz, as máquinas que simplificam sua manufatura, ou seja, que diminuem o número de operários, seriam perniciosas."

Aqui está, em outra linguagem completamente diferente, o que ouvíamos há pouco de Morelly, Mably e Rousseau. Dessa vez, estamos na presença, não de dissertações abstratas sobre os ricos e os pobres, mas de reivindicações positivas que visam à situação dos trabalhadores na organização econômica da época. Sobre esse ponto, os socialistas dos nossos dias não falam de outra forma. Mas, inicialmente, é somente em alguns raros escritores, que o sentimento de protesto, que já encontramos na base dos grandes sistemas comunistas, saiu do mundo das abstrações filosóficas para ser aplicado à realidade econômica. Além disso, mesmo nesses casos excepcionais, se ele se aproxima mais do espírito que inspira o socialismo contemporâneo, permanece, no entanto, a meio caminho, e não chegou a dar vida a doutrinas propriamente socialistas. As conclusões práticas que os autores, dos quais acabamos de falar, deduzem de suas críticas são bastante conservadoras. Necker e Linguet insistem sobre a necessidade de manter, por meio de todas as formas possíveis, a ordem social atual e se contentam em indicar

---

*. *Do Espírito das Leis*, obra publicada em *Clássicos Edipro*. (N.E.)

72 | LIVRO I – DEFINIÇÕES E ORIGENS DO SOCIALISMO

algumas medidas para torná-la um pouco mais tolerável. Um comunismo absolutamente igualitário, seguramente, não deixa de seduzi-los, apenas compreendem bem que ele é irrealizável. Porém, descartada essa solução, não vislumbram outra, a não ser a manutenção do *status quo*, com alguns melhoramentos de detalhe. Seu socialismo é totalmente negativo. É interessante assinalá-lo, pois mostra que neste momento, um dos germes do socialismo existia; mas não é menos importante observar que foi impedido de chegar ao seu pleno desenvolvimento. Breve, iremos nos perguntar o porquê. Mas esse germe de ideias socialistas não é o único que encontramos nas doutrinas sociais do século XVIII. Existe outro e que está no mesmo estado rudimentar. Para que o socialismo seja possível, é preciso que a opinião geral conceda, ao Estado, direitos muito extensos; porque se a organização socialista, uma vez estabelecida, devia ter, na mente dos que a recomendam, um caráter mais anárquico do que autoritário, ao contrário, para estabelecê-la, sabiam que seria preciso transformar as instituições jurídicas, reformar certos direitos de que desfrutam atualmente alguns particulares, e, como essas modificações só podem ser obra do Estado, é absolutamente necessário que não haja, por assim dizer, direitos contrários aos seus. Sobre esse ponto, todos os grandes pensadores do século XVIII, com exceção dos fisiocratas, estão de acordo. "O poder soberano", afirmou Rousseau, "que não tem outro objetivo além do bem comum, não tem outros limites que o da utilidade pública bem entendida" (*Œuvres*, I, 585). E, de fato, como, segundo a sua teoria, toda ordem social é uma construção do Estado, ela pode ser modificada pelo Estado à vontade. O contrato por meio do qual os membros da sociedade se ligam entre si pode ser revisado por eles a cada momento e sem que se possa marcar um limite para a extensão das modificações que fazem. E, por outro lado, apoiando-se nessa teoria do Estado que, por vezes, Rousseau foi qualificado como socialista, por sua vez, não pensa de forma diferente. Para ele, a salvação do povo é a lei suprema (XXVI, 24). Nada, portanto, nas ideias da época se opunha a que o Estado modificasse as bases da vida econômica para organizá-la socialmente.

Entretanto, de fato, não parece que se tenha pensado que ele pudesse ou devesse empregar para esse fim os amplos direitos que lhe foram acordados em princípio. Não há dúvidas de que, em um sentido, os comunistas, tais como Morelly, fizeram com que desempenhasse um papel econômico. Mas, inicialmente, esse papel, tal como o concebem, é totalmente negativo. Eles não exigem que o Estado se torne o centro da vida industrial e comercial, a mola principal de toda a máquina, e que regule o seu funcionamento de maneira que ele seja o mais produtivo e o mais harmônico possível, o que

CAPÍTULO III - O SOCIALISMO DO SÉCULO XVIII | 73

é próprio do socialismo. Sua tarefa, nesses sistemas, será reduzida a velar para que todo mundo trabalhe e que os produtos do trabalho sejam consumidos em comum; a impedir que haja ociosos e que as propriedades privadas possam ser restabelecidas. Além disso, é somente nos romances em que o caráter utópico é confesso por seus autores, que sua esfera de ação se estende dessa forma. E, todas as vezes que se trata, não de fazer uma obra especulativa e uma construção totalmente metafísica, mas de propor reformas aplicáveis à sociedade da época, os mais ousados se limitam a reclamar algumas medidas financeiras ou algumas modificações no direito sucessório que impeçam a desigualdade das condições sociais de se tornar maior. Rousseau teve a oportunidade de formular um projeto de constituição para a Córsega e outro para a Polônia. Para tudo o que concerne à ordem econômica, o plano que propõe é apenas ligeiramente influenciado pela sua teoria geral do Estado. As novidades que aconselha a esse respeito se reduzem a muito pouca coisa. Na realidade, não considerava, então, suas concepções gerais aplicáveis a essa categoria de funções sociais, e todos dentre os seus contemporâneos que partilhavam mais ou menos suas ideias julgavam o mesmo. Há, no entanto, uma exceção a essa observação geral. Existe uma empresa econômica que diversos escritores do século XVIII queriam ver ao menos ligada de forma mais ou menos estreita ao Estado, é o comércio dos grãos. De acordo com Necker, se o Estado não devia encarregar-se ele próprio desse comércio, devia, entretanto, supervisioná-lo e regulá-lo. Em todo caso, uma intervenção positiva era considerada necessária. Alguns pediam, inclusive, que o Estado tomasse completamente a sua direção e se tornasse comerciante. Essa era a opinião de Galiani (*Dialogues sur le commerce de grains*, Londres, 1770) e de Desaubiers (*Considérations d'économie politique sur le commerce des grains*). Nesse sistema, o Estado será, portanto, encarregado de uma função econômica ativa. Por conseguinte, dessa vez, trata-se de fato de uma extensão socialista de suas atribuições, mas essa é a única importante que foi proposta. Ela nos mostra que a concepção que tínhamos então do Estado conduzia logicamente ao socialismo, mas vemos que, salvo nesse ponto particular, foi impedida de produzir as consequências que comportava.

Em resumo, uma aspiração a uma ordem social mais justa e uma ideia dos direitos do Estado que, reunidas, continham em potencial o socialismo, mas que então produziram apenas veleidades muito rudimentares, eis tudo o que encontramos no século XVIII. Mesmo durante a Revolução, ninguém chegou mais longe. A doutrina de Baboeuf, que é talvez a mais avançada do século, não ultrapassa o simples comunismo. Somente se distingue dos sistemas de Mably e Morelly pela particularidade de que, longe de considerá-la

74 | LIVRO I – DEFINIÇÕES E ORIGENS DO SOCIALISMO

uma utopia, seu autor tentou realizá-la, inclusive por meio da força. E como encontrou auxiliares para essa empreitada, posto que houvesse uma conspiração, isso prova que o sentimento de justiça social do qual falamos, não apenas estava aceso, mas começa também a se aplicar aos fatos concretos da vida econômica, mas sem produzir ainda uma renovação do sistema, uma nova orientação nas ideias da época.

Estabelecido esse resultado, é preciso levar em conta, ou seja, procurar: 1°) de onde vem esse duplo germe, como se constituiu essa concepção nova da justiça do Estado?; 2°) o que a impediu de chegar às consequências socialistas que ela continha virtualmente? A resposta para a primeira questão é fácil. De fato, é evidente que essas ideias não são outra coisa que os dois princípios fundamentais nos quais repousam todas as transformações políticas de 1789. Elas são o resultado do duplo movimento do qual a Revolução brotou: o movimento individualista e o movimento estadista. O primeiro teve o efeito de fazer com que se admitisse que o lugar dos indivíduos no corpo político devia ser determinado exclusivamente por seu valor pessoal e, consequentemente, que as desigualdades estabelecidas pela tradição fossem rejeitadas como injustiças. O segundo teve como resultado que, reformas julgadas necessárias, fossem consideradas realizáveis, porque o Estado foi concebido como o instrumento natural de sua realização. Além disso, os dois movimentos são estreitamente solidários, no sentido de que, quanto mais o Estado estiver fortemente constituído, mais alto se eleva acima de todos os indivíduos de todas as classes e procedências, e também, mais iguais todos aparecem em relação a ele. É daí que provêm as duas tendências que assinalamos. Elas nasceram, portanto, por ocasião da organização política e com o objetivo de modificar essa organização. As duas parecem ter tão pouco contato com a realidade econômica por serem formadas sob influências totalmente diferentes. Assim sendo, todas as reformas de ordem econômica que inspiraram no século XVIII sempre se apresentem como apêndices de teorias políticas. São as ideias políticas que formam os centros de gravidade dos sistemas.

Mas a segunda questão permanece. De onde vem a ideia de que, uma vez nascidas, por uma extensão totalmente natural, não se aplicam à vida econômica? De onde procede que, sob a influência delas, a questão social não foi colocada? Ademais, ainda que os fatores essenciais do socialismo tivessem sido apresentados desde então, foi preciso esperar até o fim do império para que ele se constituísse?

A razão apresentada foi a de que faltava então um dos fermentos da ideia socialista, porque a situação dos operários não tinha nada que chamasse

CAPÍTULO III - O SOCIALISMO DO SÉCULO XVIII | 75

particularmente sua atenção. Foi dito que, a corporação, ao estreitar os laços que os uniam aos seus mestres, também não os deixava como hoje, completamente à mercê da concorrência. Mas, inicialmente, à parte os operários das corporações, havia os das manufaturas, que não estavam agrupados da mesma maneira. Depois, seria necessário que a corporação tivesse conservado, no século XVIII, os efeitos benéficos que tinha na Idade Média. A linha de demarcação entre mestres e operários era profunda. "Falava-se", escreveu Levasseur, "de fraternidade reinante nos corpos de ofícios, já vimos, ao entrar na comunidade dos operários, que convém pensar a respeito." (*Classes ouvrières jusqu'en 1789*, I, p. 77). Da mesma maneira que o burguês desprezava o artesão, esse desprezava o operário que não oprimia o aprendiz. Há muito tempo, o abismo entre as duas classes estava se ampliando. De fato, os operários estavam tão pouco protegidos pela corporação, que cada vez mais, era retirado mais deles para formar agremiações que, fora da corporação, fornecia-lhes o apoio contra os mestres. Porém, a existência dessas corporações data do século XVII. "Os comandos policiais foram insuficientes para destruí-las. Multiplicaram-se e, ao contrário, fortificaram-se à medida que a separação entre o operário e o mestre se tornava mais profunda." (LEVASSEUR, *Classes ouvrières jusqu'en 1789*, II, p. 218). Além disso, basta recordar como Necker, Linguet e Graslin nos descrevem a situação do trabalhador para compreender que ela não era muito superior a do operário de hoje. Já na primeira parte do século, o marquês de Argenson empregou uma linguagem análoga. "Eu me encontro atualmente em Touraine", escreveu em suas *Mémoires*, "não vejo nada além de uma terrível miséria [...] (os habitantes) não desejam mais do que a morte e evitam se proliferar." E em outro lugar: "Quarenta mil operários da manufatura de fuzis de Saint-Etienne-en-Feroz pararam de trabalhar. Estão sendo vigiados para não partirem para outro país. Os operários da seda são vigiados, de maneira semelhante, em Lyon [...]. Essas coisas deveriam chegar ao fim." "Nossas principais fábricas caem por todos os lados." (De acordo com Lichtenberger, p. 94). Também os motins, as greves são muito frequentes e isso desde o século XII, apesar da resistência e da proibição das autoridades (Ver LEVASSEUR, *Classes ouvrières jusqu'en 1789*, II, p. 318). Além disso, a maior prova dos sofrimentos experimentados pelos operários e do seu estado de descontentamento é o número enorme de precauções e de disposições que o poder adota contra eles. "Uma questão que parece ter preocupado vivamente o século XVIII é a da disciplina dos operários. Os mestres viviam submetidos à lei. Mas, abaixo dos mestres, agitava-se a multidão de operários assalariados, população inquieta, que os progressos da indústria

76 | LIVRO I – DEFINIÇÕES E ORIGENS DO SOCIALISMO

tornavam a cada dia mais numerosa e, que a cada dia, também se isolava mais da classe dos patrões. Essa população, recrutada nas misteriosas associações do trabalho, colocando na lista negra as oficinas dos patrões que pareciam ofendê-la, tornava-se, por vezes, temida por seus mestres por sua resistência passiva ou, pelo poder do número, já despertavam a desconfiança dos governantes [...]. Assim, o poder procurava, por todos os meios, ligar o operário ao seu trabalho e à sua oficina". (LEVASSEUR, ibid., II, p. 362, 409). Esses fatos são instrutivos. Eles nos mostram novamente como a questão operária é um elemento secundário do socialismo, porque desde então a sorte dos operários era muito próxima do que se tornou mais tarde, e que, no entanto, o socialismo não existia. Além disso, veremos que os grandes sistemas socialistas foram constituídos, desde o início deste século, enquanto que, mesmo sob a Revolução, encontramos apenas os seus germes. Mas, é impossível que, neste curto espaço de tempo, a condição das classes trabalhadoras tenha piorado a esse ponto. Todavia, a conclusão que se tira do que precede não é puramente negativa. Se compararmos esses dois fatos um com o outro: o primeiro, que os fatores do socialismo que encontramos no século XVII são também os que determinaram os acontecimentos revolucionários; e segundo, que o socialismo resultou deles desde o dia seguinte da Revolução; se os compararmos, digo, estamos no direito de acreditar que o que faltava no século XVIII era dar vida a um socialismo propriamente dito, não era que a Revolução fosse, enfim, e para sempre, um fato consumado; o que era necessário para que esses fatores pudessem produzir suas consequências sociais ou socialistas era que tivessem produzido previamente suas consequências políticas. Em outros termos, não seriam as transformações políticas da época revolucionária que causaram a extensão à ordem econômica das ideias e das tendências das quais elas mesmas eram o resultado? Não seriam as transformações, que então chegaram à organização da sociedade, as que, uma vez realizadas, reivindicariam outras que, além disso, derivavam em parte das mesmas causas que haviam gerado a elas mesmas? O socialismo, desse ponto de vista, não teria surgido diretamente da Revolução? Essa hipótese está, no presente, de acordo com o que nós vimos, e será confirmado pelo que se seguirá. Sem dúvida, o socialismo não se justifica dessa maneira. Mas a descendência histórica nos parece incontestável.

CAPÍTULO IV

Sismondi

Quinta lição

Nós vimos que as doutrinas socialistas do século XVII não se elevaram acima do comunismo. Elas apresentam todos os signos distintivos: o utopismo consciente e confesso, o caráter literário e sentimental, por último e, sobretudo, a tendência fundamental de colocar tudo o que concerne aos interesses econômicos o mais longe possível da vida política. A esse respeito e para terminar de precisar essas noções essenciais, é importante assinalar que não definimos o comunismo por seu espírito igualitário, por mais incontestável que ele seja. Sem dúvida, na realidade, ele sempre exigiu que os frutos do trabalho fossem divididos igualmente entre todos os cidadãos e parece difícil, se não impossível, que pudesse se acomodar a outro regime, porque, a partir do momento em que colocamos, como princípio, que as riquezas só têm razão de ser na medida em que são estritamente necessárias para a manutenção da vida e que, superado esse limite, tornam-se moral e socialmente perigosas. Desse ponto de vista, uma vez que são igualmente indispensáveis a cada um, devem ser igualmente distribuídas. Todavia, essa distribuição igualitária, nada mais é do que uma consequência do princípio segundo o qual o papel social da riqueza deve ser reduzido a um *minimum*, e mesmo, eliminado, se for possível; e é uma consequência tão secundária e contingente que pode muito bem ser conciliada, sem nenhuma contradição, com o princípio oposto. Se partirmos da ideia contrária, que é a do socialismo – que as funções econômicas são funções sociais por excelência – chegaremos à conclusão de que elas devem ser organizadas socialmente de maneira a se tornarem tão harmônicas e produtivas quanto possível, mas sem determinar a maneira como as riquezas assim elaboradas deverão ser

78 | LIVRO I – DEFINIÇÕES E ORIGENS DO SOCIALISMO

repartidas. Se, portanto, por uma razão qualquer, julgar-se que a melhor forma de assegurar esse resultado for dividir os produtos do trabalho em partes iguais, será possível, como fazem os comunistas, reclamar a igualdade da partilha, sem admitir por isso o seu princípio fundamental e sem abandonar aquele sobre o qual repousa o socialismo. Essa é, por exemplo, a tese que sustenta Louis Blanc. Não nos deixemos, pois, enganar pelas aparências, qualquer que seja o papel que ela desempenhe nas concepções correntes. Guardemo-nos de definir o comunismo por um caráter que ele apresenta, sem dúvida, geral, mas que não é essencial a ele e, menos ainda especial, e atenhamo-nos firmemente à distinção que formulamos dessas duas doutrinas. O que constitui o comunismo é o lugar excêntrico que ele atribui às funções econômicas na vida social, enquanto o socialismo lhes reserva a posição mais central possível. O que caracteriza a sociedade sonhada pelos comunistas é o ascetismo, enquanto a que os socialistas aspiram seria, ao contrário, essencialmente industrial. Aqui estão os dois caracteres opostos que devemos ter diante dos olhos se desejarmos evitar confusões: todos os demais são secundários, se não possuem nada de específico.

Todavia, se é o comunismo assim definido é a doutrina essencial do século XVIII, encontramos, no entanto, desde aquela época, dois germes importantes do socialismo. Em primeiro lugar, um sentimento de protesto contra as desigualdades sociais estabelecidas pela tradição e, em seguida, uma concepção de Estado que reconhece a esse último os direitos mais amplos. Aplicados à ordem econômica, o primeiro desses fatores devia, ao que parece, dar vida a um desejo de modificar o regime, ao mesmo tempo em que o segundo fornecia o meio, o instrumento necessário para realizar essas modificações. E, no entanto, nem um nem outro produziram esses resultados. Nascidas em razão da organização política, essas duas ideias aplicaram-se a ela e suscitaram essas transformações que são obras da Revolução, mas não chegaram muito além. Por quê? Porque essas tendências são idênticas àquelas das quais são derivados os acontecimentos revolucionários. Parece-nos legítimo supor que o que as impediu de produzir imediatamente suas consequências econômicas foi a necessidade de desenvolverem previamente todas as suas consequências políticas. O que lhes faltava, para darem vida a doutrinas propriamente socialistas, desde o século XVIII, é de que a Revolução, ainda não era um fato consumado. Chegamos a considerar, assim, como muito provável, que o que determinou a extensão das suas ideias à esfera econômica foi o estado no qual ela colocou a matéria social. Encontramos hoje um fato que vem, efetivamente, confirmar essa hipótese. É que, desde que a Revolução terminou, o socialismo

CAPÍTULO IV – SISMONDI | 79

apareceu. É por volta do fim do Império, mas sobretudo na época da Restauração, que ele se constituiu definitivamente.

A doutrina de Smith que acabava de ser importada para a França por Jean-Baptiste Say – cujo *Traité d'Economie politique*, que dificilmente era mais do que uma reprodução das teorias do mestre – teve rapidamente um grande sucesso. Ensinada por Say, inicialmente, no Ateneu e, depois, na Cátedra oficial do conservatório de Artes e ofícios, rapidamente recrutou numerosos discípulos. Mas tão logo foi formulada, a doutrina oposta – ou que passa por ela – afirma-se com não menos energia. Não é preciso se espantar com essa simultaneidade. Veremos, com efeito, que o economista e o socialista derivam, na realidade, de uma única e mesma fonte. São produtos de um mesmo estado social que o traduzem de forma diferente e cuja identidade não é difícil de encontrar sob a diversidade de interpretações que lhes dão as duas escolas. Essas duas irmãs inimigas são provenientes de uma mesma origem; também possuem muito mais pontos em comum do que acreditamos normalmente.

O livro de Jean-Baptiste Say é de 1803. A partir de 1804, Ferrier, em uma obra intitulada *Du Gouvernement considéré dans ses rapports avec le commerce* e que chegou à terceira edição em 1822, atacou a escola nova e opôs as tradições de Colbert, retomadas por Necker, às ideias de Smith. Ao mesmo tempo, Ganilh, *La théorie de l'économie politique*, emprega mais ou menos a mesma linguagem. Em 1815, Aubert de Vitry, nas suas *Recherches sur les vraies causes de la misère et de la félicité publique*, protesta contra o otimismo com o qual Smith e seus discípulos descreviam os resultados de um industrialismo sem regras e sem freio. "É ao menos duvidoso", escreveu (p. 30), "apesar das pretensões dos economistas atuais, que nosso luxo, que deve, seguindo as suas máximas, fazer os pobres viverem com as paixões dos ricos e aumentar no exterior o poder das nações pela acumulação de riquezas no interior, tenha feito outra coisa além de colocar os que não possuem ouro à mercê dos que o possuem – que corrompe os primeiros por meio de uma inveja impotente – de embrutecê-los com trabalhos estúpidos, embriagar os outros com o abuso de prazeres e nutrir constantemente o embrião da desordem no interior das sociedades, favorecendo as paixões vis e sem freio." Mas é sobretudo a obra de Sismondi que testemunha o trabalho que estava sendo feito nos espíritos.

Simond de Sismondi começou como um simples discípulo de Adam Smith e sua *Richesse commerciale*, que apareceu em 1803, e estava de acordo com o espírito que havia inspirado a *Riqueza das nações*. Mas, pouco a pouco,

80 | LIVRO I – DEFINIÇÕES E ORIGENS DO SOCIALISMO

como ele mesmo afirmou, "levado pelos fatos e pelas observações", precisou abandonar um após outro os princípios da escola dominante e, a partir de 1819, começou a dar vida aos seus *Nouveaux principes d'économie politique* ou *De la richesse dans ses rapports avec la population*, em que uma doutrina totalmente nova era anunciada. Vamos expô-la, não de acordo com essa obra, mas segundo uma obra mais recente, *Etudes sur l'économie politique*, em que as ideias principais são as mesmas e os principais capítulos não são mais do que artigos que apareceram em 1821. O regime econômico atual nos apresenta, seguramente, um magnífico espetáculo. Nunca a atividade produtiva do homem foi elevada a um nível tão alto. As obras, "se multiplicam e mudam a face da terra; as lojas lotam, admiramos, nas oficinas, o poder que o homem tomou emprestado do vento, da água, do fogo, para terminar sua própria obra [...]. Cada cidade, cada nação deixa transbordar suas riquezas, cada uma deseja enviar a seus vizinhos, essas mercadorias que transbordam e as novas descobertas científicas permitem transportá-las a uma velocidade que confunde. É o triunfo da crematística[27]" (Introdução, 9). Mas, todos esses signos de uma prosperidade aparente correspondem a uma prosperidade real? O bem-estar coletivo, a soma total de felicidade, cresceu à medida que os povos acumularam riquezas assim? "Mais preocupados com a história do que os economistas – e, em melhor condição, consequentemente, de comparar o tempo presente com o passado – procuramos quem eram os que colhiam os frutos de todas as maravilhas das artes que se operavam diante dos nossos olhos, dessa atividade deslumbrante que multiplica, ao mesmo tempo, as forças humanas, os capitais, os meios de transporte, as comunicações entre todo o universo; dessa febre que faz com que nós todos vivamos tão rápido; dessa rivalidade que faz com que todos nós trabalhemos para suplantar uns aos outros. Nós procuramos e, enquanto reconhecíamos em nosso século o triunfo das coisas, o homem nos pareceu menos favorecido do que nunca." (II, 150). Na realidade, quem são os afortunados que o novo regime fez? Não são os operários. Sismondi nos descreve, com as cores mais sombrias, a situação deles no país que pode ser considerado a terra clássica do industrialismo, onde, consequentemente, podemos observar melhor seus efeitos, ou seja, a Inglaterra (II, 152). Os afortunados não são os chefes de empresa, os mestres. Em primeiro lugar, seu número é muito restrito e diminui muito todos os dias, em consequência da crescente concentração do comércio e da

---

27. Crematística é um conceito aristotélico, presente no livro *Ética a Nicômaco* [Obra presente em *Clássicos Edipro*. (N.E.)], relacionado à busca incessante da produção de riquezas. (N.T.)

CAPÍTULO IV – SISMONDI | 81

indústria. Além disso, a possibilidade, sempre temida, de novas invenções ou de rivalidades imprevistas que os arruínem; o medo da falência sempre no horizonte, sobretudo nas indústrias que se desenvolvem rapidamente; mantêm seu espírito em um estado de perpétua inquietação e os impede de desfrutar verdadeiramente de uma fortuna sem estabilidade. Respondemos que não são os produtores, mas os consumidores que desfrutam dessa hiperatividade industrial. Mas para que esse benefício pudesse ser levado em conta, seria preciso que ele se estendesse à grossa massa de consumidores e, consequentemente, às classes inferiores, uma vez que elas são numerosas. Porém, disse Sismondi, a sociedade está organizada de tal forma que o trabalho que elas executam não lhes traz nada além da subsistência. (II, 154-5). Não poderão receber, portanto, mais do que antes, enquanto o trabalho exigido delas é muito mais intenso, insalubre e desmoralizante. Haveria, portanto, crescimento do mal-estar e da miséria, no momento em que há pletora de riquezas produzidas e, em que, consequentemente, deveria haver, de acordo com as ideias correntes, excesso de abundância.

Tal resultado parece paradoxal. No entanto, Sismondi tenta demonstrar que ele é inevitável e que deriva necessariamente das condições da nova organização econômica. Toda a sua demonstração baseia-se nas proposições seguintes: 1º) o bem-estar coletivo implica que a produção e o consumo se equilibrem exatamente; 2º) o novo regime industrial se opõe a que esse equilíbrio se estabeleça de uma maneira regular.

A primeira proposição é fácil de estabelecer. Imaginemos um homem isolado que produz, ele mesmo, tudo o que consome. Ele produzirá mais do que consome? Acumulará riquezas? Sim, mas em certa medida apenas. Prover-se-á, primeiramente, das coisas que se dissipam imediatamente com o seu desfrute, como os seus alimentos, e depois, das que ele aproveitará por um longo tempo ao consumi-las, como as roupas, enfim, das que, ainda lhe sendo úteis desde agora, durarão mais do que ele, como sua casa. É isso o que constitui o fundo de consumação imediata, do qual ele tentará assegurar-se, antes de mais nada. Ao lado desse primeiro fundo, se tiver meios, fará um fundo de reserva. Para dar mais segurança à sua existência, não desejará dever a um trabalho cotidiano o seu pão do dia a dia, mas se organizará de forma a ter antecipadamente trigo para todo o ano. Além das vestimentas que usa de imediato, fará outras, as quais pensa utilizar oportunamente, a fim de se resguardar dos acidentes possíveis. Mas, após ter abastecido, dessa forma, o seu fundo de reserva e o seu fundo de consumo, ele se deterá, ainda que possa aumentar ainda mais os seus bens de consumo. Terá mais vontade de descansar do que de produzir frutos dos

82 | LIVRO I – DEFINIÇÕES E ORIGENS DO SOCIALISMO

quais não poderia desfrutar. Mas, a sociedade, considerada em seu conjunto, é exatamente igual a esse homem: ela possui seu fundo de consumo, que se compõe de tudo o que seus membros já adquiriram para consumir imediatamente e seu fundo de reserva, que deve prover os acidentes possíveis. Uma vez que esses dois fundos estão repletos, tudo o que se produz além é inútil e cessa de possuir valor. À medida que as riquezas acumuladas ultrapassam as necessidades de consumo, elas deixam de ser riquezas, pois os produtos do trabalho só podem enriquecer o trabalhador, quando encontram um consumidor que os compre. É o comprador que define o seu valor, caso aquele falte, esse é nulo.

Nenhum economista contradiz essa evidência, apenas, de acordo com Say, Ricardo e seus discípulos, esse equilíbrio necessário entre o consumo e a produção se estabeleceria por si mesmo e necessariamente sem que fosse preciso se preocupar com ele. A produção não poderia crescer sem que o consumo crescesse ao mesmo tempo. Os produtos poderiam se multiplicar indefinidamente e sempre encontrariam mercados. De fato, diziam, suponhamos cem trabalhadores produzindo mil sacos de trigo, cem fabricantes de lã produzindo mil varas de tecido e, para simplificar os dados do problema, admitamos que troquem diretamente entre si os dados produtos de sua indústria. E são produzidas invenções que aumentam em um décimo o poder produtivo de ambos. Os mesmos homens trocarão, então, mil e cem varas por mil e cem sacos e cada um deles estará dessa forma, melhor vestido e mais bem nutrido. Um novo progresso promoverá o intercâmbio de mil e duzentas varas por mil e duzentos sacos e assim indefinidamente. O aumento da produção nunca promoverá outra coisa além do crescimento do deleite dos produtores. Mas, responde Sismondi, isso equivale a atribuir arbitrariamente às necessidades humanas uma elasticidade que elas não têm. Na realidade, o tecelão não tem mais apetite por fabricar mais tecido e, se mil ou mil e cem sacos satisfizeram sua necessidade de consumo, ele não aspirará a obter mais pelo simples fato de possuir algo para oferecer em troca. A necessidade de vestimentas é definida de maneira menos rigorosa. O agricultor, em melhores circunstâncias, encomendará dois ou três itens em lugar de um. No entanto, ainda assim, acaba por chegar a um limite, ninguém aumentará indefinidamente a sua reserva de trajes, simplesmente porque sua renda está aumentando. O que acontecerá? Ao invés de pedir mais, passará a desejar outros melhores. Ele renunciará aos que estava acostumado e desejará outros mais finos. No entanto, com isso, desencorajará as manufaturas de roupas grosseiras existentes e fará surgir outras que as substituam e que fabriquem roupas de luxo. Da mesma forma, o fabricante

CAPÍTULO IV - SISMONDI | 83

de tecidos, em lugar de uma quantidade maior de trigo, com a qual ele não terá o que fazer, desejará um trigo de melhor qualidade ou substituirá o pão pela carne. Ele não dará, portanto, mais trabalho aos lavradores, ou ao contrário, pedirá que sejam demitidos, que sejam substituídos em parte por criadores de gado e os campos de trigo, por pasto para criação. Assim, é preciso que todo excesso de produto seja compensado, intercambiado e elevado, na mesma proporção em que o consumo correspondente. A partir do momento em que crescem acima de certo ponto, não servem mais mutuamente de mercado. Tendem, ao contrário, a rejeitar e a repelir uns aos outros, para dar lugar a produtos novos e de melhor qualidade, que conclamam a existência. Esses últimos não se somam aos antigos, mas os substituem. O agricultor que produz mais do que no passado, não utiliza, em troca desse excedente, o excedente de tecidos que os fabricantes em exercício podem produzir ao mesmo tempo; ao contrário; deixa esse último sem emprego. Poderá, inclusive, conduzir os fabricantes, em razão da pressão que exerce sobre eles e da perspectiva de remuneração que lhes oferece, a transformarem sua maquinaria e a substituírem seus excedentes por produtos de preço mais alto e, dessa maneira, o equilíbrio se restabelecerá com o tempo. Mas essa transformação não se fará *ipso facto*; ela representa uma crise mais ou menos grave, porque implica perdas, novos gastos e toda uma série de reorganizações trabalhosas. Na realidade, supõe que os produtos excedentes foram inutilizados e perderam todo o valor, que o capital investido na maquinaria empregada para produzi-los foi destruído, que os operários ficaram sem trabalho, ou tiveram que buscar novos empregos, que o fabricante sofreu todas as perdas que um primeiro balanço provoca. Aqui estamos, pois, já longe dessa harmonia perfeita que se estabeleceria automaticamente, de acordo com a escola inglesa, entre a produção e o consumo. Mas não é tudo. O equilíbrio só pode se restabelecer, dessa maneira, pela substituição das empresas anteriores por empresas de luxo. Mas essa mesma substituição não pode ocorrer indefinidamente; porque as necessidades de objetos de luxo não são, elas mesmas, ilimitadas. A vida de luxo é a vida dos lazeres, e a duração do tempo livre de que dispõe a média dos homens é restrita. Colocamos roupas finas quando não fazemos nada, quando se trabalha, elas não têm utilidade. No entanto, o número de homens que nunca fazem nada não é muito grande, nem o tempo que os trabalhadores consagram ao repouso e à distração. O que dissemos das roupas pode se repetir em todos os consumos supérfluos. Com exceção dos ociosos, não se pode passar horas à mesa fazendo uma bela refeição, ou no teatro escutando uma boa música. As necessidades da vida representam, portanto,

84 | LIVRO I – DEFINIÇÕES E ORIGENS DO SOCIALISMO

dessa maneira, também um limite que não pode ser fixado com precisão, mas que acaba sempre por ser alcançado.

Assim sendo, é falso dizer que a produção possa crescer indefinidamente, mantendo-se em equilíbrio com o consumo, porque esse, em um dado estado da civilização, não pode elevar-se acima de certo nível. A quantidade de objetos necessários à vida possui limites muito estreitos para certos produtos, além dos quais o produtor não pode ir impunemente. Quando isso acontece, é preciso que ele se dedique a melhorar a qualidade, mas o aperfeiçoamento da qualidade tem seus próprios limites. A necessidade do supérfluo chega a um termo, da mesma forma que a do que é necessário. Sem dúvida, esse termo não é absoluto; ele pode retroceder com o tempo, se o bem-estar geral houver aumentado. O trabalhador possuirá então mais tempo de lazer e, consequentemente, poderá despender mais com o luxo. Mas não é a superprodução que produz esse resultado, pois só se vive com mais conforto, quando se possui uma renda maior, e não se obtém uma renda maior pelo simples fato de produzir mais. Existe assim, em cada momento da história, um ponto que a produção não pode ultrapassar sem romper o equilíbrio com o consumo e, por outro lado, esse equilíbrio não pode se romper sem provocar graves perturbações, porque, ou esse excedente inútil permanecerá sem comprador e, consequentemente, sem valor, e constituirá uma espécie de *caput mortuum* que diminuirá, proporcionalmente, a renda dos produtores, ou esses últimos, para escoar o excedente, irão oferecê-lo a baixos preços, mas – para poder fazer isso com a menor perda possível – irão se esforçar para diminuir os salários, as rendas dos capitais que empregam, os aluguéis que pagam etc. Suponhamos a superprodução geral e essa será uma luta de todos contra todos, luta violenta, dolorosa e da qual os próprios vencedores não podem sair ilesos, porque, para que o produtor possa, sem perda, desembaraçar-se de seus produtos excedentes, baixando seu preço, é preciso que ele diminua a renda de todos os seus colaboradores. Entretanto, é a renda de cada um que regula suas despesas, ou seja, o seu consumo. Se ela cai, ele diminui. Estamos, portanto, diante de um impasse. Não conseguimos elevar artificialmente o nível do consumo de um lado, se não o abaixarmos de outro. Perdem-se aqui os clientes que se ganham lá. Debatemo-nos, sem ter êxito, em uma situação sem saída.

Assim, o equilíbrio da produção e do consumo, longe de ser fatal, é ao contrário, muito instável, e muito fácil de ser perturbado. De acordo com Sismondi, as novas condições da vida econômica fazem com que o desequilíbrio se torne crônico. Anteriormente, quando o mercado era muito limitado, quando ele não ia além da cidade, do povoado, da vizinhança imediata, cada produtor se dava imediatamente conta das necessidades as quais ele devia satisfazer e, em consequência, limitava o seu trabalho. Mas, hoje, quando o mercado se tornou praticamente ilimitado, esse freio útil desapareceu. Não se pode mais avaliar exatamente a extensão da demanda à qual é preciso responder. O industrial e o agricultor acreditam ter diante de si espaços infinitos e tendem, por essa razão, a se expandirem através deles. Essas perspectivas sem termo, despertam ambições sem limite e é para satisfazer apetites assim excitados que se produz o máximo possível. Além disso, mesmo para estarmos simplesmente seguros de manter as posições adquiridas, somos obrigados, às vezes, a nos esforçarmos para ampliá-las, pois, como nos sentimos rodeados por rivais, que sequer conhecemos, sempre tememos ver a superprodução de uma empresa, mais ou menos distante, ser bruscamente jogada no mercado que ocupamos e nos despojar dele. Para prevenir a invasão, tomamos a frente e invadimos nós mesmos, atacamos para não termos que nos defender. Aumenta-se a produção para impedir que, em outro lugar, uma superprodução possa se tornar ameaçadora. Em outras palavras, é porque os interesses particulares são discordantes e porque são desencadeados hoje sem que nada os contenha, que se perdeu de vista o interesse comum em uma produção regular, em harmonia com as necessidades de consumo. É a guerra até a morte que se estabelece entre eles que determina essa febre, essa hiperatividade que esgota os indivíduos e a sociedade. Eis aqui como a produção das riquezas – quando ela é como hoje em dia, sem regra e sem medida – provoca o desconforto e a miséria, em lugar da abundância. E Sismondi conclui nestes termos: "Do que acabamos de expor resulta uma tese e ela contradiz as doutrinas aceitas; é a de que não é verdade que a luta pelos interesses individuais é suficiente para promover o maior bem de todos; que, da mesma forma que a prosperidade da família exige que, na mente de seu chefe, as despesas sejam proporcionais à renda, na direção da fortuna pública, é necessário que a autoridade soberana supervisione e contenha sempre os interesses particulares, para fazer com que tendam na direção do bem geral; que essa autoridade jamais perca de vista a aquisição e a distribuição das rendas, porque é a renda que deve distribuir o conforto e a prosperidade em todas as classes; que ela proteja, sobretudo, a classe pobre e trabalhadora, pois é ela que se encontra em piores condições de se defender por si mesma e cujos sofrimentos representam a maior calamidade nacional." (I, 105)

As reformas que Sismondi propunha, para remediar esses males, não merecem uma exposição especial. Não porque ele não considere necessária uma reorganização da ordem econômica, mas, precisamente, porque

86 | LIVRO I – DEFINIÇÕES E ORIGENS DO SOCIALISMO

não lhe parece que ela deva ser profunda, ele não ousa formular o programa de uma maneira definida. Como ele tem a sensação de que semelhante concepção ultrapassa a capacidade de alcance de um espírito individual, limita-se a assinalar os inconvenientes do regime atual, esperando que, se todos os espíritos cultos acabarem por reconhecê-los, "a reunião das luzes de todos poderá terminar o que uma só mente não poderia fazer" (I, 71). Da mesma forma, a análise precedente é suficiente para mostrar que, dessa vez, estamos na presença de uma linguagem totalmente diferente daquela do século XVIII. Porque se Sismondi se opõe à superprodução, não é que as riquezas em si lhe pareçam imorais; é que, se crescem sem regras, deixam de ser elas mesmas, voltam-se contra o fim que é sua razão de ser e geram a miséria em lugar da prosperidade. Ele nem mesmo tem a intenção de dizer que elas não são suscetíveis de se desenvolverem indefinidamente ao longo do tempo. Somente, para que se desenvolvam de forma útil, é preciso que progridam apenas sob a demanda do consumo. É preciso ampliar a renda média e, em seguida, o bem-estar, ou que a população tenha aumentado, para que haja espaço para elevar o nível da produção. É a demanda que deve suscitar a oferta; é ela que deve colocar toda a máquina em movimento. Se, em lugar de esperar o impulso que deve vir da demanda de trabalho, "pensamos em dá-lo com a produção antecipada, fazemos mais ou menos o que faríamos com um relógio se, em lugar de dar corda na roda que leva aos anéis de metal, fizéssemos outra roda retroceder violentamente; nós a quebraríamos, parando toda a máquina" (I, 74-5). Trata-se, portanto, não como no comunismo, de restringir o papel da indústria, mas simplesmente de torná-la utilmente produtiva.

Além disso, ao reproduzir essa argumentação, não esperamos apresentá-la como irrepreensível e decisiva. Primeiramente, pudemos ver que ela é essencialmente lógica e dialética. Ela exprime muito mais como os fatos devem acontecer logicamente, do que estabelece a maneira como acontecem realmente. Consiste em dizer: *aqui está o que deve acontecer*, e não *eis o que acontece*. Porém, não é com argumentos desse gênero que se pode resolver uma questão com fatos tão complexos. Para elucidá-la, seriam necessárias mais observações, comparações e menos raciocínios hipotéticos. É verdade que as objeções correntes são da mesma natureza. Além disso, ela se reduz a colocar em relevo uma das consequências do regime econômico que julgamos lamentável. Mas só podemos preveni-la por meio de reformas que teriam seus próprios inconvenientes. Entretanto, entre esses efeitos desvantajosos, como decidir qual é o mais importante? Segundo seu temperamento, seus preconceitos, cada um concede mais importância seja a um, seja a outro, sem que um princípio objetivo possa ser estabelecido. A situação presente possui todos os perigos da ausência de regras, mas todas as vantagens da liberdade. Não se pode passar aos primeiros sem renunciar, em parte, os segundos. E isso é um bem? É um mal? Responderemos de maneira diferente a essa questão colocada nesses termos, segundo tenhamos mais gosto pela ordem, harmonia, regularidade de funções; ou, ao contrário, tenhamos preferência, acima de tudo, pela vida intensa e os grandes desdobramentos de atividade. Mesmo que essas teorias e as semelhantes tenham apenas um valor científico limitado, são sintomas importantes. Testemunham que, desde essa época, aspirava-se à troca da ordem econômica. Pouco importa o que valem do ponto de vista de um método exato, as razões alegadas em apoio a essa aspiração. Ela é certa, e esse é o fato que merece ser lembrado; porque ela não poderia ter sido produzida, se os sofrimentos não tivessem sido realmente experimentados. Quanto menos consideramos essas doutrinas como construções científicas, mais somos obrigados a admitir que elas possuem um fundamento na realidade. Podemos, inclusive, ver desde já qual era a natureza das transformações que eram solicitadas. O que traduz essa teoria é, antes de tudo, a necessidade de uma vida industrial mais regular e mais estável. Mas de onde vem essa necessidade? De onde vem que havia desde então, em certos espíritos, força suficiente para fazer calar em parte a necessidade contrária? Sem dúvida, podemos pensar que a desordem econômica havia crescido a partir do século XVIII, no entanto, em um espaço de tempo tão curto, ela não aumentou em proporções suficientes para explicar esse tom novo de reivindicações sociais. Já vimos que, antes da Revolução, ele era considerável. E então que, nesse intervalo, produziu-se fora da ordem econômica uma transformação que tornou mais intolerável do que antes esse desequilíbrio e essa falta de harmonia. Mas qual é essa transformação? Isso é o que não se percebe bem através dessas teorias. Tudo deixa, portanto, presumir que exprimam apenas de forma oblíqua a situação que as suscitou; prendem-se a essa ou àquela dentre as repercussões mais ou menos remotas, sem retornar ao estado inicial do qual derivam, o único que permite apreciar sua importância relativa.

Livro II

SAINT-SIMON SUA DOUTRINA A ESCOLA SAINT-SIMONIANA

CAPÍTULO V

Saint-Simon
(vida e obra)

Quinta lição (*final*)

Mais ou menos no momento em que Sismondi elaborava sua doutrina, fundava-se um grande sistema, que obteve um sucesso sem precedentes na história do século e que respondia a esse *desideratum*. O sistema de Saint- -Simon. Seu autor é tão pouco conhecido, apesar de ter uma fisionomia tão original que merece que nos detenhamos sobre ela. Antes de estudarmos a doutrina, vejamos o homem.

Claude Henri de Rouvroy, conde de Saint-Simon, nasceu em 17 de outubro de 1760. Era da família do autor de *Memórias*, ainda que de outro ramo. Desde a infância, deu provas de uma energia e de uma independência de caráter pouco comuns. Aos 13 anos, recusou-se a fazer a primeira comunhão e foi, por essa razão, confinado em Saint-Lazare, de onde escapou. Mordido por um cachorro raivoso, cauteriza sua própria ferida com um carvão em brasa. No dia em que um cocheiro quis interromper o seu jogo, para passar, deitou-se no chão em frente do coche em movimento. Impressionados pelo que o filho tinha de extraordinário, seus pais apressaram sua educação, fato do qual se queixará mais tarde. "Sobrecarregavam-se com mestres", disse, "sem me deixar tempo para refletir sobre o que me ensinavam." No entanto, logo estabeleceu relações com D'Alembert, de quem sofreu influência; e esta é, sem dúvidas, uma das causas que contribuíram para determinar a transformação científica do seu espírito. É também, sem dúvida, daí que procede a ideia – que sua escola herdou – de refazer a *Enciclopédia* do século XVIII, harmonizando-a com o novo estado da ciência.

Representou, sucessivamente, no curso de sua vida, as personagens mais diversas. Para se conformar com as tradições de sua família, tentou

92 | LIVRO II – SAINT-SIMON – SUA DOUTRINA – A ESCOLA SAINT-SIMONIANA

inicialmente a carreira militar. Capitão, no momento em que a guerra na América começa, segue como oficial do Estado Maior um dos seus parentes que exercia um comando no corpo de expedicionários, participa de vários acontecimentos da guerra: foi ferido e preso na Batalha de Saintes. Mas quando, terminada a Guerra, retorna à França, o tédio da vida de guarnição torna-se insuportável e ele decide abandonar o Exército. Em meio a isso tudo, a Revolução começa. Ele a acolhe com entusiasmo, mas recusa-se a representar um papel na mesma, estimando que, enquanto durasse a luta dos partidos, os antigos nobres deveriam se manter a distância dos assuntos políticos. Isso não quer dizer, entretanto, que ele se contentava em assistir, como testemunha inativa e observador passivo, aos acontecimentos que se desenrolavam. Mas entrou no movimento revolucionário por outra porta. O antigo soldado se tornou um homem de negócios e comprador de bens nacionais. Para tanto, associou-se a um prussiano, o conde de Redern, que colocou à sua disposição, para esse fim, um montante de 500 mil francos. A empresa, que Saint-Simon foi o único a dirigir, obteve um êxito que estava além de toda esperança. No entanto, apesar da prova que, dessa forma, dava da sua confiança no triunfo da Revolução, terminou por se tornar suspeito; decretada sua prisão, foi confinado em Sainte-Pélagie e, em seguida, em Luxemburgo, com o nome de Jacques Bonhomme, o qual havia adotado para as suas transações comerciais. Felizmente, o 9 de Terminor veio a libertá-lo.

Então começa uma terceira fase na existência de Saint-Simon. O especulador se transforma em um grande senhor, amigo do luxo e das ciências. Na sua magnífica mansão, da rua dos Chabanais, tem mesa franca, mas é rodeado quase exclusivamente de artistas e pensadores. Monge e Lagrange eram seus principais convidados. Ao mesmo tempo, ele ajudava generosamente, e com maior delicadeza ainda, todos os jovens de futuro que lhe eram indicados. Poisson e Dupuytren estiveram entre eles por muito tempo. Buscava essas relações para instruir a si mesmo. Com esse objetivo, chegou mesmo a se tornar aluno novamente, instalou-se ao lado da Escola Politécnica, cujos cursos seguia. Em seguida, muda-se, sempre pela mesma razão, para as proximidades da Escola de Medicina. Chegou mesmo a arcar com os gastos de numerosas experiências. Não falo do seu matrimônio que, ao final de um ano, terminou com um divórcio amigável; pois esse não foi senão um evento sem importância em sua vida.

Mas a fortuna de Saint-Simon era muito modesta para que essa vida de mecenas pudesse durar. Se é preciso, inclusive, dar a ela o crédito, em 1797 ele não possuía mais que 144 mil libras. Arruinava-se, portanto, com conhe-

CAPÍTULO V – SAINT-SIMON (VIDA E OBRA) | 93

cimento de causa. A partir de 1805, não lhe restava mais nada. Então, começa o último período de sua vida. É nele que produziu quase todas as suas obras. No entanto, se ele foi fecundo, não deixou de ser bem duro para o infeliz pensador, que mais de uma vez encontrou-se sem ter o que comer. Solicitou uma colocação. E, por meio da intervenção do conde Ségur, foi nomeado copista no Mont-de-Pieté, com um salário de mil francos por ano. Como suas funções ocupavam todo o seu dia, viu-se obrigado a utilizar suas noites para dar continuidade aos trabalhos pessoais, que acabara de começar. Sua saúde encontrava-se, dessa forma, em um estado deplorável – cuspia sangue – quando o acaso colocou no seu caminho, um homem chamado Diard, que o havia servido em outros tempos e que tinha enriquecido. Esse bom homem o acolheu e Saint-Simon foi hóspede de seu antigo empregado por quatro anos, ou seja, até 1810. É então que ele publica seu primeiro grande trabalho: a *Introduction aux travaux scientifiques du XIXᵉ siècle*. Mas Diard morreu e as dificuldades da vida recomeçaram para Saint-Simon. No entanto, por volta de 1814, ele parece tê-las superado por um momento, sem que saibamos exatamente como. Foi então que teve como secretários sucessivamente Auguste Thierry e Auguste Comte. Em 1817, sua posição econômica lhe permitiu, inclusive, dar a esse último 300 francos por mês. Alguns trabalhos que publicou naquele momento tiveram um grande sucesso e lhe valeram importantes subscrições para as obras seguintes que preparava. Dentre os subscritores, encontramos nomes como Vital Roux, Perier, de Broglie, La Fayette, La Rochefoucauld etc. Mas a ousadia das ideias do autor termina por assustá-los. Por um lado, Saint--Simon levava uma vida muito irregular. Sempre fora um dissipador, e a miséria recomeçou. Foi então que se viu atormentado pela fome e nem sempre pôde encontrar, entre os que havia ajudado em outros tempos, a assistência que poderia esperar. Dupuytren, a quem foi procurar, ofereceu-lhe cem sous. Deprimido, o filósofo cedeu então ao desespero. Em 9 de março de 1823, disparou em si mesmo um tiro de pistola. Perdeu um olho, mas o cérebro não foi atingido e, em quinze dias, o doente estava curado. Passado esse momento de desânimo, voltou ao trabalho e, dessa vez, a sorte lhe foi favorável. Um pequeno grupo de discípulos fervorosos se formou em torno dele e o manteve até sua morte em 19 de maio de 1825. Morreu rodeado por seus amigos, conversando com eles sobre a obra empreendida em comum e sobre seu próximo triunfo.

Como vimos, foi uma vida singularmente agitada e, no entanto, longe de carecer de unidade. O que faz com que tenha essa sequência é, primeiramente, o próprio caráter de Saint-Simon, que reaparece idêntico em todos

94 | LIVRO II – SAINT-SIMON – SUA DOUTRINA – A ESCOLA SAINT-SIMONIANA

os personagens que ele representa sucessivamente. O que predominava antes de tudo nele era um horror a tudo o que fosse comum e vulgar e a paixão pelo grandioso e pelo novo. Vimos que deu provas disso, desde a primeira infância. Sua fé em si mesmo e na grandiosidade de seu destino nunca se desmentiu. Desde os 15 anos, seu criado o despertava com as seguintes palavras: "Levante-se, senhor Conde, o senhor tem grandes coisas a fazer". Mais tarde, conta que viu Carlos Magno – de quem sua família afirmava descender – em sonho, e que o grande imperador lhe disse: "Meu Filho, seu sucesso como filósofo se igualará aos que obtive como militar e como político" (*Œuvres*, I, 101). Ao endereçar um de seus livros a um sobrinho escreveu: "Minha intenção, ao dedicar-lhe minha obra, é empurrá-lo em direção à grandeza. Para você, fazer grandes coisas é uma obrigação". É essa paixão que explica a ausência de medida que ele trouxe para sua vida, sua dissipação, seu desregramento, que o prejudicaram aos olhos dos seus contemporâneos. Diz em outra carta: "Fiz todos os esforços para exaltá-lo, ou seja, para enlouquecê-lo, pois a loucura, meu querido Victor, não é outra coisa que uma extrema exaltação, e essa exaltação extrema é indispensável para fazer grandes coisas. No templo da glória, só entram os que escaparam dos manicômios" (*Notice historique*, I, 37). Daí suas prodigalidades. O dinheiro não contava para ele. Tal imagem de si mesmo lhe imprimia facilmente o ar e o tom dominadores e superiores. Foi isso, inclusive, que provocou sua ruptura com Augustin Thierry que não quis se submeter a todas as suas vontades. Mas essa aparência um pouco despótica era temperada por um grande charme pessoal, pelo respeito que inspiravam seu desinteresse e sua generosidade de sentimentos. Assim, exercia uma grande influência sobre os espíritos mais distintos de seu tempo; Poisson, Halévy, Olinde Rodrigues, Rouget de L'Isle, enfim e sobretudo, Auguste Comte, que lhe devia bem mais do que reconhecia dever.

Mas sua carreira não teve apenas essa unidade formal, devido à marca tão pessoal que seu caráter colocava em tudo o que fazia. Na realidade, através de tudo o que empreendeu, perseguia um único objetivo. Esse distraído, que parece andar à deriva, de acordo com as circunstâncias, foi homem de uma única ideia e foi para realizar essa ideia que passou por todos esses avatares. Reorganizar as sociedades europeias, dando-lhes como base a ciência e a indústria, aqui está o objetivo que nunca perdeu de vista. Desde sua campanha da América não deixou de refletir sobre isso. (Ver *Œuvres*, II, 148). Ao mesmo tempo, escrevia para seu pai: "Se estivesse em uma situação

CAPÍTULO V – SAINT-SIMON (VIDA E OBRA) | 95

tranquila, teria mais claras minhas ideias; elas ainda são muito indigestas, mas tenho a consciência clara de que, após amadurecê-las, encontrar-me-ei em condições de fazer um trabalho científico útil para a humanidade, o que é o principal objetivo que proponho para minha vida.". É sob a influência dessa ideia que ele se entrega paralelamente a trabalhos científicos e a grandes empreendimentos econômicos, porque suas especulações com os bens nacionais não foram as únicas. Na América, propôs ao vice-rei do México um canal entre os dois oceanos. Após, ofereceu ao governo espanhol a criação de um canal de Madri até o mar. Mais tarde, sonhou com a criação de um banco gigantesco cujos rendimentos serviriam para executar trabalhos úteis para a humanidade. Mas, em uma espécie de justificativa da sua existência, explica que sua dissipação mundana e a diversidade de carreiras nas quais se empregou eram para ele uma preparação necessária para a tarefa à qual se sentia destinado (*Œuvres*, I, 81). Em todo caso, não há dúvidas de que a última parte de sua vida era a consequência lógica, normal, das fases precedentes. Sob uma desconexão aparente, ela realiza uma ideia, que é a de sua obra.

Sexta lição

A forma exterior que Saint-Simon deu à sua obra, não deixou de contribuir para desviá-la da atenção do público. Trata-se de uma sequência desconexa de cadernos, inúmeros folhetos, planos e programas de obras, sempre esboçados e jamais realizados. Nela, o autor trata simultânea e sucessivamente dos assuntos mais diversos, passando da Astronomia à Política, da Química à Psicologia, repetindo-se com uma complacência só igualada por sua abundância de digressões. Assim, a mente rapidamente fica cansada de seguir esse pensamento que, por vezes, não sai do mesmo lugar e se difunde em paráfrases sem fim e, por outras, ao contrário, move-se com uma rapidez vertiginosa, através de épocas e mundos, perdendo-se em todos os tipos de voltas e desvios que mascaram sua unidade. É, inclusive, difícil de se encontrar entre esse amontoado de obras e em meio a uma biografia também confusa. Assim, para facilitar a compreensão da obra, devemos, primeiramente, introduzir um pouco de ordem nessa massa de escritos, aparentemente incoerentes. Por outro lado, a classificação não é difícil, uma vez captada a ideia diretriz que os inspira. Eles se organizam na realidade em dois grupos, cuja estreita solidariedade explicaremos a seguir. De um lado, há os que são consagrados às questões de ciência e filosofia

96 | LIVRO II – SAINT-SIMON – SUA DOUTRINA – A ESCOLA SAINT-SIMONIANA

geral; de outro, há os estudos políticos e sociais, que denominaríamos hoje de sociológicos.

A primeira classe compreende:

1°) *Lettres d'un habitant de Genève à ses contemporains*. Brochura in-12 de 103 páginas, escrita em 1803. Saint-Simon desenvolve aí – a ideia que é a base de todo o seu sistema – de que, na humanidade atual, é a ciência que deve exercer a hegemonia e, ao mesmo tempo, indica alguns meios quiméricos, por sua vez, para assegurar essa preponderância;

2°) *Introduction aux travaux scientifiques du XIXe siècle*. Um volume, 178 páginas, 1807. Reimpresso em dois volumes, em 1808.

3°) *Lettres au Bureau des longitudes*, que apareceu em 1808. É a continuação da *Introduction* e nelas são desenvolvidas as mesmas ideias. Saint-Simon estabelece a necessidade de uma filosofia enciclopédica que abrace todas as ciências e esboça a concepção que faz da mesma. Na quinta carta, o presidente Bouvard o convida a interromper suas comunicações, e isso em uma carta bastante curiosa no tom e na ortografia, e que foi preservada. (I, 75). Esse esboço da nova enciclopédia foi retomado em diversos cadernos – bem curtos – alguns dos quais chegaram até nós;

4°) *Mémoire sur la science de l'homme et Travail sur la gravitation universelle*[28], 1813. Esse trabalho, do qual nos ocuparemos bastante, teve a cópia enviada a diversos personagens, acompanhada por uma carta pedindo ajuda. "Há quinze dias", escrevia ali Saint-Simon, "como pão e bebo água, trabalho sem luz e vendi até as minhas roupas para arcar com os gastos da cópia do meu trabalho. É a paixão pela ciência e pelo bem-estar público, é o desejo de encontrar um meio para terminar, de maneira suave, a espantosa crise na qual toda a sociedade europeia se encontra engajada, que me fizeram cair nesse estado de miséria. Assim, é – sem me ruborizar – que posso confessar a minha miséria, e pedir os recursos necessários para colocar-me em condições de continuar minha obra."

Eis agora as principais obras que interessam mais especificamente à Sociologia:

1°) *Réorganisation de la société européenne*, 1814, pelo conde de Saint--Simon e seu aluno Augustin Thierry;

---

28. *Memórias sobre a ciência do homem e Trabalho sobre a gravitação universal.*

2°) *L'industrie.* A primeira parte, intitulada *La Politique*, foi assinada por Augustin Thierry, filho adotivo de Saint-Simon, e somente o segundo e o nono volumes eram do próprio Saint-Simon (1816-1817), com exceção dos três primeiros cadernos do último, que são de Auguste Comte. Mas apareceram com o nome de Saint-Simon.

3°) *L'Organisateur* (1819);
4°) *Du système industriel* (1821-1822);
5°) *Catéchisme des industriels* (1822-1824);
6°) *Nouveau christianisme* (1824).

Essas seis obras contêm o sistema organizacional de Saint-Simon. É preciso somar a elas dois outros trabalhos que só foram publicados após a sua morte e cuja data ignoramos:

De l'organisation sociale (fragmento de uma obra inédita);
De la physiologie appliquée aux améliorations sociales (à qual ele denomina ao longo do livro "*De la physiologie sociale*").

Durante muito tempo, essas obras permaneceram dispersas da mesma forma que haviam originalmente aparecido. Em 1832, Olinde Rodrigues reuniu as mais importantes, em um volume. Em 1859-1861, outra edição, mais completa, de *Œuvres choisies*, foi publicada por Lemonnier, em três volumes. Enfim, entre 1865 e 1878, os membros do conselho instituído por Enfantin, para a execução das suas últimas vontades, publicaram *Les Œuvres de Saint-Simon et d'Enfantin*, 48 volumes in-8°. Os volumes consagrados a Saint-Simon foram numerados à parte e é de acordo com essa numeração especial que serão feitas as citações.

CAPÍTULO VI

A doutrina de Saint-Simon
Fundação do Positivismo

Sexta lição (*continuação*)

A enumeração (das obras de Saint-Simon) a que acabamos de proceder parece deixar transparecer à primeira vista que o pensamento de Saint--Simon perseguia sucessivamente um duplo objetivo: acabamos de ver, na realidade, que ele se ocupou inicialmente de questões mais especificamente filosóficas e, em seguida, somente de problemas sociais. Houve realmente uma dualidade nas suas preocupações? Não terá ele chegado à sociologia e à política científica através da impotência para satisfazer suas aspirações primitivas à ciência total? Seu gosto pelas questões sociais não será, como se sustentou (Michel, *Idée de l'Etat*, 173), apenas o resultado de uma renúncia às especulações mais altas, e o sociólogo não será, para Saint-Simon, apenas um filósofo fracassado e desencorajado por seu fracasso? Desconhecer a esse ponto a unidade do sistema equivale a não perceber qual é o seu princípio fundamental. Ao contrário, sua sociologia e sua filosofia estão tão intimamente unidas que, bem longe de serem exteriores uma à outra, é difícil e quase impossível separá-las e expor uma independentemente da outra.

Na realidade, a ideia da qual Saint-Simon parte e que domina toda a sua doutrina é a de que um sistema social nada mais é do que a aplicação de um sistema de ideias. "Os sistemas de religião, de política geral, de moral e de instrução pública não são", escreve, "mais do que aplicações do sistema de ideias ou, se preferirmos, o sistema de pensamento considerado sob diferentes faces." (*Mémoire sur la science de l'homme*, XI, 18).[29] Sem dúvida,

---

29. Os povos se organizam e devem se organizar, diferentemente, de acordo com a maneira como concebem o universo e a si mesmos, conforme, por exemplo, a realidade, a criação de

100 | LIVRO II – SAINT-SIMON – SUA DOUTRINA – A ESCOLA SAINT-SIMONIANA

disse em outro lugar (Ibid., p. 191), as revoluções políticas se alternaram com as revoluções científicas, que foram sucessivamente causa e efeito umas das outras e cita exemplos dessa alternância. Por exemplo, de acordo com ele, foi a constituição das ciências positivas no século XVI que determinou a constituição do protestantismo e, por conseguinte, as transformações políticas na Europa setentrional e mesmo em toda a Europa; pois a ligação política, que unia, até então, os diversos povos europeus em si, enfraqueceu-se, a partir daquele momento. Mas essas mudanças na organização política suscitaram, por sua vez, mudanças na ciência; é a conclusão realizada por Galileu do sistema de Copérnico e a aparição do método baconiano. Entretanto, ainda que esses dois fatores se engendrem mutuamente, isso não significa que tenha colocado os dois sobre o mesmo plano. É a ideia, ou seja, a ciência, que é, de acordo com ele, o motor inicial do progresso. Embora, em cada fase da história, sofra as consequências dos movimentos que ela mesma previamente determinou, ela é, no entanto, a causa motriz por excelência. Pois ela é a fonte positiva de toda a vida social. Uma sociedade é, antes de tudo, uma comunidade de ideias. "A semelhança das ideias morais positivas", escreveu, em uma carta a Chateaubriand, "é o único laço que pode unir os homens em sociedade." (II, 218). As instituições nada mais são do que ideias em atos (*Industrie*, III, 39). A religião foi, até o presente, a alma das sociedades; ora, "todas as religiões foram fundadas sobre o sistema científico" do seu tempo. (*Science de l'homme*, XI, 30). Elas são a ciência dos povos sem ciência ou das coisas de que a ciência não é feita.

Isso posto, percebemos facilmente a ligação que une a Filosofia e a Sociologia de Saint-Simon: é que a primeira possui um objetivo social e prático, e por essa razão e não por satisfazer uma curiosidade meramente especulativa que Saint-Simon aborda seus altos problemas. Eis como ele foi conduzido até lá. "O único objeto que um pensador pode se propor", no momento em que escreve, parece-lhe ser o de procurar qual é o sistema moral, religioso, político, em uma palavra, "qual é o sistema de ideias, sob qualquer face que o vejamos", que o estado em que se encontram as sociedades europeias no início do século XIX demanda. Mas esse sistema de ideias nada mais é do que a consequência do sistema da ciência, é sua expressão abreviada e condensada, desde que demos à palavra o seu sentido amplo, ou seja, que entendamos por ciência todo o conjunto de conhecimentos

---

uma livre vontade e o produto de uma lei necessária, segundo admitam um ou vários deuses. A forma de cada sociedade depende, portanto, do estado de seus conhecimentos. [Adição de E. D.]

CAPÍTULO VI – A DOUTRINA DE SAINT-SIMON – FUNDAÇÃO DO POSITIVISMO | 101

considerados como adquiridos na época correspondente. O que liga os homens na sociedade é uma maneira comum de pensar, ou seja, de representar as coisas. Mas, a cada momento da História, a maneira de representar o mundo varia de acordo com o estado a que chegaram os conhecimentos científicos, ou de acordo com os conhecimentos que são tidos como tais, em outras palavras, considerados como certos. É, portanto, sistematizando esses últimos que podemos chegar a definir o que deve ser, em uma dada época, a consciência de um determinado povo. Mas, por outro lado, essa sistematização é objeto próprio da Filosofia. Pois a Filosofia, tal como a concebe Saint-Simon, não possui como objeto uma realidade desconhecida que escapa aos outros campos do saber humano, porque esses, por definição, abarcam tudo o que pode ser alcançado pelo pensamento. Somente, cada um deles estuda uma parte do mundo e apenas uma; um aspecto das coisas e apenas um. Existe, portanto, lugar para um sistema especial que ligue, uns aos outros, todos os conhecimentos fragmentários e espaciais, unificando-os. É a Filosofia. Esse esforço supremo da reflexão não tem por finalidade superar o real, graças às maneiras e aos métodos desconhecidos das ciências propriamente ditas, mas simplesmente organizar as conclusões úteis a que chegaram e reconduzi-las à unidade. Constitui a sua síntese e, como a síntese é da mesma natureza que os elementos da Filosofia, ela própria é uma ciência. "As ciências particulares são os elementos da ciência geral à qual damos o nome de Filosofia; assim, a Filosofia teve e terá sempre o mesmo caráter que as ciências particulares." (*Mémoire introductif*, I, 128). "Ela é", diz em outra parte, "o resumo dos conhecimentos adquiridos", o grande livro da ciência (*Correspondance avec Redern*, I, 109). É, portanto, uma enciclopédia. Saint-Simon retoma assim a ideia dos filósofos do século XVIII. Apenas entre a enciclopédia que ele reclama com veemência e a da época pré-revolucionária, existe toda uma distância que separa esses dois momentos da história. Esta última, como toda obra do século XVIII, foi, sobretudo, crítica; demonstrou que o sistema de ideias que esteve em vigor até então, não estava mais em harmonia com as descobertas da ciência, mas não disse como ele deveria ser. Foi uma máquina de combate, feita totalmente para destruir e não para reconstruir, enquanto, atualmente, é a uma reconstrução que devemos proceder. "Os autores da *Enciclopédia Francesa* demonstraram que a ideia geral admitida não poderia servir para o progresso das ciências [...] mas não indicaram a ideia a ser adotada para substituir aquela de que eles desacreditaram." "A Filosofia do século XVIII foi crítica e revolucionária, a do século XIX será inventiva e organizadora." (Ibid., I, 92). Eis como ele a concebe: "Uma boa enciclopédia será uma

102 | LIVRO II – SAINT-SIMON – SUA DOUTRINA – A ESCOLA SAINT-SIMONIANA

coleção completa dos conhecimentos humanos organizados em uma ordem tal que o leitor desceria pelos degraus igualmente espaçados, desde a concepção científica mais geral até as ideias mais particulares" (I, 148). Essa seria, portanto, a ciência perfeita. E, da mesma forma, impossível de ser realizada na sua perfeição. Pois, para isso, seria necessário que todas as ciências particulares estivessem completamente desenvolvidas, e é da natureza delas desenvolverem-se interminavelmente. "A tendência do espírito humano será, portanto, sempre de compor uma enciclopédia, enquanto sua perspectiva é a de trabalhar indefinidamente na acumulação que a construção do edifício científico exige e na melhora desse plano, sem nunca completar a provisão desses materiais" (*Mémoire sur l'Encyclopédie*, I, 148). Trata-se de uma obra sempre necessária, mas refazê-la não é menos necessário, uma vez que as ciências particulares que ela sistematiza estão perpetuamente em vias de evolução.

Assim concebida, a Filosofia possui, portanto, uma função eminentemente social. Em épocas de calmaria e de maturidade, enquanto a sociedade está em perfeito equilíbrio, ela é a guardiã da consciência social, pelo próprio fato de ser a sua parte culminante e de ser como que sua pedra angular. Em tempos de turbulência e de crise, quando um novo sistema de crenças comuns tende a ser elaborado, é a ela que compete presidir essa elaboração. Não existe, portanto, distância entre os dois tipos de pesquisa a que Saint-Simon se dedicou sucessivamente, posto que uma e outra possuem o mesmo objeto, uma vez que seus trabalhos filosóficos possuem um fim social, da mesma forma que seus trabalhos sociológicos. A filosofia aparece dessa forma como um ramo da sociologia. "Todo regime social é uma aplicação de um sistema filosófico e, consequentemente, é impossível instituir um regime novo sem ter estabelecido anteriormente um novo sistema filosófico, ao qual ele deve corresponder." (*Industrie*, III, 23). Sempre tendo em vista a mesma finalidade. Porém, ainda tem mais, a unidade de seu pensamento é ainda muito mais completa. "O filósofo se coloca no topo do seu pensamento, dali considera o que o mundo foi e o que deve se tornar. Ele não é apenas um observador, é ator; é ator do primeiro gênero no mundo moral, pois são suas opiniões sobre o que o mundo deve se tornar que regulam a sociedade humana." (*Science de l'homme*, XI, 254). De acordo com o que precede, vemos que é sob a influência das mesmas preocupações práticas que ele fez sucessivamente Filosofia e Sociologia, mas não percebemos ainda por que ele passou de uma para a outra. Por que a Filosofia não foi suficiente para a obra social que ele contemplava? De onde vem que não pôde deduzir dela as conclusões práticas a que ele tendia e acreditou ser

CAPÍTULO VI – A DOUTRINA DE SAINT-SIMON – FUNDAÇÃO DO POSITIVISMO | 103

necessário, além disso, trabalhar nos diferentes escritos que preencheram a segunda parte da sua carreira, para assentar as bases de uma ciência especial das sociedades? Em outros termos, se a unidade do objetivo que ele perseguiu vem do que acabamos de dizer, não acontece o mesmo com a unidade dos meios de que ele se serviu? Ele parece ter empregado sucessivamente os dois tipos, sem que vejamos logo o porquê. Ainda que os caminhos que ele tenha seguido convirjam para um mesmo ponto, parece ter seguido dois que eram diferentes e não ter experimentado um, antes de ter abandonado o outro. Mas veremos que essa dualidade é apenas aparente. A Filosofia por si só o levou à Sociologia, como ao seu complemento natural; a via em que nós o vemos se engajar em segundo lugar não era mais do que a sequência e o prolongamento da primeira.

De fato, para que essa sistematização que constitui a Filosofia seja possível, é preciso que ela compreenda apenas elementos da mesma natureza. Não se podem coordenar juntas, de uma maneira coerente, concepções teológicas desprovidas de toda a base positiva e de conhecimentos científicos, não tendo outra autoridade que aquela de uma pretensa revelação, ou seja, estabelecidos por meio da observação e à luz do livre exame. Não se poderia fazer um todo único e orgânico com ideias tão heterogêneas e proveniências tão díspares quanto as conjecturas dos sacerdotes, de uma parte, e proposições demonstradas por sábios, de outra. Porém, todas as ciências inferiores, que tratam dos corpos brutos, a Astronomia, a Física e a Química adotaram definitivamente um estado positivo. Sobre isso, não há mais retorno. Consequentemente, a enciclopédia filosófica não é possível sem contradições, a não ser que as outras ciências e a ciência do homem adquiram esse mesmo caráter, se elas também se tornarem positivas. Mas elas ainda não chegaram a esse estado[30]; ao menos, é apenas parcial ou fragmentariamente que certos sábios as trataram segundo os mesmos procedimentos que as outras ciências. Por conseguinte, se a Filosofia compreende apenas os resultados adquiridos atuais, ela não pode ser mais que um sistema ambíguo e sem unidade. Sem dúvida, depois do Renascimento, nos contentamos com essa ambiguidade, vivemos essa antinomia. Mas é justamente esse equívoco, como veremos, que causa a situação crítica das sociedades modernas que – ao impedi-la de se colocar de acordo com elas mesmas, de se desembaraçar das contradições que os atormentam – faz obstáculo a toda organização harmônica. É preciso sair desse impasse. Não há, portanto, escolha

---

30. "A filosofia não merece ainda ser classificada entre as ciências positivas." (*Ciências do homem*, XI, 27.)

104 | LIVRO II – SAINT-SIMON – SUA DOUTRINA – A ESCOLA SAINT-SIMONIANA

senão entre as duas opções a seguir. Ou resignar-se a fazer uma filosofia que abarque apenas as ciências dos corpos brutos, ou, se quisermos expandir a base das comparações e generalizações, é preciso constituir previamente essa ciência que falta. Ou resignar-se à lacuna ou preenchê-la. Não há outra saída possível. Mas a primeira dessas soluções não é uma saída. Pois, uma enciclopédia assim mutilada não poderia desempenhar o papel social que é sua única razão de ser. Não serviria para nada. De fato, não é reunindo os conhecimentos que temos sobre as coisas que nós poderemos um dia chegar a descobrir os meios para manter os homens unidos em sociedade. Não é sistematizando os resultados mais gerais da Física, da Química ou da Astronomia que poderemos chegar a constituir para um povo, um sistema de ideias que possa servir de fundamento para suas crenças morais, religiosas e políticas. E não é que essas ciências não sejam fatores desse sistema; mas, por si mesmas, não são suficientes para fundá-lo. Na realidade, ocupam o primeiro lugar há muito tempo e exercem um tipo de preponderância, precisamente porque são as mais avançadas, mas sua impotência moral torna-se muito manifesta apenas por meio do estado de crise que as sociedades europeias atravessam. "Químicos, astrônomos e físicos", exclama Saint-Simon, "quais são os seus diretos de ocupar, neste momento, o posto de vanguarda científica? A espécie humana encontra-se engajada em uma das crises mais fortes que viveu desde a origem da sua existência; que esforços vocês fizeram para acabar com essa crise? [...] Toda Europa se degola (1813), o que vocês fazem para parar com essa carnificina? Nada. O que eu digo é que vocês que aperfeiçoaram os meios de destruição; são vocês que dirigem o emprego desses meios; em todos os exércitos, vemos vocês encabeçando a artilharia, são vocês que dirigem a execução dos ataques! O que vocês fazem, uma vez mais, para estabelecer a paz? Nada. O que podem fazer? Nada. O conhecimento do homem é o único que pode levar à descoberta dos meios para conciliar os interesses dos povos e vocês não estudam de forma alguma essa ciência [...]. Deixem (portanto) a direção do laboratório científico. Nos deixem reaquecer o seu coração que está gelado sob a sua presidência e dirigir toda sua atenção novamente na direção dos trabalhos que podem restituir a paz geral, reorganizando a sociedade." (*Science de l'homme*, XI, 40). É preciso, portanto, ir adiante e colocar as mãos à obra, caso desejemos oferecer à sociedade o serviço de que ela tanto necessita. O que não foi feito precisa sê-lo. É preciso estender o espírito positivo que inspira a Astronomia e as ciências físico-químicas ao homem e às sociedades, constituindo, assim, novamente e sob novas bases, o sistema de conhecimentos humanos relativos a esse duplo objeto, para colocá-los em harmonia com o que previamente conhecemos das coisas desorganizadas, e para tornar possível a unificação do mundo. Eis por que, para atingir o objetivo que a Filosofia persegue, não basta edificar o sistema das ciências como elas existem; é preciso começar por completá-lo, fundando uma nova Ciência, a ciência do homem e das sociedades. Saint-Simon não utiliza a palavra sociologia que Comte forjará mais tarde; ele emprega o termo "fisiologia social", que é bem equivalente.

Podemos agora nos dar conta da unidade da doutrina. Percebemos desde já as diferentes partes de que ela é feita e o que as liga umas às outras. Para liberar o corpo de ideias sobre as quais deve repousar o edifício social, é preciso sistematizar as ciências, ou seja, fazer delas uma enciclopédia filosófica. Mas essa enciclopédia não pode preencher o papel social que lhe é, dessa forma, atribuído, a não ser que uma nova ciência seja acrescentada à série de ciências instituídas. Trata-se da fisiologia social. Eis como, para se aproximar do único objetivo que teve em vista, Saint Simon foi conduzido a sair das considerações puramente filosóficas para abordar questões especialmente sociológicas. Assim, o exame das segundas é indispensável ao avanço das primeiras. É a condição necessária para que se possam produzir algum resultado. No entanto, ele não passou de umas às outras sem a intenção de retornar. Ao contrário, uma vez que a ciência das sociedades estivesse constituída, teria ocasião de retornar à obra enciclopédica, suspensa por um instante. Porque então, ela poderá fazer a síntese de todos os conhecimentos humanos e abraçar o universo, permanecendo homogênea; na realidade, compreendendo apenas ciências positivas, ela própria será positiva tanto no seu conjunto, como nas suas partes. "Está claro", escreveu Saint-Simon, "que as ciências particulares são os elementos da ciência geral; que a ciência geral, ou seja, a Filosofia teve de ser conjectural tanto quanto as ciências particulares o foram [...] e que ela será totalmente positiva quando todas as ciências particulares o forem. O que acontecerá na época em que a fisiologia e a psicologia social (que compreende a fisiologia social) forem baseadas em fatos observados e discutidos; pois não existe fenômeno que não seja astronômico, químico, fisiológico ou psicológico." (*Science de l'homme*, XI, 18-9). E é com essa Filosofia positiva que será possível, enfim, constituir esse sistema de ideias ao qual Saint-Simon aspira antes de tudo, que ele jamais perde de vista; sistema cuja forma eminente é, em suma, a religião. Essas voltas e desvios são apenas aparentes; eles não o afastam nunca do seu objetivo primitivo; ao contrário, finalmente, eles o conduzem a seu

106 | LIVRO II – SAINT-SIMON – SUA DOUTRINA – A ESCOLA SAINT-SIMONIANA

ponto de partida. Aqui está o que explica como Saint-Simon, após ter começado com escritos filosóficos, continuou por meio de pesquisas políticas e, enfim, coroou sua carreira intelectual com a obra *Nouveau christianisme*.

*****

Agora que assinalamos qual é o lugar dos estudos sociais na obra de Saint-Simon, vejamos mais de perto como ele os concebe. O que precede já permite determinar um dos seus caracteres essenciais. Do que acabamos de dizer, depreende-se, na realidade, que esses estudos deverão ser feitos dentro do mesmo espírito e de acordo com os mesmos princípios que serviram para edificar a ciência dos corpos brutos. As ciências humanas devem ser construídas à imitação das outras ciências naturais, pois o homem é apenas uma parte da natureza. Não há dois mundos no mundo, um que depende da observação científica, e outro que escapa a ela. Mas o universo é um, e é o mesmo método que deve servir para explorá-lo em todas as suas partes. O homem e o universo, segundo Saint-Simon, são como um mesmo mecanismo em duas escalas, o primeiro é uma redução do segundo, mas não difere dele na natureza. O homem é, em relação ao universo, como "um relógio de pulso, dentro de outro grande relógio do qual ele recebe o movimento" (*Introduction aux travaux scientifiques du XIXe siècle. Œuvres choisies*, I, III). Uma vez que foi demonstrado que o método positivo é o único que permite conhecer o mundo inorgânico, concluiu-se que ele é também o único que convém ao mundo humano. A tendência do espírito humano, desde o século XV, "é de basear todos os seus raciocínios em fatos observados e discutidos; ele já reorganizou sobre essa base positiva a Astronomia, a Física e a Química [...]. Daí, concluímos necessariamente que, a fisiologia, da qual a ciência do homem faz parte, será tratada pelo método adotado pelas outras ciências físicas" (*Science de l'homme*, XI, 17). E porque essa é a condição necessária para que o pensador possa chegar a resultados práticos, não há nada de mais urgente do que dar a essa ciência esse caráter. "No momento atual, o melhor emprego que podemos fazer das forças da nossa inteligência é imprimir à ciência do homem o caráter positivo." (*Science de L'homme*, XI, 187). Ela deve estar tão completamente integrada ao ciclo de ciências naturais que Saint-Simon não a considera mais do que um ramo da Fisiologia. "O domínio da fisiologia considerada de uma maneira geral se compõe de todos os fatos que se passam entre os seres organizados." (*Physiologie sociale*, X, 175). É verdade que, assim concebida, parece não ter outro objeto além do indivíduo. Mas

CAPÍTULO VI – A DOUTRINA DE SAINT-SIMON – FUNDAÇÃO DO POSITIVISMO | 107

não é assim. A Fisiologia compreende duas partes, uma que trata dos órgãos individuais, outra dos órgãos sociais. "A Fisiologia não é somente essa ciência que, dirigindo-se a um de nossos órgãos, experimenta com cada um deles [...] para melhor determinar as esferas de atividade [...]. Ela não consiste apenas nesse conhecimento comparativo, que extrai do conhecimento das plantas e dos animais noções preciosas sobre as funções das partes que nós possuímos em comum com as diferentes classes de seres organizados." Mas, além dessa fisiologia especial, existe outra, a fisiologia geral que, "rica de todos os fatos que foram descobertos por trabalhos preciosos, empreendidos nessas diferentes direções, entrega-se a considerações de uma ordem mais elevada, plana acima dos indivíduos que não são para ela mais do que órgãos do corpo social, do qual deve estudar as funções orgânicas, como a fisiologia especial estuda a dos indivíduos." (*Physiologie sociale*, X, 176-7). Essa fisiologia geral possui um objeto especial, tão distinto da fisiologia das individualidades humanas quanto essa é da fisiologia dos animais e das plantas. Trata-se do ser social que não é um simples agregado de indivíduos, uma simples soma, mas uma realidade *sui generis* que possui uma existência distinta e uma natureza que lhe é própria. "A sociedade não é, de forma alguma, uma simples aglomeração de seres vivos cujas ações não têm outra causa além da arbitrariedade das vontades individuais, nem outro resultado além dos acidentes efêmeros ou sem importância; a sociedade, ao contrário, é, sobretudo, uma verdadeira máquina organizada em que todas as partes contribuem, de uma maneira diferente, para a marcha do conjunto, a reunião dos homens constitui um verdadeiro ser cuja existência é mais ou menos vigorosa ou frágil, de acordo com o que seus órgãos levem a termo, mais ou menos regularmente, as funções que lhes são confiadas" (*Physiologie sociale*, X, 177). É o organismo social. Essa fisiologia geral compreende naturalmente nas suas dependências a moral e a política que, consequentemente, devem, elas também, tornarem-se ciências positivas. Uma vez que a fisiologia avance, diz Saint-Simon, "a política se tornará uma ciência da observação e as questões políticas serão tratadas por aqueles que tiverem estudado a ciência positiva do homem, por meio do mesmo método e da mesma maneira que hoje tratamos aquelas relativas a outros fenômenos." (*Science de l'homme*, XI, 187. Cf. *Œuvres*, II, 189-90; *Science de l'homme*, 17-9, 29 ss.). E, é somente quando a política for tratada dessa forma e quando do, consequentemente, ela puder ser ensinada nas escolas como as outras ciências, que a crise europeia poderá ser resolvida.

Todavia, para estudar esse ser *sui generis*, que é o objeto dessa nova ciência, convém se situar de que ponto de vista. Hoje, em geral, admite-se que

108 | LIVRO II – SAINT-SIMON – SUA DOUTRINA – A ESCOLA SAINT-SIMONIANA

para compreendê-lo da forma mais completa possível, é preciso considerá-lo sucessivamente sob dois aspectos diferentes. Ou consideramos as sociedades humanas em um momento determinado e fixo da sua evolução e então investigamos como, nessa fase, suas diferentes partes, agem e reagem entre si, em poucas palavras, concorrem para a elaboração da vida coletiva. Ou, em lugar de fixá-las dessa forma e imobilizá-las artificialmente em um momento do tempo, seguimo-las através das etapas sucessivas que elas percorrem no curso da história, e então, propomo-nos a descobrir como cada etapa contribuiu para determinar a que segue. No primeiro caso, dedicamo-nos, consequentemente a determinar qual é a lei da organização social, em tal fase do desenvolvimento histórico, no outro, nós nos perguntamos, de acordo com que lei essas diferentes fases se sucedem, qual é sua ordem de sucessão, e o que é que explica essa ordem, ou seja, qual é a lei do progresso. Porém, aos olhos de Saint-Simon, o segundo ponto de vista é muito mais importante; portanto, é o único no qual ele se situa. É que, de fato, se, a cada momento da sua existência, a organização social presta contas dos fenômenos que se observam, no mesmo momento, na sociedade considerada, ela não se explica a si mesma. Para compreendê-la é preciso retroceder um pouco mais, é preciso associá-la aos estados anteriores da civilização que a suscitaram e que são os únicos que podem prestar contas dela; logo, para explicar tudo isso, é preciso retroceder mais ainda e, consequentemente, a verdadeira explicação consiste em, voltando cada vez mais longe ao passado, religar as formas sucessivas da civilização umas com as outras e mostrar como elas foram engendradas. O fato dominante na fisiologia social é o fato do progresso. Nisso Saint-Simon se aproxima de Condorcet, a quem ele saúda como seu mestre e seu precursor, ainda que ele tenha uma concepção muito diferente do progresso humano.

De fato, segundo ele, a lei do progresso nos domina com uma absoluta necessidade. Nós a sofremos, não a fazemos. Somos seus instrumentos, não seus autores. "A lei superior do progresso do espírito humano arrasta e domina tudo; os homens são apenas instrumentos para ela. Ainda que essa força derive de nós, não está mais em nosso poder nos privarmos da sua influência ou dominar sua ação, como também não está mudar, a nosso bel-prazer, o impulso primitivo que faz nosso planeta circular em torno do sol. Tudo o que podemos é obedecer a essa lei, dando-nos conta do caminho que ela nos prescreve, em lugar de sermos cegamente empurrados por ela; e para dizê-lo de passagem, é precisamente nisso que consistirá o grande aperfeiçoamento filosófico reservado para a época atual." (*Organisateur*, IV, 119). Segundo uma visão superficial e ainda muito generalizada

CAPÍTULO VI – A DOUTRINA DE SAINT-SIMON – FUNDAÇÃO DO POSITIVISMO | 109

das coisas históricas, parece que são os grandes homens que foram os autores e os guias do progresso, que o dirigiram de acordo com um plano pré-concebido para o objetivo que haviam assinalado. Mas, na realidade, eles próprios são produtos desse movimento; não fazem nada além de resumir tudo o que a marcha espontânea do espírito humano preparou antes e sem eles. A obra do progresso, no que ela tem de essencial, é impessoal e anônima, porque é necessária (IV, 178). Mas, precisamente porque, em cada época da humanidade o progresso não poderia ser diferente do que foi, o progresso é sempre, ao menos no seu conjunto, tudo o que deve e pode ser. "A natureza inspirou nos homens, em cada época, a forma de governo mais conveniente [...]. O curso natural das coisas originou as instituições necessárias em cada idade do corpo social." (*Physiologie sociale*, X, 190). Seu determinismo provoca um otimismo que, por outro lado, encontra-se na própria base do método histórico. Pois, o historiador é obrigado a postular que as instituições humanas estiveram, ao menos em geral, em harmonia com o estado dos povos que as estabeleceram. É esse princípio que Saint-Simon reprova Condorcet, sobretudo, de haver ignorado. Sem considerar a extrema generalidade do sistema religioso, Condorcet apresentou a religião como um obstáculo à felicidade da humanidade "ideia essencialmente falsa", diz Saint-Simon. A religião teve o seu papel, e essencial, no desenvolvimento do espírito humano (*Corresp. avec Redern*, I, 115).[31] Da mesma forma, Condorcet e, com ele, uma multidão de historiadores não viram, na Idade Média, mais do que uma época de caos e confusão, o produto deplorável de uma espécie de aberração do espírito humano. Pela mesma razão, Saint-Simon protesta contra tal concepção. É da Idade Média que os tempos modernos surgiram; ela foi, portanto, o antecedente necessário e constitui, consequentemente, uma etapa essencial, indispensável de nossa evolução social.

Desde então, vemos como se coloca o problema da fisiologia social e segundo qual método ele deve ser resolvido. Porque a marcha das sociedades humanas está submetida a uma lei necessária, o primeiro objeto da ciência é o de encontrar essa lei. Uma vez descoberta, marcará por si mesma o sentido no qual essa marcha deve prosseguir. Determinar a ordem em que a humanidade se desenvolveu no passado, para concluir o que esse desenvolvimento deve se tornar, aqui está a questão urgente por excelência, que se impõe ao pensador. Com essa questão, a política poderá ser tratada cientificamente. "O futuro se compõe dos últimos termos de uma série

---

31. Durkheim acrescenta na margem: "reler toda a discussão de Condorcet". (M.M.)

110 | LIVRO II – SAINT-SIMON – SUA DOUTRINA – A ESCOLA SAINT-SIMONIANA

cujos primeiros termos constituem o passado. Quando os primeiros termos de uma série foram bem estudados, é fácil colocar os termos seguintes: assim, do passado bem observado, é possível deduzir facilmente o futuro." (*Mémoire introductif*, I, 122, e *Mém. sur la Science de l'homme*, XI, 288). O erro dos homens de Estado normalmente consiste em ter os olhos fixos no presente. Eles se expõem assim a erros inevitáveis. Porque, como, se nos limitamos à consideração de um momento tão breve, distinguir "os restos de um passado que se extingue e os germes de um futuro que desponta?" (*Syst. industr.*, V, 69). É somente observando séries muito amplas de fatos e, consequentemente, retrocedendo muito atrás no passado, que poderemos discernir entre os diferentes elementos do presente, aqueles que são cheios de futuro e aqueles não são mais do que momentos de um passado que sobrevive a si mesmo. Pois, como será fácil constatar que os primeiros pertencem a uma série ascendente, os outros, a uma série que retrocede, será relativamente fácil fazer a seleção e orientar o progresso.

A natureza do problema determina o método. Para encontrar a lei do progresso, será preciso organizar séries de fatos as mais amplas possíveis. (*Science de l'homme*, XI, 22). Essa é, diz Saint-Simon, a única parte sólida dos nossos conhecimentos; e, por outro lado, para constituir essas séries, será preciso se dirigir à História. O método da fisiologia social será, portanto, histórico. Somente a história deve ser inteiramente transformada, para que possa servir a esse fim. Até o presente, ela foi apenas um ramo da Literatura. Durante muito tempo, não vimos mais "do que uma biografia do poder, na qual as nações figuram apenas como instrumentos e como vítimas"; e ainda que "os homens esclarecidos sintam que hoje a História não consiste no insípido quadro dos elevados feitos da astúcia e da força, poucos dentre eles – são poucos, inclusive, os historiadores – compreenderam o verdadeiro objeto dos trabalhos históricos". A prova é que "a antiga divisão por dinastias e reinos foi mantida como se tratasse sempre da biografia das famílias soberanas." (*Organisateur*, IV, 71-2). Assim concebida, a História não é mais do que uma sequência de relatos e anedotas, sem aplicações práticas. "A História é, digamos, o breviário dos reis; mas pela maneira como os reis governam, vemos bem que seu breviário não vale nada; a História, na realidade, no seu aspecto científico, ainda não deixou a infância. Esse importante ramo dos nossos conhecimentos, ainda não tem outra existência além da de uma coleção de fatos mais ou menos bem constatados. Esses fatos não estão ligados por meio de nenhuma teoria; não estão, de forma alguma, encadeados na ordem das consequências; assim, a História é ainda um guia insuficiente para os reis tanto quanto para os súditos; ela não dá

CAPÍTULO VI – A DOUTRINA DE SAINT-SIMON – FUNDAÇÃO DO POSITIVISMO | 111

nem a uns nem a outros os meios de concluir o que acontecerá a partir do que aconteceu." (*Science de l'homme*, XI, 246). Para que ela possa se tornar o instrumento por excelência da fisiologia social, é preciso que ela se torne científica. Para tanto, deverá se elevar acima do ponto de vista nacional, que não pode ser mais que descritivo, e considerar não mais tal povo, mas a humanidade em seu progresso. A partir daí, o quadro da história se transformará necessariamente. Não se trata mais de se servir somente dos reis e de dinastias desaparecidas para balizar essa história, e a divisão das épocas se fará de acordo com as diferenças que essa marcha da humanidade apresentar através dos séculos. Corresponde às grandes fases do desenvolvimento humano. Então, o conhecimento dos povos poderá servir verdadeiramente para esclarecer o futuro, enquanto hoje vagamos ao acaso, sem saber sequer o que está diante de nós e o que está atrás. "Caminhando quase que com os olhos fechados em uma estrada que não conhecemos, acreditamo-nos, às vezes, vizinhos do que está muito distante e [...] muito longe do que está muito perto." (*Organisateur,* IV, 74). Mesmo convencidos dessa ideia de que, se desejamos conhecer o presente, nunca será muito mergulhar no passado. Saint-Simon chega a ampliar a série de fatos que servem de base às suas inferências, além da história humana. Introduz, nas suas comparações, a história da animalidade, a qual ele anexa à precedente sem solução de continuidade. Partindo dos animais, se esforça para encontrar a lei que domina a evolução mental e a marcha da civilização; e eis como, para ele, a fisiologia social, como a fisiologia, não é mais que um ramo da psicologia propriamente dita. (Ver *Science de l'homme*, XI, 188).

No ponto em que chegamos, embora não tenhamos exposto ainda a doutrina de Saint-Simon, não podemos deixar de sentir a importância e a grandiosidade da concepção fundamental sobre a qual ela repousa. O acontecimento mais impressionante da história filosófica do século XIX foi a constituição da Filosofia positiva. Na presença da especialização crescente das ciências e de seu crescente caráter de positividade, poderíamos nos perguntar se a velha aspiração da humanidade à unidade do saber não deveria já ser considerada como uma ilusão, como uma perspectiva decepcionante, à qual é preciso renunciar. Poderíamos temer, consequentemente, que as ciências, e com elas sua unidade, fossem se fragmentando cada vez mais. A Filosofia positiva foi uma reação contra essa tendência, um protesto contra essa renúncia. Ela afirma que a eterna ambição do espírito humano não perdeu toda legitimidade, que o progresso das ciências especiais não é sua negação, mas que, para satisfazê-la, novos meios devem ser empregados. É preciso que a Filosofia, em lugar de procurar ultrapassar as ciências, se dê, como tarefa, organizá-las, e é preciso que ela as organize seguindo o seu próprio método, tornado a si mesma positiva. Dessa forma, uma via totalmente nova se encontrava aberta ao pensamento. É por isso que é possível dizer que, à parte o cartesianismo, não há nada mais importante em toda a história francesa. E, além disso, em mais de um ponto, essas duas filosofias podem ser legitimamente conciliadas uma com a outra, pois todas as duas são inspiradas pela mesma fé racionalista. Ora, acabamos de ver que a ideia, a palavra e mesmo o esboço da Filosofia positiva encontram-se inteiramente em Saint-Simon. Ele foi o primeiro a conceber que entre as generalidades formais da Filosofia metafísica e a especialidade estreita das ciências particulares havia lugar para um novo projeto, cujo plano ele forneceu e que ele mesmo experimentou. É, portanto, a ele que corresponde, para sermos justos, o mérito que normalmente se atribui a Comte.

E isso não é tudo. Uma das grandes novidades que a Filosofia positiva trouxe consigo é a Sociologia positiva, a qual é, como se diz, a integração da ciência social no círculo das ciências naturais. A esse respeito, pode-se dizer sobre o positivismo que ele enriqueceu a inteligência humana, que abriu para ela novos horizontes. Acrescentar uma ciência à lista das ciências é sempre uma operação muito trabalhosa e mais produtiva que a anexação de um continente novo aos continentes antigos; mas ela é ao mesmo tempo muito mais difícil e mais fecunda quando a ciência que se pretende instituir tem o homem como objeto. Sempre foi preciso quase violentar o espírito humano, e mesmo vencer as mais vivas resistências, para conduzi-lo a reconhecer que, para poder agir sobre as coisas, é preciso conhecê-las, para poder dominá-las, é preciso primeiramente seguir sua escola. Mas as resistências foram obstinadas, sobretudo, quando o que se tratava de submeter à ciência éramos nós mesmos, em razão da nossa tendência de nos situarmos à margem das coisas, de reclamar um lugar à parte no universo. Saint--Simon foi o primeiro que se libertou categoricamente desses preconceitos. Ainda que ele tenha tido precursores, nunca, antes dele, se havia declarado de maneira tão clara, não somente que o homem e as sociedades só podiam ser dirigidos na sua conduta caso começássemos a fazer deles objetos da ciência, mas também, que essa ciência não poderia repousar sobre outros princípios que não fossem as ciências da natureza. E ele não apenas traçou o plano dessa nova ciência, mas tentou realizá-la em parte. Vemos tudo o que lhe devem Auguste Comte e, em seguida, os pensadores do século XIX. Encontramos em Saint-Simon os embriões, já desenvolvidos, de todas as

CAPÍTULO VI – A DOUTRINA DE SAINT-SIMON – FUNDAÇÃO DO POSITIVISMO | 113

ideias que alimentaram as reflexões do nosso tempo. Acabamos de encontrar nele a Filosofia positiva, a Sociologia positiva; veremos que encontraremos nele, o socialismo.

Sétima lição

Ao expor os conceitos fundamentais de Saint-Simon, pudemos ver tudo o que Comte lhe devia, e tivemos ocasião de constatar essa mesma influência nos detalhes da teoria. Entretanto, com exceção de Littré, os contistas negaram essa filiação. Chegaram mesmo a dizer que era a Comte que Saint-Simon devia tudo o que havia de justo e original na sua doutrina. Mas os fatos protestam contra tal interpretação. É somente por volta de 1817 que se estabeleceram relações regulares entre os dois filósofos. E, não resta dúvida de que as linhas essenciais do saint-simonismo estavam bem desenhadas muito antes dessa data. A *Mémoire sur la science de l'homme* e o trabalho sobre *La gravitation universelle* são de 1813, e neles todos os princípios do sistema estão expressamente formulados. Inclusive é do primeiro desses livros que nos servimos para expor a maneira como Saint-Simon concebia a Filosofia e a ciência das sociedades. Encontramos nele todo o programa da Filosofia positiva e da Sociologia positiva, e as mesmas ideias já estavam mais do que indicadas nos escritos anteriores. É por isso que podemos apenas lamentar o fato de que não somente a Escola de Comte, mas o próprio Comte tenham ignorado tão completamente seu precursor mais imediato e mais importante. Na realidade, não apenas no capítulo do *Cours de philosophie positive* – em que Comte coloca e examina as tentativas feitas antes dele para fundar a física social – Saint-Simon não é sequer mencionado, mas ainda, no *Système de politique positive* (II, Prefácio, p. XV e XVI), ele não demonstrou temor em falar com raiva dessa "funesta ligação da sua primeira juventude com um malabarista depravado". Confessa ter sido seduzido à primeira vista por Saint-Simon, mas acrescenta: "Mais tarde, reconheci que tal ligação não teve outro resultado além de entravar minhas meditações espontâneas, anteriormente guiadas por Condorcet.". Equivale a esquecer que o próprio Saint-Simon se relacionava a Condorcet, estudando e refletindo sobre ele e que, consequentemente, nesse ponto, suas pesquisas, estando orientadas na mesma direção, não podiam ser conflitantes. Além disso, é mais fácil opor Comte a si mesmo. No mesmo momento em que se expressava com tanta severidade sobre seu antigo amigo e a propósito da mesma obra em que se encontra a frase que acabamos de citar, Comte, nas cartas ao seu amigo Valat, reconhece tudo o que houve de benéfico para ele

114 | LIVRO II – SAINT-SIMON – SUA DOUTRINA – A ESCOLA SAINT-SIMONIANA

na sua relação com Saint-Simon. A política positiva, ele diz ali, está livre da influência de Saint-Simon, mas "essa influência contribuiu fortemente para minha educação filosófica". E acrescenta: "Certamente, devo muito, intelectualmente, a Saint-Simon, o que quer dizer que ele contribuiu fortemente para me lançar na direção filosófica que criei claramente para mim hoje e que seguirei sem hesitação toda a minha vida" (Apud Weil, *Hist. du mouv. soc.*, p. 206-7). Em 1818, ele escreve a esse mesmo correspondente: "Aprendi por meio dessa ligação de trabalho e amizade com um dos homens que veem mais longe na política filosófica, aprendi uma grande quantidade de coisas que, em vão eu teria procurado nos livros e meu espírito caminhou mais nos seis meses que durou a nossa ligação, do que teria feito em três anos, se eu estivesse sozinho.". E faz de Saint-Simon, do seu gênio e do seu caráter um retrato entusiástico. Enfim, mesmo essa *Política positiva*[32], que é a primeira grande obra sociológica de Comte e que, mais tarde, foi apresentada por esse último como uma obra original, estranha a qualquer inspiração saint-simoniana, devia aparecer primitivamente, mas com o nome do seu autor, em o *Catéchisme industriel*; e, em vista dessa edição especial, Comte havia preparado uma advertência, que conservamos, na qual declarava-se aluno agradecido de Saint-Simon. Disse: "Tendo meditado por longo tempo sobre as ideias matrizes de Saint-Simon, dediquei-me exclusivamente a sistematizar, a desenvolver e a aperfeiçoar a parte das ideias gerais desse filósofo que se refere à direção científica [...]. Acreditei dever tornar pública a declaração precedente, a fim de que, se meus trabalhos merecerem qualquer aprovação, esta se volte na direção do fundador da escola filosófica a que tenho a honra de pertencer" (*Œuvres*, IX, 9). Comte quis, em seguida, apresentar tal linguagem como "um simples ato de complacência", destinado a modificar as más disposições que Saint-Simon teria tido a seu respeito. Mas, tal consideração dificilmente explica uma confissão tão formal e, de qualquer forma, isso não poderia desculpá-lo.

Além disso, é incontestável que, entre esses dois espíritos, havia diferenças essenciais, muito cedo percebidas por Comte. Nas curiosas cartas anônimas que ele endereça a Saint-Simon, em torno do fim de 1818, logo após a publicação de *L'Industrie*, e que foram publicadas pela *Revue occidentale* (VIII, 344), sublinha de forma muito clara onde se encontra a verdadeira linha de demarcação entre ele e seu mestre. Comte reconhece que a ideia fundamental de *L'Industrie*, ou seja, o positivismo, é "o verdadeiro e único meio de elevar sem abalos a organização social ao nível das luzes". Mas é

---

32. *Système de politique positive*, escrita entre 1851 e 1854. (N.T.)

CAPÍTULO VI – A DOUTRINA DE SAINT-SIMON – FUNDAÇÃO DO POSITIVISMO | 115

preciso, antes de tudo, dedicar-se a deduzir todas as consequências científicas dessa ideia, "era preciso discutir sua influência sobre a teoria da ciência social", constituir a economia política sobre uma base positiva e a moral sobre uma base econômica. Em lugar de seguir esse caminho, Saint-Simon cometeu o erro de passar de imediato para as questões de aplicação. Antes mesmo que sua ideia tivesse sofrido toda elaboração científica de que tinha necessidade, ele quis tirar dela consequências práticas, todo um plano de reorganização social. Ele colocou, dessa forma, a carroça na frente dos bois. Foi muito apressado, desejou que uma ciência construída de forma apressada servisse prematuramente a fins utilitários. E, na realidade, o que diferencia Comte de Saint-Simon é que o primeiro separou, de forma mais clara, a ciência da prática e que, sem se desinteressar por essa última, foi sobretudo à ciência que ele se dedicou, ao menos durante a maior parte de sua carreira. Uma vez dada essa ideia de uma ciência positiva das sociedades, empreendeu realizá-la, não em vista de tal ou tal objetivo imediato, mas de uma forma abstrata e desinteressada. Embora sempre tenha estado convencido de que seus trabalhos teóricos podiam e deviam exercer uma ação sobre o curso dos acontecimentos, compreendeu que era preciso, antes de mais nada, fazer o trabalho de um sábio, colocar os problemas da ciência em toda sua generalidade; embora esperasse encontrar, ao fim de suas pesquisas, soluções aplicáveis às dificuldades do momento presente, estimava que elas deviam resultar da ciência uma vez feita, sem contestar os fins propriamente ditos e sua única razão de ser. Saint-Simon não possui o mesmo grau de paciência científica. Como foi uma crise social determinada que estimulou sua reflexão, todos os seus esforços tendiam exclusivamente a solucioná-la. Todo o seu sistema tem, consequentemente, um objetivo prático e próximo, que ele tem pressa de alcançar. E ele só faz a ciência para se aproximar desse objetivo. Assim, ainda que tenha sido o primeiro a ter uma consciência clara do que fosse a Sociologia, ele não criou propriamente uma sociologia. Não se serviu desse método cujos princípios havia colocado com tanta firmeza para descobrir as leis da evolução social em geral, mas para responder a uma questão muito especial e de um interesse muito atual, que pode ser formulada assim: qual é o sistema social que os Estados europeus reivindicam no dia seguinte à Revolução?

CAPÍTULO VII

A doutrina de Saint-Simon
(*sequência*)
Origens históricas do Sistema Industrial

Sétima lição (*final*)

É a resposta a essa questão que constitui o conteúdo positivo do sistema saint-simoniano, do qual vamos agora nos ocupar. A nova ciência se encontra, dessa forma, reduzida a um só e único problema, cujo interesse é mais prático do que especulativo. Mas, pelo menos, Saint-Simon tenta tratá-lo de acordo com o método científico e positivo, cujas regras fundamentais, nós o vimos formular anteriormente. Não se trata de inventar um sistema novo, inteiramente fabricado, como faziam os utopistas do século XVIII e mesmo de todos os tempos, mas apenas de descobrir, por meio da observação, o que está em processo de elaboração. "Não criamos em absoluto um sistema de organização social, percebemos o novo encadeamento de ideias e interesses que se forma e o mostramos, eis tudo. Um sistema social é um fato, ou ele não é nada." (*Organisateur*, IV, 179-80). Saint-Simon retorna sempre a uma noção da organização social espontânea, sobretudo a propósito do papel dos bancos (*Catéchisme industriel, passim; Système industriel*, V, 46-7). Tudo o que podemos fazer é tomar consciência da direção em que se produz o desenvolvimento, distinguir entre os elementos de que o presente é feito, aqueles que tendem cada vez mais a ser, e a sê-lo mais completamente, dos que cessam cada vez mais de ser; é reconhecer o futuro sob as sobrevivências do passado que o dissimulam. Para isso, é preciso, portanto, investigar, qual foi a marcha das nossas sociedades, desde o momento em que foram definitivamente constituídas. Porém, de acordo com o nosso autor, foi na Idade Média – desde os

118 | LIVRO II – SAINT-SIMON – SUA DOUTRINA – A ESCOLA SAINT-SIMONIANA

séculos XI e XII – que elas foram formadas com todos os seus caracteres essenciais. Consequentemente, essa época é "o ponto de partida mais conveniente" para "essa observação filosófica do passado" que sozinha pode iluminar o futuro. Vejamos o que eram então as sociedades e como elas evoluíram desde então.

O que dá a elas um caráter constitucional, no momento em que, por volta do século X, começam a se libertar do caos produzido pelas invasões bárbaras, era que o sistema social girava inteiramente em torno de dois centros de gravidade, distintos, mas estreitamente unidos. De um lado, havia os chefes do Exército, cuja reunião constituía o que desde então se denominou feudalismo e aos quais toda a sociedade estava estreitamente subordinada para tudo o que fosse relativo ao secular. Todas as propriedades mobiliárias e imobiliárias estavam em suas mãos, e os trabalhadores, individual ou coletivamente, estavam sob sua dependência. Do outro lado, havia o clero, que detinha a direção espiritual da sociedade no seu conjunto e nos seus detalhes. Eram suas doutrinas e suas decisões que serviam de guias para a opinião; mas o que lhe conferia autoridade era, sobretudo, o fato de que era o mestre absoluto da educação geral e particular. Em outras palavras, toda a vida econômica da sociedade dependia dos senhores e toda a vida espiritual, dos padres. Os primeiros regulavam soberanamente as operações produtivas de riquezas, os segundos, as consciências. Todas as funções coletivas encontravam-se assim estreitamente submetidas quer ao poder militar, quer ao poder religioso e era essa dupla submissão que constituía a organização social. É por isso que Saint-Simon qualifica esse sistema de militar e teológico e, às vezes, serve-se também das expressões feudal e papal. Mas, ainda que ele insista na estreita subordinação que essa constituição implica, ele está longe de ver nela um produto da violência que só poderia nascer e perdurar por meio da pressão material. Não cessa de repetir, ao contrário, que esse ordenamento das sociedades europeias se estabeleceu espontaneamente, porque era o único que respondia ao estado da civilização. A guerra então era crônica; ela era o único campo aberto à atividade dos povos, o único meio que tinham de enriquecer e, consequentemente, era natural que apenas aqueles que estavam aptos a dirigi-la fossem investidos do mais alto grau de poder e consideração. Da mesma forma, como o clero era o único corpo que possuía então algumas luzes, era totalmente necessário que ele exercesse um império absoluto sobre os espíritos. Essa dupla supremacia era, portanto, fundada na natureza das coisas; ela correspondia a uma superioridade social dessas duas classes que era real e que ela se limitava a exprimir.

Esse é o ponto de partida. Vejamos agora o que essa organização se tornou na sequência da História.

É uma regra geral que o apogeu de um sistema social coincida com o começo da sua decadência. Foi no século XI que o poder espiritual e o temporal foram definitivamente estabelecidos. Nunca a autoridade do clero e dos senhores foi mais incontestável. Porém, nesse momento, nasciam duas forças sociais novas que, sendo contrárias às precedentes, entrariam em luta com elas e as destruiriam progressivamente, decompondo assim o sistema cujas partes só estavam ligadas por serem submissas à ação todo-poderosa do duplo poder. Trata-se da comuna livre e da ciência positiva. O que constituía a força da organização feudal era a estreita subordinação em que se encontrava a classe industrial, ou a que tomava o seu lugar, em relação à classe militar. A primeira não tinha ação própria, era da segunda que ela recebia todos os movimentos. Dessa maneira, tudo tendia em direção a um mesmo fim. Toda a vida econômica estava subordinada aos interesses da guerra e dos guerreiros. Mas desde o século XII, começa o grande movimento de libertação da comuna. As vilas se desembaraçaram da tutela senhorial pagando um alto preço. Todavia, elas eram compostas na totalidade de artesãos e negociantes. Toda uma parte do aparelho econômico encontrava-se, dessa forma, separada das outras que, até então, imprimiam-lhe uma direção, e transformada em um órgão especial, relativamente independente, que vai a partir desse momento, viver uma vida própria, perseguir seus interesses particulares, fora de toda influência militar. Consequentemente, toda a vida coletiva não gravitava mais exclusivamente em torno desses dois centros que mencionamos.

A indústria liberada poderia realizar livremente sua natureza, propor fins puramente industriais, que não apenas diferiam daqueles sobre os quais o sistema feudal se sustentava, mas, inclusive, eram contrários a eles.

Um agente novo, *sui generis*, foi introduzido no seio do corpo social e como esse agente, por sua natureza e suas origens, era estranho à antiga organização e essa, por sua vez, não podia sequer incomodá-lo, era inevitável que ele desconcertasse o seu funcionamento, apenas com a sua presença, e que não pudesse se desenvolver sem arruiná-la. Ao mesmo tempo, as ciências positivas eram importadas da Europa pelos árabes. As escolas que eles fundaram nas partes da Europa que conquistaram foram logo imitadas em outros lugares. Estabelecimentos semelhantes foram construídos em toda a Europa ocidental, "observatórios, salas de dissecação, gabinetes de História natural foram instituídos na Itália, na França, na Inglaterra e na

120 | LIVRO II – SAINT-SIMON – SUA DOUTRINA – A ESCOLA SAINT-SIMONIANA

Alemanha. A partir do século XII, Bacon cultivava brilhantemente as ciências físicas" (*Organisateur*, IV, 84). Pouco a pouco, em oposição ao clero, forma-se um novo corpo social que, como o precedente, aspirava a dirigir a vida intelectual das sociedades. Foi o corpo dos sábios que, em relação ao corpo sacerdotal, estava exatamente em uma situação idêntica àquela em que as comunas libertadas – ou seja, a corporação dos artesãos e negociantes – encontravam-se face ao feudalismo. Dois embriões de destruição encontravam-se, dessa forma, inoculados no sistema teológico-feudal e, de fato, a partir daquele momento, os dois poderes que eram a pedra angular foram se debilitando cada vez mais.

No entanto, ainda que, desde então, o conflito não tenha cessado nunca, ele permanece por muito tempo sem produzir resultados visíveis. O antigo sistema estava muito solidamente estabelecido e era bastante resistente para que as causas surdas que lhe corroíam pudessem manifestar imediatamente sua ação, por meio de efeitos exteriores e aparentes. Assim, ele nunca gozou de tão grande esplendor. Mas, na realidade, "todo esse esplendor repousava em terreno minado" (*Organisateur*, IV, 89). É por ter ignorado a importância desse trabalho subterrâneo que, com frequência, a Idade Média é apresentada como uma época sombria, em que reinou uma verdadeira noite intelectual e que, por conseguinte, em nada se relaciona com o período das luzes que a sucedeu. Na realidade, é a Idade Média que preparou os tempos modernos. Ela continha os seus embriões. "Se os historiadores tivessem analisado melhor e se aprofundado mais no exame da Idade Média, não teriam nos falado unicamente da parte visível daquele período; teriam constatado a preparação gradual de todos os grandes acontecimentos que se desenvolveriam mais tarde e não teriam apresentado as explosões do século XVI e dos seguintes como sendo bruscas e inesperadas" (Ibid.). Existem dois fatos, sobretudo que, mais do que todos os outros, contribuíram para predeterminar o que iria se seguir; em primeiro lugar, a invenção da imprensa que colocou à disposição das ciências um instrumento de ação de uma potência enorme; em seguida, e sobretudo, a descoberta de Copérnico, retomada em seguida e provada por Galileu e cuja influência sobre o sistema teológico foi tão considerável quanto pouco assinalada. "Na realidade", escreve Saint-Simon, "todo o sistema teológico é fundado sobre a suposição de que a Terra é feita para o homem e que o universo inteiro é feito para a Terra; elimine-se essa suposição e todas as doutrinas religiosas desabam. Entretanto, Galileu tendo nos mostrado que nosso planeta é um dos menores, que ele não se distingue em nada dos outros, que gira no universo em torno do Sol; a hipótese de que toda a natureza é feita inteiramente para o

CAPÍTULO VII – A DOUTRINA DE SAINT-SIMON [SEQ.] – AS ORIGENS HISTÓRICAS [...] | 121

homem choca tão abertamente o bom senso, estando em oposição com os fatos, que não pode evitar parecer absurda, e de ser logo derrubada, levando consigo as crenças para as quais serve de base." (*Organisateur*, IV, 100). E, ainda que não estivesse provado que a religião era irremediavelmente inconciliável com as novas concepções, ao rechaçar assim a humanidade da situação central que até então acreditava ocupar no universo para um ponto qualquer da periferia, era bem certo desorganizar de cabo a rabo o sistema de ideias aceitas. Não há dúvidas de que esse abandono do ponto de vista antropocêntrico, primeiro nas ciências da natureza e, em seguida, com Auguste Comte, nas ciências do homem, foi uma das conquistas mais importantes, e uma das que tiveram o melhor efeito de orientar os espíritos para uma nova direção. Pensar cientificamente não é pensar objetivamente, ou seja, despojar nossas ideias do que elas têm de exclusivamente humano, para conduzi-las a ser uma expressão tão adequada quanto seja possível das coisas? Não é, em outras palavras, fazer com que a inteligência humana se incline diante das coisas? Não poderíamos, portanto, exagerar o alcance de uma descoberta que devia logicamente obrigar a razão a tomar a atitude que a ciência reclamava, diante do mundo.

No entanto, qualquer que tenha sido a importância dessa evolução preliminar, foi somente no século XVI que as forças antagonistas do antigo sistema encontraram energia suficiente para que a luta se fizesse a céu aberto, em certo sentido e de maneira que suas consequências fossem percebidas em todo o mundo. Em primeiro lugar, foi contra o poder teológico que essas forças se dirigiram. Lutero e seus contrarreformistas derrubaram a autoridade pontifical como poder europeu. Ao mesmo tempo, minaram de uma maneira geral, a autoridade teológica "destruindo o princípio da crença cega, substituindo esse princípio pelo direito à análise que, restrito inicialmente a limites bastante estreitos, deveria inevitavelmente aumentar [...] e abraçar enfim um campo indefinido" (*Organisateur*, IV, 89). Essa dupla mudança ocorreu não apenas entre os povos que se converteram ao protestantismo, mas mesmo entre os que permaneceram católicos. Assim, uma vez estabelecido o princípio, ele se estendeu muito além dos países em que havia sido proclamado inicialmente. Consequentemente, o laço que unia as consciências individuais ao poder eclesiástico se afrouxou, sem se romper, e a unidade moral do sistema social foi definitivamente abalada.

Todo o século XVI foi tomado por essa grande revolução intelectual. Somente quando foi encerrada, que a luta – então iniciada contra o poder espiritual – pôde prosseguir contra o poder secular. Ela teve lugar, quase ao mesmo tempo, na França e na Inglaterra. Em um e outro país foi conduzida

122 | LIVRO II – SAINT-SIMON – SUA DOUTRINA – A ESCOLA SAINT-SIMONIANA

pelas comunas, tendo como chefe um dos ramos do poder secular. Entre os ingleses foi o feudalismo que a encabeçou para combater a autoridade real; na França, foi a realeza que se tornou sua aliada contra o poderio feudal. Essa coalizão, entre os dois povos, havia começado a se formar desde a liberação das comunas, mas é somente no século XVII que esses reajustes internos, dos dois lados do canal, mostram-se na luz e que o ataque acontece em plena luz do dia. Aqui, Richelieu e, em seguida, Luís XIV despedaçam o poder senhorial; lá estoura a Revolução de 1688 que limita o poder real tanto quanto era possível fazê-lo, sem derrubar a antiga organização. O resultado final desses eventos foi um enfraquecimento do sistema militar no seu conjunto. Ele foi debilitado, primeiramente, porque perdeu sua unidade em consequência da cisão produzida entre os dois elementos que o formavam, e um sistema não pode se dividir sem se enfraquecer; em seguida, porque um desses elementos saiu da luta esmagado. Assim, mesmo que nessa mesma época ele pareça, ao menos na França, brilhar com uma chama forte, na realidade, essas aparências magníficas dissimulam um estado de miséria interna que os acontecimentos do século seguinte logo tornarão manifesto para todos os olhos.

Até então, na realidade, ele só tinha estado exposto a ataques parciais, dirigidos contra essa ou aquela das partes que o compunham, primeiramente, contra o poder espiritual, em seguida, contra o poder secular. Havia ocorrido uma série de ofensivas cada vez mais violentas, mas sempre limitadas. Mas, no século XVIII, o abalo tornou-se tão profundo, a resistência que lhe foi oposta tão enfraquecida que o ataque se generaliza e se estende ao conjunto da organização. Vemos então o princípio do direito de exame em matéria religiosa estendido aos seus limites mais extremos. As crenças teológicas foram inteiramente derrubadas "com muita imprudência, precipitação e rapidez, sem dúvida, com um esquecimento demasiado absoluto do passado e visões muito confusas e incertas sobre o futuro, mas enfim foram derrubadas e de maneira a não poder mais se levantar" (*Organisateur*, IV, 102). As descobertas que foram feitas então, em todas as ciências, contribuíram, além disso, para esse resultado mais do que todos os escritos de Voltaire e seus colaboradores, qualquer que tenha sido a importância deles (Ibid., 105). Simultaneamente, a crítica se estende do poder espiritual ao secular, ainda mais porque, desde a Reforma, em consequência da união estreita da realeza com o clero, o poder secular encontrava-se baseado nas mesmas doutrinas. Dessa forma, nós o vemos – da Regência a Luís XV, de Luís XV a Luís XVI – caminhar de queda em queda e tender cada vez mais em direção à ruína.

Assim, a história do antigo sistema, a partir do momento em que, por volta do século X, ele chega à maturidade, até a véspera da Revolução, oferece-nos o espetáculo de uma decadência ininterrupta. Mas, ao mesmo tempo em que essa série regressiva se desenvolvia, ocorria outra em sentido inverso, de um alcance não menos considerável. As forças industriais e científicas, uma vez formadas, não manifestaram sua ação exclusivamente com efeitos destrutivos, ou seja, jogando por terra a antiga ordem social; elas suscitaram outra ordem. Não se limitaram a desamarrar as consciências e as vontades individuais dos centros que, ao lhes imprimir uma mesma direção, faziam delas até então um mesmo corpo; mas à medida que adquiriram mais energia, tornaram-se elas próprias focos de ação comum e centros de organização. Em torno delas veio, pouco a pouco, a se agrupar e se ordenar a massa de elementos sociais que os antigos poderes, cada vez mais impotentes em retê-los na sua dependência, deixavam escapar. Sob essas novas influências, um novo sistema social se levanta lentamente, no seio do antigo que se decompunha.

Enquanto as artes e ofícios tinham estado estreitamente subordinados à autoridade teológica e militar, devendo servir a fins que não eram os seus, seu progresso foi detido. Mas desde que começaram a ser liberados, graças à liberação das comunas, alçaram voo e se desenvolveram tão rápido que logo se tornaram uma potência com a qual era preciso contar. Tudo na sociedade, pouco a pouco, vai caindo na sua dependência, porque nada mais foi possível sem eles. A própria força militar lhes foi subordinada, uma vez que a guerra se tornou uma coisa complexa e custosa, uma vez que passou a exigir, não mais apenas a coragem nativa e uma certa disposição de caráter, mas dinheiro, máquinas e armas. Cada vez mais, os aperfeiçoamentos da indústria e as invenções da ciência e, enfim, a riqueza tornaram-se mais necessários ao sucesso das armas que a bravura hereditária. Porém, quando uma classe adquire mais importância e consideração, quando as funções que cumpre se tornam mais essenciais, é inevitável que ela exerça mais influência na direção da sociedade e autoridade política direta. É na verdade o que acontece. Pouco a pouco, vemos os representantes da indústria introduzidos nos conselhos governamentais, exercendo neles um papel cada vez mais preponderante e, consequentemente, contribuindo de forma crescente para determinar a marcha geral da sociedade. É, sobretudo na Inglaterra, que esse fenômeno se manifesta. De modo gradual, as comunas – ou seja, as classes que preenchem apenas as funções econômicas – obtêm inicialmente uma voz consultiva no voto do imposto, em seguida, uma voz deliberativa e, depois, o direito exclusivo de votar o orçamento. Substituem assim o poder

124 | LIVRO II – SAINT-SIMON – SUA DOUTRINA – A ESCOLA SAINT-SIMONIANA

temporal em uma de suas funções mais importantes; e, podendo, a partir de então, agir conforme o seu interesse próprio na direção da sociedade, modificam sua orientação, uma vez que possuíam fins muitos distintos dos das classes militares. Em outras palavras, o sistema social começa a girar em torno de um novo eixo (*Organisateur*). E não é tudo. Uma das prerrogativas essenciais do feudalismo consistia em exercer a justiça. A justiça senhorial era, inclusive, uma das particularidades essenciais da organização feudal. Mas, uma vez que as vilas se libertaram, um dos direitos que elas mais se esforçaram para readquirir foi o de administrar a justiça. "Municipalidades se formaram e se encarregaram dessa assistência. Os membros eram nomeados por cidadãos e por um tempo limitado." É verdade que a importância desses tribunais não tardou a diminuir sob a influência de circunstâncias diversas. Mas os assuntos comerciais e industriais continuaram sendo atribuídos a eles. "Tal foi a origem e a natureza dos tribunais de comércio que, inicialmente, não eram mais do que municipalidades." (*Industrie*, III, 135 ss.). Todavia, a aparição desses tribunais é um acontecimento considerável no processo de organização que estamos traçando. A partir de então, de fato, o corpo industrial teve um corpo judicial próprio, em harmonia com sua natureza especial e que veio completar o sistema em via de formação.

Entretanto, essa organização espontânea não se reduz à constituição de alguns órgãos eminentes como os precedentes, ela se estendeu a todos os detalhes da vida coletiva, a toda massa da população, que ela enquadra de uma maneira totalmente nova. Antes da liberação das comunas, o povo, para tudo o que dizia respeito ao que era secular, tinha como chefes únicos e permanentes os mesmos chefes do Exército. Mas, depois da liberação, soltou-se pouco a pouco e se organizou sob a direção dos chefes das artes e dos ofícios. Contraiu, em relação a esses últimos, hábitos de ordem e subordinação que, sem serem rigorosos, eram suficientes para assegurar a ordem nos trabalhos e a boa harmonia da sociedade. Sobretudo graças à instituição dos exércitos permanentes, esse novo grupo de forças sociais pôde se separar completamente do antigo e se tornar independente. Na realidade, a partir desse momento, o ofício de soldado foi uma função especial, separada do resto da população. Em consequência, "a massa do povo não tem mais nenhuma relação com os chefes militares, ela só era organizada industrialmente. Aquele que se tornava soldado não se considerava mais e não era mais considerado como parte do povo; ele passava pelas posições do novo sistema dentro das do antigo; de comunal ele se tornava feudal, eis tudo. Era ele que se desnaturalizava, e não o sistema do qual fazia parte [...].

CAPÍTULO VII – A DOUTRINA DE SAINT-SIMON [SEQ.] – AS ORIGENS HISTÓRICAS [...] | 125

Se considerarmos o estado do povo hoje, veremos que só está em relação direta e continuada com o temporal, com seus chefes industriais. Imaginem um operário qualquer nas suas relações diárias, seja na agricultura, seja nas manufaturas, seja no comércio e verão que ele está em contato e subordinação apenas com os chefes agricultores, manufatureiros ou comerciantes" (*Organisateur*, IV, 149).

Da mesma forma que a indústria, a ciência, à medida que se desenvolve, gera uma organização apropriada à sua natureza, muito diferente, por conseguinte da que se apresentava o poder teológico. Os sábios se tornam personagens considerados, a quem a realeza adquire cada vez mais o hábito de consultar. É em decorrência dessas consultas contínuas que os grandes corpos científicos, gradativamente, constituíram-se no topo do sistema. São as Academias. Mais abaixo, vimos se elevar todo tipo de "escolas especiais para ciências em que a ação da teologia e da metafísica era, por assim dizer, nula". "Uma massa cada vez maior de ideias científicas entra na educação comum, ao mesmo tempo em que as doutrinas religiosas perdem pouco a pouco sua influência." (*Organisateur*, IV, 137). Enfim, da mesma maneira que na indústria, esse começo de organização não permaneceu localizado nas esferas mais altas, nas partes culminantes da sociedade, mas estendeu-se à massa do povo que se colocou, ele próprio, diante do corpo de sábios em um estado de subordinação análogo ao que se encontrava anteriormente diante do corpo eclesiástico. "O povo organizado industrialmente logo percebeu que seus trabalhos usuais de artes e ofícios não estavam de forma alguma relacionados com as ideias teológicas [...] e onde quer que pudesse entrar em contato com os sábios, o povo perdeu o hábito de consultar os sacerdotes e adquiriu o de se colocar em contato com os que possuíam conhecimentos positivos." (*Organisateur*, IV, 153). E como considerou bons os conselhos que assim recebeu, terminou por outorgar "à opinião unânime dos sábios o mesmo grau de confiança que, na Idade Média, outorgava às decisões do poder espiritual. É dessa forma que, por uma espécie de fé de um gênero novo, admitiu, sucessivamente, o movimento da Terra, a teoria astronômica moderna, a circulação do sangue, a identidade do relâmpago e da eletricidade etc.". "Está provado, portanto", conclui Saint-Simon, "que o povo (se tornou) espontaneamente confiante e subordinado ao olhar dos chefes científicos, da mesma maneira que estava, temporalmente, em relação aos chefes industriais e tendo, consequentemente, o direito de concluir que a confiança está tão bem organizada no novo sistema quanto a subordinação." (*Organisateur*, IV, 155).

Aqui está, portanto, como podem ser resumidos os resultados dessa dupla evolução. À medida que o antigo sistema desmoronava, outro se constituía no próprio seio do primeiro. A velha sociedade continha, em seus flancos, uma sociedade nova, em vias de formação e que adquiria, a cada dia, mais força e consistência. Todavia, essas duas organizações são necessariamente antagonistas uma à outra. Elas resultam de forças opostas e visam a fins contrários. Uma é essencialmente agressiva e guerreira; a outra, essencialmente pacífica; uma vê, nos outros povos, inimigos a destruir, a outra tende a não considerá-los mais do que colaboradores de uma obra comum. Uma tem como objeto a conquista; a outra, a produção. Da mesma forma, acontece com o espiritual, a primeira se dirigia à fé e impunha aos espíritos crenças que ela colocava acima da discussão; a outra se dirigia à razão e à própria confiança, a espécie de submissão intelectual de que não pode prescindir, é sob a reserva de uma verificação e de provas sempre possíveis, que a reclama em nome da razão. Elas não poderiam, portanto, existir sem se oporem uma à outra. Sem dúvida, apesar desse antagonismo, vimos que a sociedade industrial conseguiu adquirir espontaneamente certa organização. Mas era preciso que essa organização pudesse ser considerada suficiente. O passado sobrevivia ainda, por mais debilitado que estivesse e, consequentemente, se opunha à constituição definitiva do presente. O poder feudal e o religioso se viram obrigados a cederem certo lugar ao corpo de sábios e de produtores, no sistema político da sociedade. Mas esse sistema tinha sido feito para o Antigo Regime e não para o novo. A indústria o havia utilizado tanto quanto foi possível, mas não o havia substituído por outro que fosse feito verdadeiramente à sua imagem e ajustado às suas necessidades. As modificações que ela introduziu nele são importantes de serem observadas, porque testemunham o quanto as reacomodações fundiárias da sociedade eram necessárias, mas não podem ser vistas como transformações. Uma constituição social feita para a guerra e a destruição não pode se adaptar exatamente a uma atividade essencialmente pacífica e produtiva. Para que as novas necessidades pudessem ser satisfeitas era preciso, portanto, que suscitassem uma ordem política que lhes fosse adequada. Da mesma forma, a velha moral e o velho direito estavam desacreditados no interior do novo mundo que surgia; mas a nova ordem jurídica e moral, sem a qual o novo sistema não poderia ser visto como organizado, ainda não tinha sido dada a ele. Assim, a sociedade industrial e positiva, aspirava a uma forma que ainda não havia encontrado. Para chegar a ela, era preciso romper com aquela que a força do hábito continuava a manter e, além disso, encontrar

CAPÍTULO VII – A DOUTRINA DE SAINT-SIMON [SEQ.] – AS ORIGENS HISTÓRICAS [...] | 127

outra que a exprimisse. Enquanto esse duplo resultado não fosse obtido, era inevitável que ela sofresse e que, em razão da importância social que havia adquirido, esses sofrimentos constituíssem um mal estar coletivo. Essa era a situação na véspera da Revolução. Sendo dessa situação que ela nasceu. "Essa grande crise, de maneira alguma, teve a sua origem em tal ou tal fato isolado [...]. Operou-se uma convulsão do sistema político pela simples razão de que o estado de sociedade a que correspondia a antiga sociedade tinha modificado totalmente de natureza. Uma revolução civil e moral que vinha sendo produzida gradualmente havia mais de seis séculos, engendrou e necessitou de uma revolução política [...]. Se quisermos atribuir absolutamente uma origem para a Revolução Francesa, é preciso datá-la do dia em que começou a liberação das comunas e a cultura das ciências da observação na Europa ocidental." (*Syst. ind.*, V, 77). Uma dupla necessidade a suscitou, portanto: necessidade de se desembaraçar do passado e de organizar o presente; é ao primeiro somente que a Revolução respondeu. Ela terminou de dar os últimos golpes no antigo sistema, aboliu tudo o que restava da feudalidade, mesmo a autoridade real, tudo o que sobrevivia do antigo poder temporal, dando ao princípio da liberdade de consciência as consequências jurídicas que ele comportava, enquanto antes ele não tinha tido senão consequências e sanções morais. Ele foi solenemente inscrito na base da nossa jurisprudência.

Mas sobre o solo que ela havia assim desnudado, não edificou nada de novo. Ela declarou que não éramos mais obrigados a aceitarmos as velhas crenças, mas sem trabalhar na elaboração de um novo corpo de crenças racionais que todas as inteligências pudessem aceitar. Arruína as bases sobre as quais repousava a autoridade política, mas sem atribuir-lhes outras que tivessem, ao menos, alguma estabilidade. Ademais, proclama que o poder político não devia mais pertencer aos que o haviam detido até então, mas sem atribuí-lo a nenhum órgão definido, ou seja, era de todo mundo. Era torná-lo um *res nullius*, um instrumento próprio a todos os fins possíveis e não um fator definido, tendo um objeto definido. Uma obra tão exclusivamente destrutiva, bem longe de atenuar a crise que a havia suscitado, não poderia senão tornar o mal mais agudo e intolerável, porque a ausência de organização da qual a sociedade industrial sofria tornou-se ainda mais sensível, uma vez que tudo o que restava do antigo desapareceu. A frágil coesão dessa sociedade nascente tornou-se um perigo social muito mais grave, uma vez que os velhos laços sociais foram completamente desfeitos. O corpo social, ao arrancar esses laços, inclusive os mais... a fim de encontrar

128 | LIVRO II – SAINT-SIMON – SUA DOUTRINA – A ESCOLA SAINT-SIMONIANA

o seu fim, o fez [tão bem] (?) que não resta mais nenhum. É inclusive daí que vem essa espécie de incerteza, de angústia exasperada, que é a característica da época revolucionária. "Há muito tempo", escreve Saint-Simon, "o vazio das antigas ideias gerais se faz sentir, há muito tempo, seu império tinha se tornado incômodo, nós nos ressentíamos de não sacudir esse despotismo moral que já chamávamos de preconceito, mas que ainda sofríamos, por falta de algo melhor." "Os filósofos, mais audaciosos que sábios, atingem essa opinião envelhecida com golpes prematuros, golpes, todavia, fáceis e decisivos, o sistema de ideias gerais desaba, e a sociedade foi dissolvida. Os espíritos, não tendo mais nada acordado entre eles, separaram-se e se tornaram inimigos; essa foi a luta de todos os caprichos e o combate de todas as imaginações." (*Industrie*, II, 206). É de lá também que veio o aborto parcial da Revolução. Como uma sociedade tão desorientada não poderia sobreviver, logo se viram renascer, das próprias cinzas, algumas das instituições destruídas. A autoridade real foi restabelecida. Mas essas ressurreições do passado não constituíam mais uma solução. O problema se coloca então, após a Revolução, no início do século XIX, nos mesmos termos que na véspera de 1789. Apenas tornou-se mais premente. Seu desenlace é mais urgente se não se quiserem ver as crises nascerem de crises sem fim; a exasperação se tornar o estado crônico da sociedade e, finalmente, como resultado, uma dissolução mais ou menos próxima. É preciso tomar um partido: ou restaurar completamente o antigo sistema, ou restaurar o novo. É isso, justamente, que constitui a questão social.

Não se pode, como veremos, colocá-la com maior profundidade. O que faz a originalidade dessa análise histórica é o fato de que Saint-Simon muito corretamente sentiu que as transformações que eram espontaneamente produzidas nas sociedades europeias desde a Idade Média não agiram simplesmente sobre tal ou tal caráter particular, sobre tal ou tal detalhe do mecanismo governamental, mas é o organismo social que foi atingido até a sua base. Ele compreendeu que o movimento liberal, do qual a Revolução foi apenas o resultado, mas que ficou incubado durante séculos antes dela, não teve simplesmente o efeito de desembaraçar os cidadãos de certos grilhões incômodos, de tal sorte que pudéssemos considerar que havia chegado a seu fim atual, uma vez que esses obstáculos fossem suprimidos; mas que ele tinha resultado de uma dissolução da antiga ordem das coisas, e que essa dissolução não era uma solução, apenas a tornava mais imediatamente necessária. Compreendeu que, para reorganizar as sociedades, não seria suficiente destruir o sistema de forças responsável pela sua unidade; que terminada essa destruição, por mais necessária que ela fosse, por outro

CAPÍTULO VII – A DOUTRINA DE SAINT-SIMON [SEQ.] – AS ORIGENS HISTÓRICAS [...] | **129**

lado, o próprio equilíbrio social se tornaria precário, por sua vez, só se manteria por um milagre; estaria destinado a desmoronar ao menor sopro e que, consequentemente, seria necessário restaurá-lo sobre novas bases; e, por conseguinte, de acordo com um plano que não fosse simplesmente a reprodução do antigo. As grandes questões contemporâneas se encontram assim ligadas a toda a sequência do nosso desenvolvimento histórico.

Oitava lição

Se, como vimos, Saint-Simon julga com independência, por vezes mesmo com severidade, a obra revolucionária; se ele estima, por exemplo, que em certos aspectos ela foi imprudente e precipitada, que em todo caso não constitui uma solução da crise, seria um engano ver nessas críticas uma condenação. Primeiramente, ele coloca como princípio que ela era necessária e inevitável: nossa história inteira, desde suas origens, nada mais é do que uma longa preparação. Além disso, ainda que reprove os homens da Revolução por terem derrubado as antigas instituições, sem se preocupar em saber o que colocariam em seu lugar, considera que essa destruição era indispensável para que a edificação de um novo regime fosse possível. A noite de 4 de agosto lhe parece ser mesmo uma das grandes datas da História. A nação francesa, diz, "proclamou sua maioridade na noite de 4 de agosto, ao abolir todas as instituições derivadas do Estado de escravidão." (*Catéchisme*, X, 12). Além disso, é à influência benéfica da Revolução que ele atribui a situação relativamente favorável em que nos encontramos diante das questões sociais. "A Revolução", diz, "cujos grandes efeitos morais começam a se desenvolver, fez que os franceses começassem a ter vivacidade em relação à política; assim, não devemos nos espantar que hoje eles se mostrem superiores aos ingleses em questões orgânicas." (*Organisation sociale*, X, 148). Em resumo, ele a reprova, não de ter sido, mas de não ter sido tudo o que ela poderia ser, sobretudo, tudo o que era necessário que fosse.

Mas por que ela permaneceu assim, no meio do caminho? O que a impediu de chegar a resultados positivos? A explicação que Saint-Simon nos dá, merece ser mencionada.

Segundo ele, está na natureza do homem não poder passar sem intermediário, de uma doutrina a outra, de um sistema social a um sistema diferente. Por isso, a autoridade da ciência e a da indústria nunca poderiam substituir a do clero e a do feudalismo se, no momento em que a primeira começava a nascer e a segunda a enfraquecer, não estivesse constituído, entre as duas, "um poder temporal e um poder espiritual de uma natureza

130 | LIVRO II – SAINT-SIMON – SUA DOUTRINA – A ESCOLA SAINT-SIMONIANA

intermediária, bastardo e transitório, cujo único papel era de operar a transição de um sistema social a outro" (*Syst. ind.*, V, 80). É assim que, entre o corpo feudal e o corpo industrial, surgiu a classe dos legistas. Os legistas, assim como os trabalhadores, não haviam sido em princípio, mais do que agentes dos senhores. Todavia, pouco a pouco, formaram uma classe distinta, cuja autonomia foi crescendo e cuja ação, consequentemente, opôs-se à ação feudal e a modificou "por meio do estabelecimento da jurisprudência, a qual não foi mais do que um sistema organizado de barreiras opostas ao exercício da força" (Ibid., 81). Constitui-se então uma justiça que não era feudal e o poder militar se viu submetido a limites e regras dirigidas para os interesses dos industriais; pois esses aproveitavam necessariamente toda restrição trazida para a potência antagonista, contra a qual lutavam. Da mesma forma, no que concerne ao espiritual, os metafísicos, saídos do seio da teologia, intercalaram-se entre a ciência e o clero inspirando-se, ao mesmo tempo, em um e outro espírito; sem deixar de fundar seus raciocínios sobre uma base religiosa, modificam, no entanto, a influência teológica por meio do estabelecimento do direito de exame em matéria de direito e moral.

São essas duas potências intermediárias e mistas que ocuparam quase exclusivamente a cena política até a Revolução, porque, em razão de sua natureza composta e ambígua, elas respondiam então melhor do que todas as outras ao estado igualmente ambíguo da civilização. Não restam dúvidas de que prestaram, assim, grandes serviços e contribuíram, em larga medida, para a liberação definitiva da ciência e da indústria. Graças a uns, o mundo do trabalho escapou dos tribunais feudais; graças a outros, cada vez mais ganhou força a ideia de que a sociedade podia se manter sem que as consciências particulares fossem colocadas sob a dependência das doutrinas teológicas. Assim, no momento em que a Revolução eclodiu, sua autoridade era tão grande que assumiram com toda naturalidade a sua direção. Os industriais e os sábios acreditaram que não podiam fazer nada melhor do que lhes confiar cegamente a sua causa. São, portanto, os homens da lei e das literaturas metafísicas que, quase exclusivamente, compuseram as assembleias revolucionárias e inspiraram os seus atos. Porém, nessa situação nova, não puderam exercer outra ação do que a que estava conforme à sua natureza e ao seu passado. E como, até então, eles não tinham tido outra função além de limitar os poderes governamentais, continuaram a trazer-lhes, sem trégua, novas limitações até que, em virtude de serem extremamente contidas, essas forças sociais acabaram reduzidas ao nada. Mas, se eles eram admiravelmente preparados e organizados para levar ao seu último termo essa obra de desmoronamento, não tinham nada do que é necessário para edificar um novo sistema, pois, sem se darem conta, todo o fundo de suas doutrinas era originário do passado, do antigo estado das coisas.

Como os jurisconsultos poderiam voltar-se para a concepção de uma ordem social diferente da que acabavam de destruir, se "suas opiniões políticas eram inevitavelmente deduzidas, na maior parte, do direito romano, das ordenanças dos nossos reis, dos costumes feudais, em poucas palavras, de toda a legislação que precedeu a Revolução" (*Sur la querelle des Abeilles et des Frelons*, III, 219). Como os metafísicos, como era toda a escola filosófica do século XVIII, poderiam ter constituído um sistema de ideias e crenças, em harmonia com um estado social determinado, posto que, sob a influência do espírito teológico, que continuava a animá-los, aspiravam – em todas as questões práticas que se colocavam – a soluções absolutas, independentes de toda consideração de tempo e de lugar, de toda condição histórica? O papel efetivo de uns e de outros devia, portanto, limitar-se a destruir. "Quando quiseram ir mais longe, jogaram-se na questão absoluta do melhor governo imaginável; e, sempre dirigidos pelos mesmos hábitos, trataram-na como uma questão de jurisprudência e de metafísica, pois a teoria dos direitos do homem, que foi a base de todos os seus trabalhos em política geral, não é outra coisa além da aplicação da alta metafísica à alta jurisprudência." (*Syst. ind.*, V, 83).

Vemos que essa maneira de conceber e apreciar o papel histórico dos legistas não deve ser atribuída simplesmente às prevenções pessoais de Saint-Simon, ao distanciamento, por exemplo, que um gênio intuitivo e inventivo como o seu poderia ter experimentado, em relação à dialética um pouco seca dos jurisconsultos. Ela se deve a causas mais profundas. O direito é a forma que as relações sociais adotaram com o tempo por efeito do hábito e da tradição; é o costume fixado. É, portanto, o passado que se exprime. Pela própria maneira como se forma, corresponde muito mais ao estado das coisas que desaparecem do que ao que tende a se estabelecer. Somente por isso ele atravanca, utilmente em muitos casos, os projetos de reformas sociais e, consequentemente, aqueles que possuem a custódia da lei são, para os inovadores, mais inimigos do que auxiliares. Mas, além dessa razão muito geral, existe uma, mais particular, que, de forma mais especial, inspirou Saint-Simon nas suas apreciações. A sociedade industrial, assim como ele a concebe, reivindica, em razão da sua extrema complexidade, uma organização igualmente complexa. Como ela, deve poder variar com facilidade de acordo com as circunstâncias de tempo e lugar. E, embora

132 | LIVRO II – SAINT-SIMON – SUA DOUTRINA – A ESCOLA SAINT-SIMONIANA

repouse sobre as mesmas bases muito gerais, não poderia ser idêntica em todos os lugares, hoje e amanhã, não pode se prender em fórmulas rígidas e definidas, não pode se submeter a uma regulamentação absolutamente uniforme e fixada de uma vez por todas. Somente seus princípios podem ser definidos com precisão. Consequentemente, a forma jurídica solicitada por essa sociedade não poderia estar completamente desligada da matéria social à qual ela se aplica, para ser considerada à parte, no abstrato, para se tornar objeto de um estudo e de uma elaboração especial, pois, separada dos fatos sociais concretos, particulares, variáveis, os quais ela encarna, só poderá consistir em fórmulas cegas, estranhas a essa realidade que ignoram. Ora, é essa abstração que está envolvida no ponto de vista dos juristas. Eles só têm uma razão de ser, na medida em que o direito pode ser isolado das funções sociais que ele regulamenta; pois é apenas com essa condição que se pode considerar a instituição de um corpo de funcionários especiais, a saber, os juristas, encarregado de conhecê-lo e interpretá-lo. E como tal dissociação é impossível em uma sociedade industrial, os legistas propriamente ditos não poderiam ter um lugar nela. Em tal sistema, caberia aos próprios industriais, e somente a eles, aplicar os princípios gerais do direito à diversidade de casos particulares, porque apenas eles estão em relação direta o bastante com a particularidade da vida social para poder ter em conta todas as possibilidades de combinação das circunstâncias e não impor pesadamente a situações diferentes, preceitos uniformes. Assim, explicamos melhor, de onde vem toda a importância que Saint-Simon atribui ao nascimento dos tribunais de comércio; ele vê neles o tipo da nova organização judiciária, porque os industriais têm como juízes apenas seus pares e colegas, e o papel dos especialistas do direito é reduzido ao mínimo. Com um motivo ainda muito maior, consequentemente, esses últimos não poderiam desempenhar o ofício de diretores da evolução social, pois careciam do que é necessário para conduzi-la ao seu fim natural, a saber, o contato imediato com a realidade coletiva. Eis porque Saint-Simon os tem sob suspeita, assim, para ele, existe incompatibilidade entre a rigidez da disciplina jurídica e a flexibilidade infinita da organização industrial. Nessa, o direito deve voltar a ser imanente da sociedade para poder exprimir todas as suas nuances e variações e cessar de ser a matéria de uma função especial.

De fato, parece claro que a vida econômica muito desenvolvida das sociedades modernas só possa se organizar com a ajuda de um direito muito mais flexível, maleável, que o dos códigos, inseparável, consequentemente, das relações sociais às quais ele se aplica. Por outro lado, parece que é pre-

CAPÍTULO VII – A DOUTRINA DE SAINT-SIMON [SEQ.] – AS ORIGENS HISTÓRICAS [...] | **133**

ciso que os homens da lei não tenham, na direção prática das nossas sociedades, um papel preponderante; preponderância que data, como mostra Saint-Simon, dos primeiros tempos da luta contra o feudalismo.[33]

Apenas por isso, a observação de Saint-Simon já merecia ser considerada. Mas ela tem também outra importância para a história das ideias. Se a compararmos, de fato, com o que foi dito anteriormente, chegamos à conclusão de que, segundo Saint-Simon, as sociedades europeias teriam passado, sucessivamente, por três sistemas sociais: o sistema teológico ou feudal, o sistema metafísico ou jurídico e o sistema positivo. Reconhecemos, nessa fórmula, a famosa lei dos três estados, à qual Comte deve a base da sua doutrina. Ela é, portanto, de origem saint-simoniana.

Havia, sobretudo, uma visão particularmente profunda ao mostrar nessa revolução política, não apenas uma feliz suavização do despotismo feudal, mas o surgimento de uma nova forma de vida coletiva, os primeiros ensaios de uma organização social que repousava sobre uma base econômica. As observações sobre a constituição das armas permanentes e sobre as consequências que dela resultaram, são igualmente dignas de serem notadas.

Seria demasiado extenso revelar todas as ideias fecundas que contêm o amplo quadro do nosso desenvolvimento histórico. Saint-Simon foi o primeiro que compreendeu, antes de Guizot, toda a importância social do movimento comunal, e as ligações que o uniam à Revolução e às questões atuais. Também foi o primeiro a julgar a obra da Revolução com a imparcialidade da História, sem condená-la em bloco, como faziam os defensores do Antigo Regime, sem glorificá-la sistematicamente, como faziam os liberais de seu tempo e, sobre esse ponto ainda, Comte foi o seu herdeiro. De uma maneira geral, não podemos não admirar, com que ausência completa de preconceitos, com qual sentimento de continuidade histórica, ele soube descobrir o papel de cada período, mesmo os mais desacreditados como a Idade Média, na sequência ininterrupta das transformações que unem a sociedade do século X aos tempos contemporâneos.

---

33. E que não tem mais razão de ser, uma vez que este desapareceu.

CAPÍTULO VIII

A doutrina de Saint-Simon
(*sequência*)
Organização do Sistema Industrial

Oitava lição (*final*)

Mas retornemos agora à questão prática extraída desta análise histórica.

Dado que nossas sociedades atuais contêm em si dois sistemas sociais diferentes, e mesmo opostos, sendo um que vai cada vez mais se enfraquecendo e outro que está cada vez mais se desenvolvendo, como solucionar a crise que resulta desse antagonismo? Tentaremos conciliar os opostos e dar, a cada um desses sistemas, a sua parte? Mas uma nação não constitui uma verdadeira associação política a não ser que ela tenha um objetivo comum de atividade. Não pode, sem se dividir contra si mesma, perseguir dois fins contraditórios. É o caso da Inglaterra, cuja constituição repousa, ao mesmo tempo, sobre o princípio industrial e sobre o princípio militar. O resultado é que cada instituição possui, por assim dizer, sua contra instituição, que contradiz a primeira. É assim que a *prensa dos marinheiros*[34] coexiste entre eles juntamente com a lei liberal do *habeas corpus*; que a cidade industrial de Manchester não tem representante no Parlamento, enquanto pequenos vilarejos o possuem; que o governo inglês pretende submeter à sua hegemonia marítima todas as nações e que, por outro lado, proclama a igualdade de todos os povos, reivindicando a supressão do tráfico negreiro etc. Uma organização tão incoerente se destrói a si mesma e o povo ao qual ela aplica não pode avançar nem em um sentido nem em outro, uma vez que ele não pode dar um passo

---

34. Sistema de recrutamento para o Exército, que era utilizado principalmente no Reino Unido e que consistia em fazer com que as pessoas se alistassem à força e sem aviso prévio. (N.T.)

136 | LIVRO II – SAINT-SIMON – SUA DOUTRINA – A ESCOLA SAINT-SIMONIANA

em uma direção e, em seguida, dar outro na direção contrária. Tal estado é, portanto, um estado de crise e doença, que não pode durar (*Catéchisme*, X, 82). É preciso escolher resolutamente entre os dois fins que podem ser propostos à atividade social. Mas não poderemos conservar o sistema militar introduzindo aperfeiçoamentos que possam colocá-lo em harmonia com as necessidades da nova vida industrial? É, responde Saint-Simon, atribuir às instituições sociais uma plasticidade que não possuem: "As instituições, da mesma forma que os homens que a criam, são modificáveis, mas elas não são desnaturalizáveis: seu caráter primitivo não pode ser inteiramente apagado". (*Catéchisme*, VIII, 34). Elas podem, portanto, "ser aperfeiçoadas apenas até um certo ponto, passado o qual, os princípios que lhe servem de base não podem mais se dobrar suficientemente para receber as modificações que se desejaria que suportassem" (X, 162). Consequentemente, não é com retoques de detalhes que se poderão purgar as sociedades modernas das contradições que as corroem. Medidas semelhantes não podem ser senão soluções provisórias e temporárias, úteis quando vêm na sua hora – e Saint-Simon acredita mesmo que essa hora passou – mas que, em todo caso, não poderiam passar por definitivas. Não poderiam fazer a crise cessar, porque deixam suas causas sobreviverem. Para solucioná-la radicalmente, não podemos hesitar entre os dois partidos seguintes: ou restaurar integralmente o sistema antigo, ou produzir outro que abrace – da mesma forma que o anterior fazia, quando estava intacto – a totalidade da vida social.

Os representantes da escola retrógrada – de Maistre, de Bonald, de Lamennais – recomendavam, então, o primeiro partido. Saint-Simon não fala sem estima da doutrina deles, que lhe parece possuir ao menos a vantagem de ser lógica e de acordo consigo mesma (*Catéchisme*, VIII, 173). Mas as sociedades não percorrem duas vezes o curso da História. "Um sistema que os séculos haviam edificado, e que os séculos destruíram não pode mais ser restabelecido. A destruição das antigas doutrinas é completa, radical e irrevogável. Elas sempre serão lembradas com reconhecimento e veneração, da parte de todos os verdadeiros pensadores e de todas as pessoas de bem, em razão dos inúmeros e eminentes serviços que prestaram à civilização durante a longa época de sua maturidade; mas seu único lugar é, a partir de agora, a memória dos verdadeiros amigos da humanidade; já não podem aspirar à atividade." (*Syst. ind.*, VI, 50 e 51). Ainda se o movimento que conduz a humanidade nessa direção tivesse nascido apenas nas sociedades cristãs, embora uma duração de muitos séculos já seja suficiente para tornar impossível que ele seja visto como um simples acidente. Entretanto,

CAPÍTULO VIII - A DOUTRINA DE SAINT-SIMON [SEQ.] - ORGANIZAÇÃO DO SISTEMA [...] | 137

poderíamos acreditar, a rigor, que um dia virá em que terá um fim, como houve um dia em que ele começou. Mas, na realidade, as origens são muito mais remotas, e é unicamente para não estender inutilmente o campo de pesquisas históricas que Saint-Simon tomou essa data como ponto de partida para suas observações. Se voltarmos mais atrás, se partirmos, por exemplo, das sociedades que precederam as medievais, veremos que, desde então, a evolução social foi feita no mesmo sentido. No mundo greco-latino, a classe industrial se confundia com a classe servil. Os escravos eram os produtores, e o escravo era propriedade direta do mestre, era sua coisa. A substituição da escravidão pela servidão, tal como foi feita nas sociedades cristãs, foi, portanto, uma primeira liberação para a indústria. Porque o servo não dependia mais do poder militar a não ser de forma intermediária e indireta, ou seja, pelo intermediário da gleba à qual ele estava vinculado. Ele estava ligado a terra, não ao senhor: esse não podia fazer com ele o que quisesse. A sua liberdade de movimento se tornou, então, maior (*Industrie*, III, 142). Por outro lado, em Roma e na Grécia, o poder espiritual e o poder militar se confundiam. Era a mesma classe que detinha um e outro. Esse estado de indeterminação tinha como consequência uma subordinação estreita da vida intelectual ao poder militar, que cessou no dia em que, com o cristianismo, os dois domínios foram definitivamente separados. Essa separação constituiu uma primeira liberação para a inteligência humana, visão profunda que hoje podemos considerar como uma aquisição para a história. O grande serviço que o cristianismo prestou para o pensamento foi o de torná-lo uma potência social, distinto da potência governamental, igual a esta e, inclusive, em certos aspectos, superior à última. Desde então, o espírito teve uma carreira que lhe pertenceu exclusivamente e na qual pôde desenvolver sua natureza.[35] Assim, o movimento das comunas e a importação das ciências positivas na Europa não são um primeiro começo. Desde que a humanidade existe, ela está marchando em direção a um mesmo objetivo, é, portanto, da sua natureza avançar nesse sentido e não(?) procurar fazê-la recuar.

Uma vez que a desaparição progressiva do antigo sistema "é um resultado forçoso da marcha seguida pela civilização" (*Organisateur*, IV, 63), não há o que discutir para saber se ela é útil. O que quer que pensemos a esse respeito, resta-nos apenas nos inclinarmos, posto que ela é necessária. Mas, na realidade, é fácil ver que ela está de acordo com os interesses verdadeiros

---

35. "Essa divisão, que não existia entre os romanos, é o aperfeiçoamento de mais capital da organização social feita pelos modernos. Foi o que primitivamente fundou a possibilidade de fazer da política uma ciência, permitindo tornar a teoria distinta da prática." (*Organisateur*, IV, 85)

138 | LIVRO II – SAINT-SIMON – SUA DOUTRINA – A ESCOLA SAINT-SIMONIANA

da humanidade. De militar que era em outros tempos, o espírito humano se tornou pacífico. Compreendemos que a indústria oferecia às nações um meio mais fecundo de enriquecer e de melhorar sua sorte do que a guerra. Consequentemente, a potência militar perdeu sua antiga importância. Do mesmo modo, as proposições conjecturais que os sacerdotes ensinavam tornaram-se inúteis, desde que a ciência nos mostrou a superioridade das proposições demonstradas. Os representantes da antiga ordem das coisas não prestam mais, portanto, serviços efetivos e se mantêm apenas pela força do hábito. É o que Saint-Simon tentou tornar sensível em um célebre panfleto. "Imaginemos", disse, "que a nação perca, *Monsieur*, os príncipes, os cardeais, os bispos, os juízes e, além deles, os dez mil proprietários mais ricos dentre os que vivem de suas rendas sem produzir. Qual seria o resultado disso? Esse acidente certamente iria afligir a todos os franceses porque eles são bons [...]. Mas, disso não resultaria nenhum mal político para o Estado. Existe um grande número de franceses em condições de exercer as funções de irmão do rei tão bem quanto *Monsieur* [...]. As antecâmaras dos palácios estão repletas de cortesãos prestes a ocupar os postos dos grandes oficiais da coroa [...]. Quantos assistentes nossos ministros de Estado valem! [...] Quanto aos dez mil proprietários, seus herdeiros não terão necessidade de nenhum aprendizado para fazer as honras de seus salões tão bem quanto eles." (*Organisateur*, IV, 22-3). A substituição não seria feita com a mesma facilidade se se tratasse não mais de trinta mil personagens desse tipo, mas somente de três mil produtores, seja da ordem intelectual, seja da ordem econômica, que a França tivesse perdido. Então, ela "se tornaria um corpo sem alma". E ser-lhe-ia necessário "ao menos uma geração inteira para reparar essa desgraça" (Ibid., 20).

Assim, não é nem possível nem útil restaurar integralmente o antigo sistema. Mas sabemos, por outro lado, que toda a combinação eclética é contraditória e incoerente; que uma organização social não pode ser vista como estável, a não ser que ela seja inteiramente homogênea, ou seja, que repouse inteiramente sobre um dos dois princípios, cujo conflito contínuo a história nos mostrou, com a exclusão do outro. Daí se deduz que as sociedades modernas só estarão definitivamente em equilíbrio, quando estiverem inteiramente organizadas sobre uma base industrial. Detenhamo-nos, por um instante, nessa conclusão e na argumentação da qual ela é deduzida; pois aí se encontra um dos caracteres mais importantes do socialismo, quero dizer o seu espírito radical e revolucionário. Com essas palavras, não queremos dizer que o socialismo tenha mais ou menos necessidade de empregar a violência material para atingir o seu fim. Tal proposta não

CAPÍTULO VIII – A DOUTRINA DE SAINT-SIMON [SEQ.] – ORGANIZAÇÃO DO SISTEMA [...] | **139**

poderia, em nenhum caso, se aplicar a Saint-Simon, para quem a violência não pode servir para edificar nada e é apenas uma arma de destruição (*Catéchisme*, VIII, 9). Temos a intenção de falar apenas da tendência muito geral das doutrinas socialistas de fazer *tabula rasa* do passado para construir o futuro. Que, para proceder a essa obra de derrubada, recomendem recorrer apenas a medidas legais ou que legitimem a insurreição, quer acreditem ser necessário ou não administrar as transições, não importa. Quase todas consideram que existe uma incompatibilidade completa entre o que deve ser e o que é, e que a ordem natural deve desaparecer para dar lugar à nova ordem. Nesse sentido, elas são revolucionárias, quaisquer que sejam as precauções que elas adotem para amortecer os efeitos dessa revolução. Acabamos de ver, por meio do exemplo de Saint-Simon, de onde vem o seu espírito subversivo. Ele é devido ao caráter integral que suas reivindicações assumem. Percebendo de forma muito viva as novas necessidades que incomodam a sociedade, não se preocupam com as outras. Apaixonados pelo objetivo que perseguem, acreditam ser necessário realizá-lo em toda sua pureza, sem nenhuma mistura que o corrompa. É preciso, portanto, que as sociedades se organizem inteiramente, da base ao topo, visando a assegurar essa realização integral. Porém as sociedades se constituíram para responder a fins muito diferentes. Por conseguinte, sendo a sua organização presente um obstáculo à que é preciso estabelecer, deve desaparecer. É necessário que os elementos sociais sejam libertados para que possam se ordenar segundo um plano novo. É preciso que o corpo social morra para poder renascer. Saint-Simon não percebe que tal argumentação está em contradição com as suas premissas. Se, como ele não cessa de repetir, cada período da História sai daquele que o precede, o segundo encontra-se no primeiro e, consequentemente, persiste sob novas formas. Se o que será vem daquilo que foi, o que foi não poderia cessar de ser, pois a causa sobrevive no seu efeito, o princípio nas consequências. Nada se destrói. Se o futuro é proveniente do passado, não poderia liberta-se dele. É preciso escolher. Ou as instituições futuras são apenas instituições antigas transformadas e, nesse caso, estas se encontram sob aquelas, ou as primeiras não nasceram das segundas, mas então, de onde elas vêm? A continuidade histórica se rompe e nos perguntamos como tal hiato pode ser produzido sem que o curso da vida social seja suspenso.

O que quer que se pense sobre esse ponto, dado que o sistema novo deve diferir inteiramente do antigo, como é preciso proceder para traçar o seu plano? Na medida em que ele não existe, fica claro que deve ser inven-

140 | LIVRO II – SAINT-SIMON – SUA DOUTRINA – A ESCOLA SAINT-SIMONIANA

tado. "Está claro que o regime industrial, não podendo ser introduzido nem pelo acaso, nem pela rotina, teve que ser concebido *a priori.*" (*Catéchisme*, VIII, 61). Mas, por outro lado, não é nem necessário, nem, além disso, possível, inventar todas as peças, pois nós sabemos que ele já existe em parte. Existe, sob a organização feudal, uma organização industrial que vem se desenvolvendo desde a Idade Média. Porém, a organização que se trata de estabelecer não poderia ser outra coisa além da precedente, mais fortalecida e ampliada. Tal como é, é insuficiente, mas apenas porque ela ainda não abarca toda a vida social, contida que foi, até o presente, pelos restos do Antigo Regime. Não resta outra coisa senão tomar consciência dos caracteres que ela apresenta desde agora e ver o que eles devem se tornar – como esse sistema resulta do que o precede – em lugar de estar subordinado a outro, permanece só e se estende, consequentemente, a todas as funções coletivas sem exceção, se o princípio sobre o qual ele repousa torna-se a própria base da organização social na sua totalidade. Em suma, tudo se reduz então a observar as propriedades essenciais da ordem industrial, tal como se constituíram espontaneamente e a generalizá-las.

O traço mais essencial dessa organização espontânea é que ela tem, como objetivo, e como objetivo exclusivo, ampliar o império do homem sobre as coisas. "Ocupar-se unicamente de agir sobre a natureza para modificá-la tanto quanto seja possível, da forma mais vantajosa para a espécie humana", eis qual foi, desde a sua liberação, a única obrigação das comunas, ou seja, da sociedade nova em vias de formação. Em lugar de tentar estender o domínio nacional, em lugar de desviar a atenção dos homens dos bens deste mundo, dedicou-se, ao contrário, a aumentar pacificamente o seu bem-estar, por meio do desenvolvimento das artes, das ciências e da indústria. Ela teve como função única produzir coisas úteis para a nossa existência terrestre. Por conseguinte, uma vez que a reforma consiste em estender à sociedade inteira o que, até o presente, foi verdade apenas nessa sociedade parcial, a crise só será resolvida quando toda a vida social convergir em direção a um mesmo objetivo, com a exclusão de qualquer outro. A única forma normal que a atividade coletiva pode adotar a partir de então, é a forma industrial. A sociedade só estará plenamente de acordo consigo mesma quando for totalmente industrializada. "A produção das coisas úteis é o único objetivo razoável e positivo que as sociedades políticas podem se propor." (*Industrie*, II, 186). As virtudes militares como o ascetismo que prega a religião estão, de agora em diante, sem razão de ser. As coisas da guerra como as da teologia interessam apenas a uma pequena minoria e, por conseguinte, não servindo mais de objetivo às preocupações comuns dos ho-

CAPÍTULO VIII – A DOUTRINA DE SAINT-SIMON [SEQ.] – ORGANIZAÇÃO DO SISTEMA [...] | **141**

mens, não poderiam fornecer a matéria da vida social. A única ordem de interesses que pode agora deter esse papel é o dos interesses econômicos. "É uma ordem de interesses sentida por todos os homens, os interesses que pertencem à manutenção da vida e ao bem-estar. Essa classe de interesses é a única sobre a qual todos os homens se entendem e têm necessidade de se colocarem de acordo, a única sobre a qual têm que deliberar, que agir em comum; a única, portanto, em torno da qual se pode exercer a política e que deve ser adotada como medida única na crítica de todas as instituições e de todas as coisas sociais." (*Industrie*, II, 188). A sociedade deve se tornar uma vasta sociedade de produção. "A sociedade inteira repousa sobre a indústria. A indústria é a única garantia da sua existência [...]. O estado de coisas mais favorável a indústria é, portanto, unicamente por isso, o mais favorável à sociedade." (II, 13).

Desse princípio, surge uma consequência considerável. É que "os produtores de coisas úteis, sendo os únicos homens úteis na sociedade, são os únicos que devem concorrer para regular a sua marcha". (*Industrie*, II, 186). É, portanto a eles, e só a eles, que a elaboração da lei pertence; é entre as mãos deles que deve ser depositada a integralidade do poder político. Uma vez que, nessa hipótese, toda a trama da vida social será feita de relações industriais, não são, evidentemente, os industriais, os únicos em condições de dirigi-la? O raciocínio, que é capital, compreende duas etapas: 1º) Considerando esse sistema, não existe mais nada de social, a não ser a atividade econômica, o órgão regulador das funções sociais deve ter o papel de presidir a atividade econômica da sociedade. Não há mais lugar para um órgão central que tenha outro objeto, pois já não existe outra matéria na vida em comum. 2º) Esse órgão deve ser necessariamente da mesma natureza que aqueles cujo funcionamento está encarregado de regular, ou seja, ele deve ser composto exclusivamente por representantes da vida industrial.

Todavia, o que é preciso entender pela expressão vida industrial? De acordo com uma concepção que se encontra na base de um número muito grande de constituições políticas, os representantes mais autorizados dos interesses econômicos seriam os proprietários. Para Saint-Simon, ao contrário, o proprietário que é apenas proprietário, que não explora ele mesmo o seu capital, é também o menos qualificado possível para preencher tal ofício. Ele não faz nem mesmo parte da sociedade industrial, pois ela inclui apenas produtores, e ele não produz. É um zangão, e na sociedade só as abelhas contam. Ele é, portanto, tão estranho a ela quanto os nobres e os funcionários do antigo sistema. Existe, disse Saint-Simon, dois grandes partidos, um que compreende a imensa maioria da nação, ou seja, todos os trabalhadores, e que Saint-Simon denomina nacional e industrial; e outro que ele qualifica como antinacional, porque ele é como um corpo parasitário, cuja presença não faz outra coisa além de obstruir o jogo das funções sociais. Nesse último, figuram os nobres [...] e "os proprietários que vivem nobremente, ou seja, sem fazer nada". (*Parti national*, III, 204). Essa oposição entre o proprietário e o industrial reaparece sem cessar sob sua pena, de todas as formas. Em uma de suas últimas obras (*Catéchisme Industriel*), o primeiro é inclusive designado pelo termo mais moderno: burguês. "Não foram os industriais que fizeram a Revolução, foram os burgueses." Mas é importante assinalar que não são todos os capitalistas que são postos assim, à margem da sociedade regular, mas somente aqueles que vivem apenas de suas rendas. Quanto àqueles que fazem, eles mesmos, suas riquezas frutificarem, fecundando-as com seu trabalho; eles são industriais. Consequentemente, a sociedade industrial compreende todos aqueles que participam ativamente da vida econômica, quer sejam ou não proprietários. O fato de possuírem não lhes dá acesso a ela, mas também não os exclui.

Mas de que maneira realizar a eliminação dos ociosos? A consequência lógica do que precede seria a proibição de possuir sem fazer nada e, consequentemente, a interdição de acumular riquezas em proporções que permitam a ociosidade. Saint-Simon não chega tão longe; contenta-se em colocar os ociosos em um estado de tutela legal. Eles não participarão do poder político. Serão tolerados na sociedade, mas permanecerão nela na qualidade de alijados, pois, não sendo representados nos conselhos que dirigem a conduta coletiva, não afetam o seu curso. Para chegar a esse resultado sem demora, dado que, durante a Restauração, só se era eleitor sob a condição de pagar certa quantidade de impostos diretos, seria suficiente estabelecer que os industriais propriamente ditos fossem os únicos a quem caberia pagar esse imposto. Dessa maneira, a indústria seria fácil e rapidamente senhora das Câmaras. Tal é a dimensão de uma medida que Saint--Simon recomenda e que, à primeira vista, parece bastante singular. Ele pede que, a partir de então, o imposto territorial atinja diretamente, não o proprietário da terra, mas o agricultor, o fazendeiro. Não se trata de sobrecarregar o último; veremos que ele se preocupa, ao contrário, em melhorar sua situação, pois sua intenção é fazer que, sozinho, ele tenha o direito de eleger os representantes. É uma maneira de eliminar o proprietário ocioso da vida política. Se Saint-Simon não reivindica a mesma reforma para os proprietários de capitais mobiliários, é porque esses últimos não estavam sujeitos a um imposto direto, elevado o bastante para dar origem a um censo eleitoral (*Industrie*, II, 84-96).

CAPÍTULO VIII – A DOUTRINA DE SAINT-SIMON [SEQ.] – ORGANIZAÇÃO DO SISTEMA [...] | 143

Se os proprietários não devem ser considerados como produtores, não ocorre o mesmo com os sábios que são os auxiliares indispensáveis da Indústria. "O corpo industrial", escreveu Saint-Simon, "compõe-se de duas grandes famílias: a dos sábios ou industriais da teoria e a dos produtores imediatos ou sábios da aplicação." (*Industrie*, III, 60). Consequentemente, também eles têm o direito de serem representados nos órgãos diretores da sociedade, e essa representação é, inclusive, indispensável, pois a indústria não pode prescindir das luzes da ciência. É preciso, pois, que o conselho supremo da indústria propriamente dita seja assistido por um conselho supremo de sábios. É necessário apenas que os dois órgãos, ainda que unidos, sejam distintos, pois as duas funções, a teoria de um lado e a prática de outro, são muito diferentes para poderem ser confundidas. "A divisão da sociedade e de tudo o que concerne a ela, de temporal e de espiritual, deve subsistir no novo sistema como no antigo." (*Organisateur*, IV, 85, n. 1). Trata-se de uma conquista do cristianismo que é importante que não se perca. É preciso que os pensadores possam especular com total independência e sem se sujeitar servilmente às necessidades da prática; mas é preciso que os práticos possam decidir soberanamente sobre tudo o que concerne à execução. Os dois órgãos não deverão, além disso, ser colocados em pé de igualdade; mas é necessário que haja entre eles certa subordinação. É aos industriais que deve pertencer o papel principal, pois é deles que depende a existência dos sábios. "Os sábios prestam importantíssimos serviços à classe industrial, mas recebem dela serviços muito mais importantes, recebem a existência [...]. A classe industrial é a classe fundamental, a classe que alimenta a sociedade" (*Catéchisme*, X, 25). "Os sábios formam apenas uma classe secundária." (Ibid.). Enfim, entre os dois há os artistas, cujo lugar no sistema é determinado com menor clareza. Por vezes, Saint-Simon parece tratá-los como uma classe à parte representada por um órgão especial nos centros diretores da sociedade; por outras, eles desaparecem na classe industrial.

Em resumo, dado que as funções sociais podem ser apenas seculares ou espirituais, ou seja, voltadas na direção do pensamento ou da ação, que, no estado atual da civilização, a única forma racional do temporal é a indústria e do espiritual, a ciência, Saint-Simon conclui: 1°) que a sociedade regular deve compreender apenas produtores e sábios; 2°) que, por conseguinte, ela deve ser submetida aos órgãos diretores compostos por esses mesmos elementos, com certa proeminência dos primeiros sobre os segundos. Tal é o princípio fundamental do novo sistema. Antes de entrar nos detalhes das medidas de aplicação, compreendamos bem sua significação.

144 | LIVRO II – SAINT-SIMON – SUA DOUTRINA – A ESCOLA SAINT-SIMONIANA

Às vezes, ignora-se a sua importância. "Ao se tornar 'o apóstolo do industrialismo', parece que Saint-Simon não fez mais que completar Adam Smith e Jean-Baptiste Say" (Weil, 168), e é somente à luz dos detalhes, e não no princípio fundamental do sistema, que se acredita encontrar uma primeira forma de socialismo. Mas, na realidade, o socialismo já está por inteiro, na doutrina que acabamos de expor. A que ela conduz, de fato, senão a associar a vida econômica a um órgão central que a regula: o que é a própria definição do socialismo. Pouco importa a natureza desse órgão, suas relações com o órgão governamental, do qual nos ocuparemos mais tarde. De tudo o que precede, resulta que não há e nem poderia haver outro órgão mais eminente, uma vez que a vida econômica constitui, de agora em diante, a totalidade da vida social. A partir de agora, ela se encontra, portanto, centralizada. Se essa consequência do princípio não foi percebida é porque, erroneamente, fez-se com que a reforma consistisse na maneira como esse Conselho, essa Assembleia soberana, seria composto(a). Desse ponto de vista, parece que Saint-Simon se contenta em reivindicar um melhor recrutamento das assembleias políticas; limita-se a pedir que uma parte maior seja dada à indústria. Não se observa que uma outra modificação tenha se produzido ao mesmo tempo. Não apenas o poder político não está mais nas mesmas mãos, mas ele repousa sobre toda uma outra ordem de interesses do que anteriormente, a saber, sobre a vida econômica. Essa se tornou não apenas um objeto, mas o objeto único da ação coletiva. A indústria é, a partir de agora, considerada como uma função social, ou antes, como a função social por excelência e, ao ocupar o lugar da função militar, adquiriu todos os caracteres sociais. Ainda que, de acordo com as ideias de Saint-Simon, ela deva continuar a ser gerida por particulares, ainda que ele não a conceba de outra forma que como um conjunto de empresas particulares, ou seja, sob a forma como ela se apresenta. Entretanto, ele estima que esse agregado é um sistema que possui sua unidade, em que todas as partes devem funcionar harmonicamente e que, por conseguinte, deve ser submetido a uma ação diretriz e, portanto, social. Numerosas são as passagens em que essa ideia encontra-se exposta. Em frases muito notáveis do *Système Industriel,* ele mostra que, em consequência da divisão do trabalho social, os indivíduos seriam hoje mais estreitamente solidários e mais dependentes da massa. "À medida que a civilização faz progressos, a divisão do trabalho, considerada tanto no que concerne ao espiritual quanto ao temporal, aumenta na mesma proporção. O resultado é que os homens dependem menos uns dos outros, individualmente, mas que cada um depende mais da massa, exatamente na mesma relação." (V, 16). E essa ação da massa é

CAPÍTULO VIII – A DOUTRINA DE SAINT-SIMON [SEQ.] – ORGANIZAÇÃO DO SISTEMA [...] | 145

normal e útil, e por isso "a organização de um sistema bem ordenado exige que as partes estejam fortemente ligadas ao conjunto e na sua dependência" (Ibid.). É para assegurar essa dependência, essa preponderância do conjunto sobre as partes que a instituição de um órgão diretor é necessária. Seu papel é de combinar os esforços em vista de um objetivo comum. "Até o presente, os homens só exerceram esforços puramente individuais e isolados sobre a natureza [...]. Que se julgue, por isso, a que ponto a humanidade chegaria se os homens [...] se organizassem para exercer esforços combinados sobre a natureza, e se as nações seguissem entre elas o mesmo sistema." (*Organisateur*, IV, 194). É precisamente para assegurar essa combinação que todo o sistema deve se inclinar. Assim ele será possível, mas apenas quando, por efeito da divisão do trabalho, a unidade do corpo social já exista de fato. É preciso, previamente, "que na grande maioria da nação, os indivíduos estejam engajados, em associações industriais, mais ou menos numerosas e ligadas entre si [...] o que permite formar um sistema geral, dirigindo-os em direção a um objetivo comum" (*Syst. ind.*, VI, 185). Aqui está o que distingue Saint-Simon dos economistas clássicos. Para eles, a vida econômica está totalmente fora da política; refere-se completamente ao particular. Para Saint-Simon, ela é toda a matéria da política; não somente há uma política de interesses econômicos, mas não existe outra. "A política é a ciência da produção" (*Industrie*, II, 188).

Nona lição

Toda a doutrina de Saint-Simon se detém no seguinte problema: "Qual é o sistema social que o Estado atual dos povos europeus reivindica?". Para responder a essa questão, Saint-Simon interroga a História. Porém, ela nos mostra que as sociedades modernas trazem, em si, dois sistemas sociais, não apenas diferentes, mas contraditórios, e que se desenvolvem em sentido inverso um do outro, desde os primeiros tempos da Idade Média. Um tem, como pedra angular, a força militar e o prestígio irracional da fé, o outro, a capacidade industrial e a autoridade livremente aceita dos sábios. No que concerne ao secular, um é inteiramente organizado para a guerra, para a depredação, o outro, para a produção pacífica. No que concerne ao espiritual, aquele desvia sistematicamente os espíritos dos homens de tudo o que é terrestre, enquanto este os concentra nas coisas deste mundo. Tal antagonismo exclui soluções mistas e ecléticas; ao menos, elas só podem ser úteis a título provisório, ou seja, enquanto se encaminham para uma solução radical e definitiva. Mas elas não dispensam essa última, que não pode

146 | LIVRO II – SAINT-SIMON – SUA DOUTRINA – A ESCOLA SAINT-SIMONIANA

ser indefinidamente adiada. Uma sociedade não pode ser coerente e estável, enquanto se basear simultaneamente em dois princípios tão evidentemente contrários. Só pode estar em equilíbrio se estiver inteiramente organizada de maneira homogênea, ou seja, se todas as forças coletivas se moverem no mesmo sentido e, em torno de um único e mesmo centro de gravidade. É preciso, pois, escolher categoricamente, entre esses dois sistemas; ou bem restaurar integralmente um, ou bem estender o outro à integridade da vida social. Mas o primeiro é impossível, pois, mesmo que fosse útil, não poderíamos, em nenhum caso, retroceder o curso da História. Por conseguinte, o segundo se impõe. A única maneira de desfazer a crise é eliminar da sociedade tudo o que resta do passado, todas as sobrevivências, de agora em diante sem razão, do regime feudal e teológico e tolerar nela, como membros regulares, apenas os produtores de coisas úteis, ou, como diz Saint-Simon, os industriais. É preciso que a sociedade se desvincule dos órgãos parasitários, que a força do hábito ainda mantém, e que absorvem uma parte da vitalidade coletiva, para não ser mais do que um sistema de funções econômicas, uma vasta associação de produção, e que, em consequência, ela se organize.

Assim formulada, a tese de Saint-Simon poderia ser aceita pelos economistas, inclusive pelos mais clássicos. De fato, eles também sustentam que as sociedades atuais são e devem ser essencialmente industriais, que são as relações econômicas que constituem a trama, por excelência da vida coletiva. Mas aqui está onde se assinala a divergência entre eles e Saint-Simon. É que, aos olhos dos primeiros, as funções econômicas, sendo o que há de mais vital nas sociedades contemporâneas, tendo as outras sob sua dependência são, no entanto, coisas exclusivamente privadas e mostram apenas iniciativas individuais. Enquanto, para Saint-Simon, a indústria de um país é um sistema que possuiu sua unidade, e que, a esse título, deve ser submetido a uma influência diretriz, a uma ação exercida pelo conjunto sobre as partes; e como, do ponto de vista em que se coloca, o sistema industrial constitui um todo com o sistema social inteiro, é da sociedade que deve emanar essa influência, é a coletividade que deve exercer essa ação. Em outros termos, para uns como para outros, a vida social deve formar um todo com a vida social; apenas, não vendo nessa última, mas de que combinações de interesses particulares, os discípulos de Smith e Say retiram-lhe, em um mesmo golpe, o seu caráter social, de forma a chegarem a essa estranha conclusão de que não há nada na sociedade que seja propriamente social. Pois lhe retiram todo o seu antigo conteúdo, a saber, a paixão pela glória nacional, o respeito pelas crenças comuns etc., e colocam no lugar

CAPÍTULO VIII – A DOUTRINA DE SAINT-SIMON [SEQ.] – ORGANIZAÇÃO DO SISTEMA [...] | 147

apenas coisas e sentimentos de ordem privada. Mas, consequente com o seu princípio, após ter estabelecido que a única atividade normal da atividade social é a partir de então a atividade econômica, Saint-Simon conclui que ela é uma coisa social, ou antes, que ela é *a coisa social*, porque não há outra possível e ela precisa ser tratada como tal. É preciso que tenha um caráter coletivo, a menos que não haja mais nada que tenha esse caráter, ou seja, a menos que não haja mais nada de comum entre os homens. A sociedade só pode se tornar industrial se a indústria se socializa. Eis como o industrialismo desaguou logicamente no socialismo.

No entanto, essa socialização das forças econômicas não é concebida por Saint-Simon sob uma forma rigorosamente unitária. Ele sequer tem ideia de que o comércio e a indústria possam ser gerados de outra forma que não seja por empresas particulares; ele pede apenas que o sistema formado por essas explorações privadas seja submetido à ação de órgãos reguladores, conselhos diretores que mantenham sua unidade e lhe assegurem a harmonia. Resta-nos ver de que maneira esses conselhos devem ser compostos e qual é o seu modo de funcionamento.

Em primeiro lugar, no que concerne ao seu recrutamento e organização, encontramos na obra de Saint-Simon planos diferentes, que não concordam exatamente entre si. O mais completo é o do *L'Organisateur*. De acordo com ele, haverá três câmaras. A primeira, ou Câmara de Invenção, será constituída por trezentos membros escolhidos entre engenheiros e artistas. É ela que irá elaborar os projetos "de obras públicas a serem empreendidas para aumentar o patrimônio da França e melhorar a situação dos seus habitantes, sob todos os aspectos de utilidade e prazer" (IV, 51). Também será da sua competência a elaboração dos projetos de festas públicas. A segunda câmara, ou Câmara de Exame, contará com o mesmo número de membros, mas será inteiramente composta por sábios, cem matemáticos, cem físicos e cem fisiólogos. Ela examinará os projetos da primeira e, além disso, dirigirá a educação pública. Essa será, inclusive, a sua função principal. Enfim, a terceira câmara, ou Câmara de Execução, será a antiga câmara dos comuns ou dos deputados. Mas ela será unicamente recrutada entre os chefes de todos os ramos da indústria comercial, agrícola e manufatureira. É por meio dela, e somente por intermédio dela, que poderão ser realizados os projetos imaginados pela primeira câmara e examinados pela segunda; por isso é dela, e somente dela, que dependerá o instrumento da ação coletiva, a saber, o orçamento. A reunião dessas três câmaras formará o Parlamento.

No *Système industriel*, encontramos outro programa de aspecto menos utópico. Saint-Simon contenta-se em pedir que o estabelecimento do orça-

148 | LIVRO II – SAINT-SIMON – SUA DOUTRINA – A ESCOLA SAINT-SIMONIANA

mento e o emprego dos fundos sejam entregues aos representantes da indústria, e que o Instituto seja utilizado de maneira que substitua o clero no exercício do poder espiritual. Para alcançar o primeiro objetivo, será suficiente reorganizar três ministérios, o das Finanças, o do Interior e o da Marinha. Só poderá ser ministro das Finanças um industrial que tenha exercido a sua profissão durante dez anos consecutivos, além disso, ele será assistido por um conselho de vinte e seis membros, denominado de câmara da indústria, também provenientes da indústria, que decidirá o orçamento. O ministro do Interior também deverá ter passado, ao menos, seis anos consecutivos na indústria. Ele estará ligado a um conselho encarregado de decidir o emprego dos fundos acordados ao Ministério pela Câmara da Indústria, mas que será formado, sobretudo, por sábios e engenheiros. Enfim, o ministro da Marinha deverá ter exercido por dez anos a profissão de armador, e o conselho que se vinculará a ele será composto por treze membros nomeados, respectivamente, pelos armadores de nossos grandes portos. (V, 106 ss.). Quanto ao que concerne ao poder espiritual, será ainda mais fácil de organizar. Dado que, "o laço mais forte que pode unir os membros de uma sociedade consiste na semelhança dos seus princípios e dos seus conhecimentos, e que essa semelhança pode existir apenas como o resultado da uniformidade da educação dada a todos os cidadãos" (VI, 238), será suficiente solicitar ao Instituto que formule "um catecismo nacional que abrigará o ensino elementar dos princípios que devem servir de base para a organização social, assim como, a instrução sumária das principais leis que regem o mundo material" (VI, 237). Além disso, esse mesmo corpo supervisionará a instrução pública; "nas escolas não se poderá ensinar nada que seja contrário ao catecismo nacional" (VI, 239). Vemos que Saint-Simon, à medida que avança, esforça-se para reduzir e para tornar mais modestas as reformas que ele reivindica, a fim de mostrar que elas são fácil e imediatamente aplicáveis. No entanto, no *Catéchisme Industriel*, ao voltar a essa questão da reorganização do poder espiritual, ele propõe introduzir algumas modificações na constituição do Instituto, a fim de colocá-lo em melhores condições de desempenhar suas novas funções. Deveria haver nele duas Academias: uma, que correspondesse à Academia das Ciências, na qual bastaria introduzir "sábios em economia política", teria o papel de elaborar o código de interesses, ou seja, de formular as regras às quais a indústria deve se adequar, para ser a mais produtiva possível; a outra, que se encontrava em estado embrionário na classe das ciências morais e políticas instituídas pela Revolução, mas agora abolida, seria encarregada de estabelecer o código dos sentimentos, ou seja, o sistema de regras morais em harmonia com

CAPÍTULO VIII – A DOUTRINA DE SAINT-SIMON [SEQ.] – ORGANIZAÇÃO DO SISTEMA [...] | 149

as condições de existência da sociedade industrial. Não abrigaria apenas moralistas, mas legistas, teólogos, poetas, pintores, escultores e músicos. Por último, acima dessas duas Academias, um Colégio científico supremo, nomeado por elas, coordenaria seus trabalhos, fundiria, em um mesmo corpo de doutrinas, os princípios e as regras estabelecidos por eles e serviria de intermediário entre elas e os conselhos encarregados do exercício do poder temporal (X, 26 ss.).

É inútil expor em detalhes esses projetos de reforma que, evidentemente, não são o que existe de substancial no sistema. Todas as vezes que um reformador não se contenta em colocar os princípios gerais, mas se dedica a mostrar, em um plano muito detalhado, como eles são susceptíveis de serem realizados, é difícil evitar cair na utopia, por vezes, inclusive, na puerilidade ou, pelo menos, é difícil evitar dar essa impressão. A esse respeito, há apenas diferenças de graus entre os programas de Thomas More e Campanella e os de Saint-Simon, e essa aparência comum certamente contribuiu para produzir esse erro histórico que faz do socialismo um simples derivado, uma variedade nova, do velho comunismo. O que dá a todas essas doutrinas o mesmo aspecto, quando elas abordam os problemas de aplicação, é a distância que existe – e cuja existência percebemos – entre o caráter forçosamente abstrato e vago das formas sociais que são, dessa maneira, totalmente imaginadas e a natureza eminentemente concreta das que temos sob nossos olhos. Qualquer que seja a engenhosidade dos inventores, a realidade que eles constroem, apenas com o esforço do pensamento, é bem pobre e pálida, ao lado desta de que temos a experiência atual e o contato presente; seus contornos são, apesar de tudo, bem imprecisos, e suas linhas muito flutuantes. Temos bastante consciência de que a vida social é muito rica, muito complexa para poder ser arranjada dessa forma antecipadamente. É por isso que todos esses arranjos nos dão a sensação de alguma coisa artificial e irreal, sensação que cresce, em razão dos esforços feitos pelos outros para evitá-la, tentando prever tudo, ou seja, multiplicando os detalhes de execução. Um programa de reforma só pode ser esquemático, e quanto menos queira sê-lo, mas desperta desconfianças. Convém, portanto, não se deter no detalhe das medidas propostas por Saint-Simon. Sobretudo, o sistema não deve ser julgado de acordo com elas. Nelas, vemos apenas uma ilustração dos princípios, os únicos que merecem ser retidos e que não sofreram variações. Nós os encontramos idênticos na base dos diferentes planos que acabamos de expor. Eles podem ser resumidos assim: 1°) dado que a vida social deve ser inteiramente industrial, o órgão regulador da vida social deve ser constituído de maneira a poder presidi-la com competência,

150 | LIVRO II – SAINT-SIMON – SUA DOUTRINA – A ESCOLA SAINT-SIMONIANA

ou seja, deve ser composto por industriais; 2°) dado que a indústria nada pode sem a ciência, é preciso que o Conselho Supremo da indústria seja assistido por um Conselho de sábios; 3°) dado que a ciência e a arte, a teoria e a prática, o espiritual e o temporal constituem duas funções, ao mesmo tempo distintas e solidárias, é preciso dar a cada uma delas uma organização distinta, estabelecendo, ao mesmo tempo, um sistema de comunicações constantes entre elas. Duas propostas importantes foram assim estabelecidas. A primeira, é que os negócios coletivos necessitam de competências especiais, da mesma forma que os negócios privados e, por conseguinte, o sistema formado pelo conjunto das profissões industriais, só pode ser administrado de maneira útil com a ajuda de uma representação profissional. Com um golpe, rejeita-se o princípio revolucionário que a cada um atribuía uma competência universal em matéria social. Não há outro além de Saint-Simon que o tenha combatido com mais vigor. A segunda é que a prática supõe a ciência sem se confundir com ela; é que a conduta humana só é inteligente e esclarecida na medida em que é dirigida pela teoria, ainda que a teoria só possa ser fecunda, caso não se sujeite a perseguir fins práticos. Assim considerada, a ciência deixa de ser uma simples ocupação privada, um simples assunto de curiosidade individual, para se tornar uma função social *sui generis*, porque é dela que se espera, a partir de agora, os princípios comuns de acordo com os quais a ordem dos interesses e dos sentimentos deveria ser regulamentada. Ela é chamada, portanto, para desempenhar, na sociedade, em relação à indústria, o papel que a inteligência e, sobretudo, a inteligência reflexiva, desempenha no indivíduo em relação à atividade. E, ao lhe assinalar esse papel, Saint-Simon não lhe atribuía uma missão nova, mas não fazia mais do que tomar consciência das funções que ela cumpre realmente. O que ela é de fato? É outra coisa além da forma eminente de inteligência coletiva?

Agora que sabemos como devem ser compostos esses conselhos, vejamos de que maneira eles devem funcionar.

Uma primeira questão que se coloca é saber quais relações eles manterão com o que normalmente denominamos Estado ou governo, ou seja, com o corpo constituído que dispõe da força material da sociedade, Exército, polícia etc. Como, até o presente, entre os povos conhecidos, o governo exerceu sobre todas as funções uma verdadeira preeminência, seria possível acreditar que, no futuro, a organização industrial estará igualmente subordinada a ele, que ela sofrerá a sua ação e será apenas o que ele lhe permitir ser. De fato, não é dele que todas as corporações que se formam no inte-

CAPÍTULO VIII – A DOUTRINA DE SAINT-SIMON [SEQ.] – ORGANIZAÇÃO DO SISTEMA [...] | 151

rior da sociedade recebem sua existência, e não é uma regra que elas sejam submetidas ao seu controle? Mas, tal hipótese é excluída pelo princípio que exige uma competência especial de todos os que participam da administração da vida industrial. Principalmente porque as funções que ele cumpre não são de ordem econômica, o governo não deve intervir no jogo das funções econômicas. "O governo sempre prejudica a indústria quando se mistura nos seus negócios, ele a prejudica, inclusive, nos casos em que faz esforços para encorajá-la" (*Industrie*, II, 186). Além disso, a história nos mostrou que o mundo industrial foi constituído espontaneamente fora de toda ação governamental. Ele nasceu sob a influência de causas internas, progrediu silenciosamente, sem que, durante muito tempo, o Estado tivesse alguma consciência das grandes transformações que estavam sendo realizadas. Inclusive, a indústria só se desenvolveu porque certas partes do corpo social, sujeitas até então ao poder governamental, ou seja, ao poder feudal, foram se libertando pouco a pouco e, graças a essa liberação, puderam se proporcionar uma organização especial. Em que consiste, portanto, na nova sociedade, a tarefa do governo? Uma vez que, ele não pode – nem deve – ter uma ação sobre o que constitui a própria fundação da vida comum, só poderá desempenhar um papel subalterno e negativo. Defenderá os produtores contra os ociosos, que desejam consumir sem produzir. Ele seria totalmente inútil se só houvesse trabalhadores na sociedade. "Mas circula, no seu seio, uma multidão de homens parasitas que, não produzindo nada, desejam consumir como se produzissem. Forçosamente, essas pessoas vivem do trabalho alheio, quer ele lhes seja dado, quer seja tomado. Em poucas palavras, existem preguiçosos, ou seja, ladrões. Os trabalhadores estão, portanto, expostos a se verem privados do prazer, que é o objetivo do seu trabalho." Consequentemente, existe lugar para uma empresa particular que tenha por objetivo "impedir a violência com que a ociosidade ameaça a indústria [...]. Um governo não é outra coisa senão a empresa desse trabalho. A matéria do governo é a ociosidade." (*Industrie*, II, 129-30). Disso se conclui que ele não possui senão funções secundárias, pois não concorre diretamente e de uma maneira positiva para o que é a razão de ser da sociedade, a saber, a produção de coisas úteis. Está sob a dependência dos industriais, que o remuneram pelo serviço muito especial que lhes presta. "Enquanto os governantes protegem os sábios (de teoria e de aplicação), permanecemos no regime antigo; mas, a partir do momento em que os sábios protegem os governantes, começamos realmente o regime novo." (*Industrie*, III, 29). Esses são, portanto, os conselhos supremos da indústria,

152 | LIVRO II – SAINT-SIMON – SUA DOUTRINA – A ESCOLA SAINT-SIMONIANA

compostos, como dissemos, sendo os únicos qualificados para determinar soberanamente a marcha da sociedade. Dessa proposição se origina outra de não menos importância. Uma vez que o governo é estranho à organização industrial, ela é indiferente a todas as formas possíveis de governo. Presta-se tão bem a uns como a outros. De fato, Saint-Simon mostra, por meio de exemplos, que povos submetidos a um mesmo regime governamental, apresentam os contrastes mais intensos, do ponto de vista do estado econômico. Além disso, acrescenta, não é sem razão que os industriais se desinteressam por essas questões. "Eles não possuem absolutamente opiniões nem partidos políticos que lhes sejam próprios." (*Catéchisme*, VIII, 11). Assim, eles percebem bem que todas essas controvérsias não lhes concernem, que a vida econômica é independente de todas as particularidades constitucionais. Mas, se é assim, em uma sociedade que fosse total e exclusivamente industrial, como aquela cujo advento Saint-Simon anuncia, é claro que todas essas questões não podem ter senão um interesse muito secundário, pois a orientação da sociedade não depende delas. É, preciso, portanto, abster-se de lhes atribuir uma importância que elas não possuem; nós nos exporíamos a perder de vista as verdadeiras dificuldades do tempo presente. É o erro que cometeram as assembleias revolucionárias e todas as que as sucederam. Acreditou-se que o que havia de mais urgente a ser feito era colocar-se à procura do melhor governo possível, sem ver que todas essas combinações de metafísica política não chegam ao fundo das coisas. Enquanto tesouros de engenhosidade foram gastos nesses arranjos superficiais, a sociedade industrial permanecia no estado de desorganização ou de organização imperfeita do qual resultava a crise; e é isso que faz que ela ainda perdure. É preciso renunciar a esse método e remeter todos esses problemas de pura política a seu verdadeiro lugar, que é secundário. Não existe, inclusive, espaço para tratá-los *ex professo* e de maneira geral, e o melhor é resolvê-los de acordo com as circunstâncias, ou seja, conservar, por exemplo, a forma de governo que existe, qualquer que ela seja, aristocracia, monarquia, república etc., desde que não coloque obstáculo para o estabelecimento do novo regime.

Detenhamo-nos um instante nessa concepção que vai nos dar conta de um fato importante. Um aspecto muito particular das teorias sociais do século XIX, que não encontramos absolutamente nas do século XVIII, é o de que então dois tipos de questões são distinguidos e tratados separadamente, mesmo quando são considerados solidários. Existem, por um lado, os problemas ditos políticos, de outro, os problemas sociais; além disso, é incontestável que, quanto mais avançamos nos séculos, mais a atenção pública

CAPÍTULO VIII - A DOUTRINA DE SAINT-SIMON [SEQ.] - ORGANIZAÇÃO DO SISTEMA [...] | 153

se afasta dos primeiros para se reportar inteiramente aos segundos. O que precede permite compreender como foi feita essa distinção, o que ela significa e de onde vem essa progressiva supressão das questões políticas. É que essas últimas são aquelas que se referem direta ou indiretamente à forma do governo. As questões sociais, ao contrário, são as que levantam o estado econômico das sociedades modernas; o que as suscitou é que as funções industriais adquiriram uma importância e um desenvolvimento que não permitem deixá-las no estado de desorganização em que se encontravam. E essas questões são chamadas sociais e merecem ser, ainda que, à primeira vista, pareçam ter apenas um objeto especial e restrito, precisamente porque, como demonstrou Saint-Simon, as relações econômicas se tornaram a matéria única ou, em todo caso, a principal da vida social. Existe, portanto, duas ordens de problemas bem diferentes: uns, que tratam longamente das partes culminantes da sociedade, das que são, ou melhor, que foram até o presente, as mais aparentes e delas apenas; os outros, que são relativos à organização das partes profundas. E é evidente, que não é resolvendo os primeiros, que se poderá encontrar a solução para os segundos; não é combinando dessa ou daquela maneira os elementos diversos que formam as esferas governamentais, que será possível dar ao mundo industrial a organização que ele reivindica. Nessas condições, concebe-se sem dificuldade que as questões políticas tenham perdido seu interesse, uma vez que elas concernem apenas a uma pequena parcela da sociedade, uma vez que se referem somente a uma função especial, enquanto nas outras é todo o conteúdo positivo da vida coletiva que está envolvido. Eis de onde vem a percepção, muito geral hoje, de que os acontecimentos produzidos nas regiões superiores, nas quais os atos governamentais são elaborados, não são suscetíveis de repercussões muito profundas. Ademais, nós temos consciência de que não é lá que está situado o nó vital da sociedade; que é sob essa casca superficial que vivem e se agitam grandes interesses sociais. Se, anteriormente, as questões políticas tinham uma importância totalmente diferente, agora o papel do governo também é muito distinto. Enquanto o âmago da vida social era feito de crenças e de tradições comuns, era o governo que, encarnando essas tradições, forjava a unidade das sociedades. Era nele que elas tomavam consciência de si mesmas, de forma que todas as manifestações da atividade coletiva eram solidárias da forma de governo. Suprima o patriciado romano e não há mais cidade antiga. Sem a lealdade feudal e, mais tarde, sem a lealdade monárquica, as sociedades da Idade Média, em seguida as dos séculos XVI ao XVIII, não teriam se mantido. Ao contrário, nas nossas grandes sociedades contemporâneas, em que são as relações econômicas que

154 | LIVRO II – SAINT-SIMON – SUA DOUTRINA – A ESCOLA SAINT-SIMONIANA

formam o fundo da vida comum, a unidade social é, sobretudo, o resultado da solidariedade dos interesses; ela se deve, portanto, a causas internas, aos laços de interdependência que unem entre elas as diferentes partes da sociedade, e não a este ou àquele caráter do órgão governamental. Cada povo constitui hoje um todo coerente, não porque se habituou a se identificar com tal função ou com tal classe, mas porque ele é um sistema de funções inseparáveis umas das outras que se completam mutuamente. O governo não é mais do que uma dessas funções. Não possui, portanto, o grande papel moral que desempenhava anteriormente. Dessa forma, pode-se acreditar que o que melhor caracteriza nossas democracias atuais, o que faz sua superioridade sobre as outras formas de governo é, precisamente, que nelas as formas de governo estão reduzidas ao mínimo. Consequentemente, elas não incomodam em nada a organização subjacente a que aspira ser. Talvez, seja lá também que é preciso procurar a diferença que as separam das democracias primitivas, com as quais elas têm sido muito frequente e descuidadamente confundidas.

Mas retomemos o fio da nossa exposição. Acabamos de ver que os conselhos diretores da vida industrial são independentes e são, inclusive, superiores a ele. Mas, se eles são destinados a se colocar, dessa forma, acima do governo, não seria com a condição de se tornarem, eles mesmos, o governo? Se o fazem descer da situação preeminente que ocupou até agora, não será simplesmente porque eles próprios têm os conselhos e as atribuições? E, é preciso que os representemos administrando a vida industrial de acordo com os procedimentos que os governos empregaram sempre na direção dos assuntos comuns? Não seriam eles apenas um estado de um novo gênero, fiel a todas as tradições do Estado e funcionando da mesma maneira? Isso seria, diz Saint-Simon, equivocar-se completamente sobre a natureza do único regime que pode convir às sociedades industriais. Essas não necessitam apenas que os conselhos que as dirigem sejam compostos de maneira distinta da dos antigos conselhos governamentais. É preciso, além disso, que a ação diretriz que eles exercem se faça sentir de uma maneira muito diferente, de acordo com um método totalmente distinto, para que ela esteja em harmonia com as condições especiais em que se encontram essas sociedades. Devem ter um modo de funcionamento específico que é importante determinar.

O que caracteriza, entre todos os povos conhecidos, a ação governamental, é o fato de ela ser exercida por homens sobre homens. Os governantes sempre foram indivíduos que comandavam outros indivíduos, vontades que sujeitavam outras vontades. E não podia ser de outra maneira, porque o

CAPÍTULO VIII – A DOUTRINA DE SAINT-SIMON [SEQ.] – ORGANIZAÇÃO DO SISTEMA [...] | **155**

único princípio da organização social das sociedades militares era a força. Por definição, as sociedades militares implicam que alguns detenham o poder e que outros sejam excluídos dele; os primeiros são, portanto, soberanos dos segundos, mas esses só aceitam, evidentemente, o seu estado de sujeição, porque ele é imposto. Toda a ordem social repousa, portanto, sobre a base do mando. Ao mesmo tempo em que ela é imperativa e, porque ela é imperativa, a ação governamental é necessariamente arbitrária, pois os homens que comandam, mandam como desejam. As vontades soberanas, às quais as outras vontades são submetidas, mudam e desviam-nas para a direção que lhes agrada; a arbitrariedade está na própria essência de toda vontade. Frequentemente queixamo-nos desse déspota do qual a história oferece tantos exemplos e reprovamos os próprios governantes. É um erro, pois não se trata de um simples produto de faltas individuais, mas de uma consequência necessária da antiga constituição social. Ele não pode deixar de existir, a partir do momento em que a sociedade só é coerente porque vontades são submetidas a outras vontades. Sobretudo, é preciso que se abstenha de acreditar que tal estado de coisas depende dessa ou daquela forma de governo que, por exemplo, seguindo os lugares comuns tantas vezes repetidos, tenha por causa o despotismo monárquico (*Organisateur*, IV, 191, nota). Ele não é menor sob o parlamentarismo. A arbitrariedade das maiorias não vale mais do que as de um monarca. Em um caso como no outro são homens que dão ordens a outros homens e que os fazem obedecer. Pouco importa que a vontade dominante seja de um indivíduo, de uma casta, ou a de um grupo designado por eleição.

Completamente diferente deve ser a maneira de agir dos órgãos reguladores da sociedade industrial. Nela, na realidade, não são os mais fortes que dirigem, mas os mais capazes tanto em ciências como em indústria. Eles não são chamados a exercer tal papel porque detêm o poder para fazer cumprir sua vontade, mas porque sabem mais coisas que os outros e suas funções, por conseguinte, não consistem em dizer o que desejam, mas o que sabem. Eles não ditam ordens, declaram apenas o que é conforme à natureza das coisas. Os sábios demonstram quais são as leis da higiene social; em seguida, entre as medidas que propõem, em consequência dessas leis, os industriais escolherão as que a experiência tiver demonstrado serem as mais praticáveis. Os primeiros dirão o que é saudável e o que não é; o que é normal e anormal. Os segundos executarão. Uns ensinarão o que é verdade, os outros retirarão desses ensinamentos as consequências práticas que eles comportam. As coisas ocorrerão como estão ocorrendo agora na indústria, onde vemos, por exemplo, os químicos enunciarem as leis da combinação

156 | LIVRO II – SAINT-SIMON – SUA DOUTRINA – A ESCOLA SAINT-SIMONIANA

dos corpos; os físicos, as leis da sua resistência e, em seguida, os engenheiros deduzirem; a partir das leis assim demonstradas, as aplicações resultantes, sem que nenhum lugar seja dado, em todo esse processo, ao jogo de vontades caprichosas e impessoais. Não são mais os homens que dirigem os homens. É a verdade sozinha que fala, ela é impessoal, e não há nenhuma outra coisa menos arbitrária. Definitivamente, são as próprias coisas que indicam, por intermédio dos que as conhecem, a maneira como devem ser tratadas. "No antigo sistema", escreve Saint-Simon, "a sociedade era essencialmente governada por homens; no novo, é governada apenas por princípios." (*Organisateur*, IV, 197). Porém, os princípios, para serem obedecidos, não necessitam falar em tom de comando. Também não precisam forçar as vontades. Nós nos submetemos espontaneamente a eles, porque são o que são, porque eles são a verdade. Não podemos desejar agir de outra maneira que não seja conforme a natureza das coisas. Junto com a arbitrariedade desaparece, consequentemente, a coação governamental. Inclusive, pode-se dizer que em tal sociedade, não há mais desigualdades, porque não existem mais privilégios. Os que dirigem não estão acima dos que são dirigidos, não são superiores a eles. Preenchem outra função, eis tudo. Dizem o que é e o que não é; o que é bom ou mal; os outros agem e eis tudo. E como cada um tem um papel de acordo com a sua capacidade, todos são tratados de forma igualitária. "A verdadeira igualdade", escreve Saint-Simon, "consiste em que cada um retire da sociedade benefícios exatamente proporcionais à sua contribuição social, ou seja, a sua capacidade positiva, ao emprego útil que dá a seus meios." Ora, essa igualdade "é o fundamento natural da sociedade industrial" (*Syst. ind.*, VI, 17). "O sistema social", ele diz em outro lugar, "é fundado sobre o princípio da igualdade perfeita; ele se opõe ao estabelecimento de todos os direitos de nascimento e inclusive a toda espécie de privilégios." (*Catéchisme*, VIII, 61). Nessas condições, a ordem social não tem necessidade de ser imposta. Ela é natural e espontaneamente desejada por todos, porque cada um encontra aí o campo necessário para o livre desenvolvimento da sua natureza e se inclina apenas diante dos princípios necessários derivados da natureza das coisas. É nessas condições, e somente nelas, que a sociedade poderá realmente exercer sua soberania; "soberania que não consiste absolutamente em uma opinião arbitrária erigida na lei pela massa, mas em um princípio derivado da própria natureza das coisas e do qual os homens nada mais fizeram do que reconhecer a justiça e proclamar a necessidade" (*Organisateur*, IV, 198).

Para distinguir essa maneira de administrar os interesses sociais da que foi, até o presente, empregada por governantes, Saint-Simon propõe cha-

CAPÍTULO VIII – A DOUTRINA DE SAINT-SIMON [SEQ.] – ORGANIZAÇÃO DO SISTEMA [...] | 157

má-la por um nome especial, diz que ela é administrativa em oposição a outra que ele denomina de governamental. "A espécie humana", escreve, "foi destinada por sua natureza a viver em sociedade; inicialmente, foi chamada a viver sob o regime governamental; está destinada a passar do regime governamental ou militar, para o regime administrativo ou industrial." E ele se utiliza dessa expressão porque esse regime é o que, no presente, emprega-se na direção das grandes companhias industriais. São administradas e não governadas. Os conselhos administrativos que as dirigem, não lhes impõem vontades arbitrárias; dizem apenas o que convém ou não fazer, de acordo com o ensinamento dos sábios, segundo o informe do resultado das estatísticas. Eles não estão investidos de uma autoridade quase religiosa que faz que sejam obedecidos. Estão simplesmente melhor informados do que aqueles que executam o que decidiram. Toda a sua função consiste em elaborar o orçamento, da melhor forma possível, para o interesse comum. É esse modo de gestão que precisa ser transportado para o governo dos interesses sociais. "O estabelecimento do banco, das companhias de seguro, das caixas econômicas, das companhias para a construção de canais e a formação de uma multidão de outras associações que têm por objetivo a administração de negócios muito importantes, habituaram os franceses ao modo administrativo para a gestão de grandes interesses; disso decorre que esse modo de administração pode ser aplicado à gestão dos interesses gerais, sem que essa inovação, na alta direção dos negócios públicos, ocasione nem espanto nem abalos." (*Org. soc.*, X, 148). Em outras palavras, a sociedade industrial deve ser industrialmente administrada.

Compreendamos bem o pensamento de Saint-Simon. Acabamos de ver sucessivamente, primeiro, que o governo propriamente dito devia ser reduzido a um papel subalterno de polícia, uma vez que os órgãos reguladores da nova sociedade deviam exercer sua ação de um modo muito diferente daquele que, em todos os tempos, os governos empregaram. Disso resulta que, na sociedade industrial, a ação governamental, se ela não é nula, é reduzida ao mínimo e tende a reduzir-se a nada. Mas Saint-Simon entrevê um tempo em que ela se tornará quase inútil. Porque, quando a organização for definitivamente estabelecida, o número de ociosos, de parasitas e, consequentemente, de ladrões será reduzido a nada; pois eles não poderão se manter e, como cada um se sentirá seguro para encontrar no organismo social um lugar de acordo com suas aptidões, serão bem raros os que recorrerão à violência para subsistir. O governo carecerá, portanto, mais ou menos completamente, da matéria que é a sua razão de ser. Qualquer que seja o futuro, a partir de agora, a autoridade imperativa não deve mais ter lugar na direção dos negócios comuns. Na sociedade industrial, não haverá governo no sentido que damos a essa palavra, porque quem diz governar diz poder de coação e, aqui, tudo é espontâneo. A sociedade saint-simoniana não é um exército que só possui unidade por se submeter a seus chefes e que evolui suavemente seguindo seus preceitos. Para falar com exatidão, ela não tem chefes. Cada um assume a posição que é da sua natureza ocupar, e não executa outros movimentos além dos que são comandados pela natureza das coisas. Tudo se faz por si mesmo. Se, portanto, seguindo o costume, chamamos de anárquica toda a teoria social em que a forma governamental é mais ou menos completamente suprimida, é preciso dar essa qualificação à doutrina saint-simoniana.[36]

Aqui está verificada uma proposição que havíamos enunciado na nossa primeira lição. É que o socialismo – bem longe de ser autoritário, como dizemos com frequência; bem longe de reclamar uma organização mais forte dos poderes governamentais – era ao contrário, em certo sentido, essencialmente anárquico. Encontramos essa mesma tendência, mais pronunciada ainda, tanto em Fourier como em Saint-Simon, tanto em Proudhon como em Fourier, tanto em Max como em Proudhon. Mas o que importa assinalar também é que, nesse ponto, as duas doutrinas opostas, o socialismo e o comunismo, apresentam a mais impressionante semelhança. Sabe-se, de fato, que em todos os tempos os economistas ortodoxos também professaram que a ordem social era espontânea e que, consequentemente, a ação governamental era normalmente inútil. Eles também querem reduzir o governo ao papel de polícia, com a esperança de que esse papel se tornará cada vez mais inútil. E essa coincidência entre os dois sistemas não é resultado de um acidente fortuito: ela vem do fato de um e outro repousarem sobre o mesmo princípio, a saber, o industrialismo. Se a matéria da vida social é composta exclusivamente, então, não há necessidade de coação para induzir as pessoas e as sociedades a perseguirem seus interesses, a autoridade governamental não tem razão de ser. Não há mais nada a fazer senão deixar os homens agirem de acordo com a natureza das coisas e suas necessidades. Não é preciso forçar os povos a correrem atrás da felicidade, só é necessário dizer a eles onde ela está. Porém, em um e em outro sistema, as pessoas não têm outra meta além do seu bem-estar temporal. A sociedade não possui outro fim além dela mesma, e parece, portanto, que ela não tem necessidade de ser conduzida ou arrastada por uma força de coerção. Assim, quanto mais

---

36. Quem busca a felicidade em uma doutrina que sabe ser nociva à sociedade é sempre punido por um efeito inevitável das leis da organização (XI, 165).

avançamos, mais vemos o comunismo ficar lado a lado com o socialismo e, se insistimos acerca dessa aproximação, é porque ela nos ajudará a compreender melhor o sentido dessas doutrinas e a maneira como são colocadas, em nossos dias, as questões ditas sociais.

Décima lição

Depois de ter observado no industrialismo a base da nova sociedade que Saint-Simon anuncia, ou melhor, cujo advento constata, começamos a exposição das consequências implicadas nesse princípio. As três proposições seguintes foram sucessivamente estabelecidas: 1°) Dado que a indústria é convocada a tornar-se a única matéria da vida social, os conselhos encarregados de dirigir a vida social devem ser compostos de maneira a poderem administrar com competência a indústria nacional, ou seja, devem compreender apenas produtores; 2°) O governo, no sentido ordinário da palavra, o poder executivo, não deve ter mais que um papel subalterno de polícia, do qual se segue, como corolário, que a organização industrial é indiferente a todas as formas de governo. Cabe ao Conselho Supremo da indústria dirigir a marcha da sociedade e ele pode cumprir igualmente essa tarefa sob todas as constituições; 3°) No exercício das suas funções, ele procederá de acordo com um método diferente do que foi empregado pelos governos de todos os tempos. Como sua autoridade não emana de ele ser mais forte, mas do fato de saber o que os outros ignoram, sua ação não terá nada de arbitrário nem de coercivo. Ele não fará com que seja feito o que ele deseja, mas o que está de acordo com a natureza das coisas, e como ninguém pode desejar agir de outra forma que não a da natureza das coisas, será feito o que ele disser sem que tenha necessidade de se impor. Sua direção será seguida espontaneamente como o doente segue a do médico, o engenheiro a do químico e do matemático, o operário a do engenheiro. Não haverá, portanto, espaço para armá-lo com essa autoridade imperativa que até o presente foi característica dos governos. Ele não estará acima dos que ele dirige, mas terá simplesmente outro papel. Em outras palavras, ele não será um governo, mas o conselho de administração de uma grande companhia industrial formada por toda a sociedade. Disso se segue que, estando abolida da sociedade industrial toda a ação propriamente governamental, ela será anárquica. A ordem será mantida pelo simples jogo de espontaneidades particulares, sem que uma disciplina coerciva seja necessária. Ao primeiro olhar, tal conclusão surpreende, porque parece contrastar com o aspecto autoritário que o sistema saint-simoniano apresenta em

160 | LIVRO II – SAINT-SIMON – SUA DOUTRINA – A ESCOLA SAINT-SIMONIANA

alguns pontos. Não vimos Saint-Simon pedir que um catecismo nacional seja estabelecido e que todo o ensino contrário seja proibido? Mas o que faz a contradição desaparecer, o que ao menos a atenua, é que, se na realidade Saint-Simon reconhece uma autoridade, é exclusivamente a da ciência; e essa autoridade, não tendo necessidade da coerção para ser aceita pelos espíritos, parece-lhe diferir radicalmente dessa que, até o presente, tem sido atributo dos governos. E se ele atribui à ciência tal eficácia é que, vendo na sociedade não mais que um sistema de interesses econômicos, parece-lhe que, a partir do momento em que se sabe onde está o próprio interesse, não se pode deixar de ir até ele espontaneamente. A coerção é inútil onde a atração basta e, em consequência, o papel dos diretores da sociedade limita-se a ensinar aos homens onde está o seu interesse, ou seja, quais são os modos de conduzir que estão implicados na natureza das coisas. A única diferença importante que existe entre essa concepção anárquica e a dos economistas é que, para esses últimos, a sociedade é, a partir de agora, susceptível dessa harmonia espontânea, sem que seja necessário assentá-la previamente sobre novas bases, enquanto, para Saint-Simon, é somente na sociedade reformada e organizada que esse acordo automático de todas as funções sociais será possível. Para uns, a supressão de toda ação coerciva é, a partir de agora, realizável e desejável; para nosso filósofo, ela deve resultar necessariamente da transformação completa da ordem social que ele reivindica, mas que só pode acontecer depois dela. Mas, isso é o essencial, uns e outros concordam a respeito de um ponto, que a coerção governamental, ou de forma mais geral, a coerção social está destinada a desaparecer.

Agora que sabemos em que consiste o órgão regulador da sociedade industrial e qual é a natureza de sua ação, vejamos em que sentido deve exercer essa ação, ou seja, qual objetivo deve se propor a atingir.

Então, como hoje, de acordo com a escola que adotou por essa mesma razão o nome de liberal, o único objetivo que os diretores da sociedade podem se propor, de qualquer forma que os denominemos, é a manutenção da liberdade. Todavia, responde Saint-Simon, o que se entende por essa palavra? Deseja-se falar da liberdade política, ou seja, do direito concedido a todo cidadão, quem quer que ele seja, de se ocupar dos negócios públicos sem nenhuma garantia de capacidade? Bem longe de poder servir de objeto à atividade pública, tal direito é, por si só, monstruoso. Inclusive, ele jamais teria sido imaginado, não fosse a indefinição e a incerteza em que as ideias a que se referem às questões sociais ainda estão mergulhadas. De fato, ninguém pensaria em proclamar "que os franceses que pagam mil francos de contribuição direta (alusão ao censo eleitoral) são aptos a descobertas em

Química". Como, portanto, pode-se estabelecer "um princípio totalmente semelhante para a política que é, no entanto, muito mais difícil e muito mais importante do que a Química"? É porque "a Química é hoje uma ciência positiva, enquanto a Política ainda não é mais do que uma doutrina conjectural, que não merece o nome de ciência. É próprio da metafísica – precisamente porque ela não ensina nada real – convencer de que, se adequada a tudo, sem a necessidade de nada estudar de maneira especial [...]. Mas quando a Política tiver ascendido à posição das ciências da observação [...] as condições de capacidade se tornarão claras e determinadas e a cultura da política será exclusivamente confiada a uma classe especial de sábios que irá impor silêncio às diversas vozes". (*Syst. ind.*, V, 16-7, nota). Descartado esse sentido, entender-se-á, por liberdade, o direito dos indivíduos de se moverem com independência no interior da sociedade? A liberdade, assim entendida, é seguramente um objeto digno da maior solicitude, mas ela não poderia ser o alvo das associações humanas, pois essas são possíveis apenas graças a uma independência mútua que diminui essa mesma liberdade. "De forma alguma associar-se para ser livre. Os selvagens se associam para caçar, para guerrear, mas não para obter a liberdade, porque sob esse aspecto fariam melhor se permanecessem isolados." Inclusive, de maneira geral, a liberdade não poderia constituir um objetivo de atividade, pois ela já supõe um. Ela é apenas um meio e um meio que só é legítimo quando é empregado tendo em vista um objetivo legítimo. "A verdadeira liberdade não consiste em permanecer com os braços cruzados, caso se deseje, em associação; tal tendência deve ser severamente reprimida onde quer que ela exista; a liberdade consiste, ao contrário, em desenvolver, sem entraves e com toda a extensão possível, uma capacidade temporal ou espiritual útil à associação." (Ibid., 15)

Todavia, em que consistirá a tarefa do que acabamos de denominar de Conselho de Administração da sociedade industrial? Sobre quem exercerá sua ação? Ele deverá se propor a um duplo objetivo, um mais especialmente econômico, o outro, moral.

Uma vez que uma nação não é – ou não deve ser – senão uma vasta sociedade de produção, seu primeiro objetivo deverá ser o de organizar a produção de maneira que ela seja a mais fecunda possível. Mas, para que seja assim", é preciso, evidentemente, que os instrumentos que servem para produzir estejam entre as mãos mais aptas a lhes tirar proveito. De fato, essa condição está longe de ser realizada. Nem sempre são os mais capazes que possuem. O direito de propriedade deverá, portanto, ser reformado. "A propriedade deverá ser reconstituída e fundada sobre bases que possam

162 | LIVRO II – SAINT-SIMON – SUA DOUTRINA – A ESCOLA SAINT-SIMONIANA

torná-la mais favorável à produção." (*Organisateur*, IV, 59). Aqui está a primeira regra e a mais fundamental da política industrial, eis a primeira coisa que deverá ser feita pelo novo Parlamento. Saint-Simon retoma a todo momento a importância primordial dessa reforma. Desde 1814, escrevia: "Não existe absolutamente uma mudança na ordem social, sem uma mudança da propriedade." (I, 242). Dessa forma, ele via na lei que define o direito de propriedade a lei cardinal de todo o Estado. "A lei que constitui os poderes e a forma do governo não é tão importante e não tem tanta influência sobre a felicidade das nações como a que constitui as propriedades e regula o seu exercício." (*Industrie*, III, 82). É isso que, infelizmente, a Revolução não compreendeu. Ela acreditou poder solucionar a crise por meio de combinações constitucionais, o que a impediu "de discutir de maneira geral o direito de propriedade, buscando de que forma a propriedade deveria ser constituída para beneficiar o melhor possível a nação". (*Industrie*, III, 82, nota). E, no entanto, mesmo esse ideal de liberdade individual, do qual se desejou fazer o único fim do contrato social, só pode ser atingido graças a uma reconstituição mais racional do regime da propriedade, e os povos europeus fracassaram no fim, porque não tomaram, para chegar a esse objetivo, o único caminho que podia conduzir a ele. "O povo inglês trabalha há mais de cento e cinquenta anos para obter a liberdade e estabelecê-la de maneira sólida; todo o restante da nação dos velhos europeus [...] ocupam-se há trinta anos da mesma questão, e o meio natural, o de reconstruir a propriedade, não foi apresentado a nenhum deles" (*Industrie*, III, 126). De fato, se o regime da propriedade não permite aos mais capazes tirar proveito de sua capacidade, se eles não podem dispor livremente das coisas que lhes são necessárias para agir, para preencher o seu papel social, sua liberdade se reduz a nada.

Semelhantes proposições chocavam-se com a teoria que faz do direito de propriedade algo intangível. Saint-Simon reconhece que a existência de um direito de propriedade, definido e sancionado pela lei, é condição indispensável de toda organização social, qualquer que ela seja. "O estabelecimento do direito de propriedade e das disposições para fazer que seja respeitado é incontestavelmente a única base possível de se dar a uma sociedade política." (*Industrie*, III, 89). Mas se essa instituição é necessária, não é necessário que ela tenha essa ou aquela forma. "Por esta lei ser fundamental, não significa que não possa ser modificada. O que é necessário é uma lei que estabeleça o direito de propriedade, e não uma lei que o estabeleça desta ou daquela maneira." (Ibid.). Assim, de fato ela é, como todas as obras humanas, submetida à evolução histórica. "Esta lei", escreve Saint-Simon, "depende por sua vez de uma lei superior e mais geral do que ela, da lei da natureza em virtude

CAPÍTULO VIII – A DOUTRINA DE SAINT-SIMON [SEQ.] – ORGANIZAÇÃO DO SISTEMA [...] | **163**

da qual o espírito humano faz contínuos progressos, lei da qual todas as sociedade políticas extraem o direito de modificar e de aperfeiçoar suas instituições; lei suprema que impede de encadear as gerações futuras a uma disposição, qualquer que seja a sua natureza." (Ibid.). E Saint-Simon concluiu nesses termos significativos: "Assim, portanto, estas questões: quais são as coisas susceptíveis de se tornarem propriedades? Por meio de quais formas os indivíduos podem adquirir estas propriedades? De que maneira têm o direito de usá-las uma vez que as tenham adquirido? Essas são questões que os legisladores de todos os países e de todos os tempos têm o direito de tratar todas as vezes que julgarem conveniente, pois o direito individual de propriedade só pode estar baseado na utilidade comum e geral, [...] utilidade que pode variar de acordo com os tempos." (Ibid., 90). Porém, para retornar a nosso ponto de partida, o que reclama a utilidade geral é que a propriedade não seja, de forma alguma, separada da capacidade. "É verdade que é esta propriedade que concede a estabilidade do governo, mas é somente quando a propriedade não está separada das luzes, que o governo pode descansar sobre ela. Convém, portanto [...] que o talento e a possessão não sejam separados." (*Réorganisation de la Société européenne*, I, 200).

Aqui está, enunciado da maneira mais categórica, esse princípio que nós reencontraremos depois, das mais diferentes formas, em todas as teorias socialistas. Mas, após tê-lo colocado, Saint-Simon só o aplicou formalmente a um único caso, a saber, a propriedade territorial e, além disso, fez apenas uma aplicação das mais moderadas. A reforma que ele propõe tem como ponto de partida a observação: o arrendatário se encontra diante do proprietário de terra em uma situação muito inferior à do comerciante ou do fabricante em relação aos seus sócios capitalistas. Na indústria comercial ou manufatureira, o produtor (negociante ou manufatureiro) tem o direito de empregar, da maneira que julgar mais conveniente, para o bem da sua empresa, os capitais que está encarregado de administrar. Ele os investe como quer, empresta-os se deseja, ou ainda se serve dos imóveis e das máquinas nas quais investiu para garantir os novos empréstimos que contrai. Na indústria agrícola, ao contrário, o industrial, ou seja, o arrendatário, que não possui os fundos que explora, é apenas um locatário que não pode, de forma alguma, dispor dos capitais a ele confiados. Ele não pode fazer nada sem o consentimento e a participação do proprietário. Se precisa de dinheiro, não pode utilizar a terra como garantia de um empréstimo; não pode transformá-la como deseja e, em todo o caso, se ele aumenta o seu valor, não se beneficia desta mais-valia. Disso resulta que, em nenhuma parte, os direitos de propriedade e a capacidade industrial não estão mais completamente

164 | LIVRO II - SAINT-SIMON - SUA DOUTRINA - A ESCOLA SAINT-SIMONIANA

separados; uma vez que os primeiros pertencem inteiramente a quem não os explora. Em nenhuma parte, o produtor dispõe com tão pouca liberdade dos instrumentos da produção. Tal regime é, portanto, eminentemente desfavorável à produção da indústria agrícola e, consequentemente, em virtude do princípio anteriormente enunciado, é importante colocar-lhe um fim.

Para chegar a esse resultado, Saint-Simon propõe as três medidas seguintes: 1°) A terra será estimada no momento em que o cultivador tomar posse dela, pois na época em que o contrato de arrendamento chegar ao fim, o arrendatário dividirá com o proprietário os benefícios, se ele constatar um aumento do capital, da mesma forma que ele arcará com a metade das perdas, se houver uma deterioração do mesmo. Essa cláusula será a rigor. As partes não serão livres para inseri-la ou não em seus arrendamentos, mas eles só terão valor legal, só serão obrigatórios para os contratantes, se eles a incluírem; 2°) O cultivador poderá requerer ao proprietário que peça emprestadas as somas úteis para realizar os melhoramentos que a propriedade venha a sofrer, hipotecando-a, e é ao primeiro que cabe a administração dos capitais resultantes desses empréstimos. Nos casos em que o proprietário se recusar, árbitros serão encarregados de resolver as divergências e, se eles derem razão ao arrendatário, o empréstimo será contraído automaticamente; 3°) Para facilitar esses empréstimos, as propriedades territoriais seriam declaradas móveis, ou seja, seriam representadas por títulos, análogos às ações e obrigações das companhias industriais e dotadas da mesma mobilidade. Eliminar-se-iam, dessa forma, todas as formalidades que atrapalham as transações de que a propriedade territorial é objeto, e os bancos territoriais, cuja utilidade é geralmente percebida na Europa, tornar-se-iam fáceis de estabelecer e seu sucesso seria infalível (*Industrie*, III, 102-14).

A reforma é de aparência modesta. Na realidade, no entanto, como diz M. Janet (*Saint-Simon*, p. 39), ela toca "os fundamentos da nossa organização social". Porque ela tem o efeito de retirar certos direitos do proprietário do solo para transferi-los ao produtor. Ele se tornará na realidade, pelo mero feito do seu trabalho, coproprietário da terra que cultiva, pois compartilhará as mais-valias que ela puder apresentar, qualquer que seja a origem delas e, além disso, ele poderá, mesmo sem o consentimento do proprietário, empregar o capital imobiliário que lhe foi confiado, para garantir um empréstimo. Tal direito, de fato, implica, para o arrendatário, na faculdade de comprometer definitivamente a propriedade que lhe serve de ganho, pois o empréstimo, caso venha a não ser reembolsado, leva a expropriação. Mas a ousadia reformista de Saint-Simon não vai mais longe. Ele não chega a pedir, como farão seus discípulos, que não haja outra propriedade legíti-

CAPÍTULO VIII - A DOUTRINA DE SAINT-SIMON [SEQ.] - ORGANIZAÇÃO DO SISTEMA [...] | 165

ma, além da que é devida inteiramente ao trabalho e à capacidade daquele que a possui. Saint-Simon admite que ela possa ter outra origem como, por exemplo, a herança; basta-lhe, ao menos nesse momento, que os incapazes e os ociosos não possam ter, sobre as coisas que possuem, direitos muito exorbitantes que atravanquem a produção. Ele não se propõe a organizar a propriedade de acordo com os princípios de uma justiça distributiva perfeitamente equitativa, mas simplesmente da maneira mais proveitosa para a atividade econômica. É por isso que ele não reivindica nenhuma modificação no regime da riqueza mobiliária. Assim, por sua natureza, o capital mobiliário está muito mais sob a dependência daquele que o utiliza industrialmente, do que sob a do seu proprietário, uma vez que o primeiro pode fazer o que quiser, e o segundo não pode retirar nenhum fruto desse capital sem o primeiro. Nessas condições, os direitos do proprietário não constituem um obstáculo sensível para a indústria, e por isso ele os deixa intactos. É verdade que, no seu pensamento, essa reforma era apenas um primeiro começo e uma entrada no jogo. É preciso não esquecer que, na sociedade industrial, o direito dos proprietários que são apenas proprietários está singularmente ameaçado, pois seus interesses não seriam representados de forma alguma no Parlamento, que compreenderia apenas produtores. É isso, talvez, o que explica uma passagem do *L'Organisateur* em que, após ter dito que a tarefa mais urgente era de reconstituir sobre novas bases o regime da propriedade, Saint-Simon acrescenta que um empréstimo de dois milhões seria necessário para "indenizar as pessoas prejudicadas de alguma forma, em seus interesses pecuniários, pelo estabelecimento do novo sistema político" (IV, 60)[37]. Não vemos como a nova regulamentação do contrato de arrendamento, cujos princípios acabamos de expor, poderia gerar tal gasto. Porque, em nenhuma parte, nas obras de Saint-Simon, há outra reforma além da precedente. Talvez esse silêncio se explique pelo fato de que Saint-Simon se propõe, sobretudo, a expor os princípios, a indicar como devem ser compostos os conselhos encarregados de aplicá-los, mas não procura deduzir, ele mesmo, toda a sequência de aplicações possíveis. Dedica-se, antes de mais nada, a assinalar o objetivo que precisa ser atingido mas, em relação aos meios que podem permitir alcançar esse objetivo, deixa a tarefa

---

37. Também no *Système Industriel*, ele parece fazer alusão a uma modificação muito maior do direito de propriedade. "O antigo Código Civil", escreve, "teve por objeto, fixar o máximo possível as propriedades nas mãos das famílias que as possuíam, e o novo deve se propor o objetivo totalmente oposto, o de facilitar a todos aqueles cujos trabalhos são úteis para a sociedade, os meios de se tornarem proprietários." (V, 178). Não é à herança que ele visava ao se exprimir assim? Só podemos levantar hipóteses sobre esse ponto.

166 | LIVRO II - SAINT-SIMON - SUA DOUTRINA - A ESCOLA SAINT-SIMONIANA

de encontrá-los, em grande parte, aos corpos competentes cuja instituição ele reivindica. Ele era, por outro lado, pela sua natureza, inadequado para essa última tarefa. Gênio intuitivo e generalizador, prevê, por vezes com uma rara clarividência, qual orientação, de uma maneira geral, a sociedade tende a seguir, mas não possui gosto suficiente para a precisão, para tentar seguir essa marcha, antecipadamente, nos seus detalhes. Só excepcionalmente esboça planos de reforma tão completos como os que mencionamos anteriormente. É isso o que devemos ter presente no espírito, se desejarmos compreendê-lo bem. Veja como há na sua obra tantos embriões que não são desenvolvidos; tantos princípios, cujas consequências permanecem implícitas e que foram deduzidas apenas por seus sucessores.

Durante muito tempo, Saint-Simon parece não ter atribuído à atividade objetiva outra finalidade além da de aumentar a produção. Nas obras *L'Industrie* e *L'Organisateur* não trata de outra coisa. Vejamos como, ao final dessa última obra, ele define o objetivo da organização social, tal como ele a concebe: "Assim, acreditamos poder colocar em princípio que, na nova ordem política, a organização social deve ter como objeto único e permanente aplicar, da melhor forma possível, os conhecimentos adquiridos nas ciências, nas belas artes e nas artes e ofícios para a satisfação das necessidades do homem." (*Organisateur*, IV, 193). Todavia, gradualmente, ele se aproxima da ideia de um fim mais propriamente moral, o qual sobrepõe ao precedente.

Assim, não é que as preocupações morais estivessem ausentes dos seus primeiros escritos. Ele compreende muito rapidamente que a organização social não podia transformar-se sem que disso resultasse uma transformação moral. Desde o primeiro volume de *L'Industrie*, ele assinala a ausência de um sistema moral, adequado à nova situação, como uma das causas da crise da sociedade francesa. "Os franceses", escreve, "abandonaram seu antigo sistema moral porque julgaram que ele não era suficientemente sólido e, em lugar de trabalhar com ardor para substituí-lo por um melhor, permitem, há mais de vinte cinco anos, que toda a sua atenção seja absorvida pelas discussões de pequena política." (*Industrie*, II, 221). Não podia se desinteressar das questões morais uma vez que, para ele, moral não se distingue de política. "A política é uma consequência da moral. Ela consiste no conhecimento das regras que devem presidir as relações entre os indivíduos e a sociedade, para que um e outro sejam os mais felizes possíveis. Porém, a política não é senão a ciência daquelas dentre essas regras que são suficientemente importantes para organizá-las [...]. Assim, a política deriva da moral e as instituições de um povo são as consequências de suas ideias." (*Œuvres*, III, 30). Ao mes-

CAPÍTULO VIII – A DOUTRINA DE SAINT-SIMON [SEQ.] – ORGANIZAÇÃO DO SISTEMA [...]

mo tempo, ele esboça, de maneira bem firme, o plano dessa reorganização. O que caracteriza as sociedades industriais é que, liberadas de todas as ideias teológicas, repousam sobre bases puramente seculares. A única moral que pode convir a esse tipo de sociedade deve ter o mesmo caráter. Ela também deve ser exclusivamente temporal, tanto pelos princípios sobre os quais se apoia, quanto pelos fins que atribui à conduta humana. Deve estar autorizada apenas pela razão e deve fazer que o homem se interesse apenas por coisas deste mundo. "Em outras palavras, é preciso passar da moral celeste para a moral terrestre. Sem discutir aqui os inconvenientes que se encontram ao fundar a moral sobre a teologia; basta observar que, de fato, as ideias sobrenaturais estão destruídas em quase todas as partes; que elas continuaram a perder, a cada dia, seu império e que a esperança do paraíso e o temor do inferno não podem servir de base para a conduta dos homens [...]. A era das ideias positivas começa; não podemos dar à moral outros motivos além dos interesses palpáveis, certos e presentes [...]. Aqui está o grande passo que fará a civilização; ele consistirá no estabelecimento da moral terrestre e positiva." (*Industrie*, III, 38).

Entretanto, durante muito tempo, ele se contenta em colocar o problema sem procurar resolvê-lo. É porque, nesse momento, os fins morais, da forma como ele os concebia, não se distinguiam muito claramente dos fins puramente econômicos. Parecia-lhe que, em uma sociedade bem organizada, o interesse particular devia concordar espontaneamente com o interesse geral; consequentemente, o egoísmo devia servir tanto à ordem moral como à ordem econômica. Todo o necessário era que cada um cumprisse ativamente a sua função, ou seja, trabalhasse, e a ética lhe parecia caber inteiramente na máxima que comanda o trabalho. É essa ideia que é desenvolvida na *Introduction aux travaux scientifiques*. Nessas condições, o que havia de mais urgente, não era combater ou conter o egoísmo, mas encontrar a organização social que permitisse utilizá-lo. "As opiniões", escreve nas *Lettres d'un habitant de Genève*, "ainda estão divididas sobre a questão do egoísmo [...] a solução do problema consiste em abrir uma rota que seja comum ao interesse particular e ao interesse geral." (I, 44, nota). Encontrar essa via: esse é seu objetivo e, desse ponto de vista, era natural que sentisse menos necessidade de subordinar os preceitos econômicos aos preceitos propriamente morais. Mas, no *Système industriel* (1821), uma nota totalmente nova se faz ouvir. Uma transformação ocorre no espírito de Saint-Simon. Ele compreende que, mesmo em uma sociedade perfeitamente organizada, o egoísmo não é satisfatório. O espetáculo dos acontecimentos que se desenrolam diante de seus olhos parece tê-lo feito compreender que,

168 | LIVRO II – SAINT-SIMON – SUA DOUTRINA – A ESCOLA SAINT-SIMONIANA

por mais sábio que seja o mecanismo social, os interesses particulares dividem mais os homens do que os tornam unidos. "A sociedade", exclama, "está hoje em uma desordem moral extrema, o egoísmo faz progressos espantosos, tudo tende ao isolamento. Se as infrações das relações sociais não são nem maiores, nem mais numerosas, isso se deve unicamente ao estado muito desenvolvido da civilização e das luzes; isso produz, nos indivíduos em geral, hábitos profundos de sociabilidade e a percepção de certa comunidade dos interesses mais grosseiros. Mas, se a causa do mal se prolongasse ainda, esses hábitos e esses sentimentos seriam insuficientes para colocar um freio na imoralidade geral e particular."(*Syst. ind.*, VI, 51-2). E essa causa à qual ele atribui o mal, é que as antigas crenças religiosas, que serviam de contenção para o egoísmo, foram derrubadas sem que nada as substituísse. Os hábitos criados por elas se mantêm ainda por um tempo, mas como vão enfraquecendo, o futuro é ameaçador. É importante, portanto, "combater o egoísmo", porque essa paixão "terá necessariamente, como resultado final, a dissolução da sociedade." (*Syst. ind.*, VI, 104). É a primeira vez que ele emprega essa perspectiva.

Mas o que pode se opor a ele? Não está em questão neutralizá-lo, subordinando-o a fins sobrenaturais. Saint-Simon permanece fiel ao princípio que colocou anteriormente; a moral de uma sociedade industrial só pode ter fins terrestres. É, portanto, entre as coisas deste mundo que é preciso ir procurar o objetivo capaz de moderar e conter os motivos egoístas. Para retomar a expressão que logo seria empregada por Saint-Simon, a moral de uma sociedade organizada inteiramente pelo produtor não pode ter outros motivos além dos "interesses palpáveis, certos e presentes". Porém, fora o interesse particular, existe apenas o dos outros homens que pode ser tomado como finalidade da conduta. Portanto, o único freio possível para os sentimentos pessoais em uma moral racional e humana, são os sentimentos que têm como objeto os outros. O que é preciso impor ao egoísmo para limitá-lo é a filantropia, e a regra fundamental da moral é o aforismo cristão: "Amai-vos uns aos outros", que Saint-Simon escreve, por essa razão, como divisa sobre a primeira página do seu *Système industriel*. "O princípio estabelecido pelo divino autor do cristianismo ordena a todos os homens que se olhem como irmãos e que cooperem o mais completamente possível para o bem-estar uns dos outros. Esse princípio é o mais geral de todos os princípios sociais" (*Syst. ind.*, VI, 229). No entanto, não basta retomá-lo pura e simplesmente tal como os primeiros cristãos o formularam, mas é preciso dar-lhe uma amplitude que ele não recebeu até o presente e que não podia receber. Os fundadores do cristianismo fizeram dele, sem dúvida, a base de toda uma doutrina, mas essa doutrina não possuía entre eles mais do que um caráter especulativo. Ele foi estabelecido fora do governo sob o nome de princípio moral, mas não se tornou um dos princípios dirigentes da sociedade. Não deu origem a instituições positivas que o tornassem realidade. Permaneceu como uma exortação direcionada aos grandes da terra, que podia, na medida em que fosse seguida, temperar parcialmente os rigores da organização social, mas que não era de forma alguma a sua alma. "Era (além disso)", escreve Saint-Simon, "tudo o que era possível obter nessa época, e este triunfo, ainda que incompleto, foi para a espécie humana um benefício imenso." (*Syst. ind.*, VI, 230). Mas, são chegados os tempos em que essa máxima deve deixar de ser puramente platônica; e a grande reforma moral, hoje necessária, consiste precisamente em "organizar o poder temporal de acordo com esse axioma divino", em torná-lo, não mais como tem sido até então, uma simples recomendação abandonada à apreciação privada, mas o polo em direção ao qual deve se orientar a direção política. É preciso, como convém a uma moral essencialmente terrestre, dar-lhe todas as consequências terrestres que ele implica. Assim, ele é suscetível de assumir outra forma, que não é mais do que uma tradução e uma aplicação da precedente, mas que é mais definida. A filantropia deve naturalmente afetar aqueles dentre os homens que têm mais necessidades, ou seja, os mais miseráveis, aqueles que vivem apenas de seus braços, os trabalhadores que não são proprietários, os proletários, (a expressão é empregada pelo próprio Saint-Simon). De onde vem a seguinte regra: "melhorar o máximo possível a sorte da classe que não possui outros meios de existência além do trabalho dos seus braços" (VI, 81). E ela tem direito a isso, não somente por ser a mais sofredora, mas também por ser a mais numerosa. "Esta classe é formada pela maioria em uma proporção mais ou menos forte em todas as nações do globo. Assim, os governos deveriam se ocupar principalmente dela e, ao contrário, ela é a classe, dentre todas, de cujos interesses eles cuidam menos." (*Syst. ind.*, VI, 81). E a mesma ideia reaparece a todo instante no *Système industriel* e no *Catéchisme Industriel* em termos quase idênticos.

Além disso, ao fazer, dessa maneira, da caridade uma regra obrigatória, Saint-Simon não acredita estar contradizendo o princípio, anteriormente colocado por ele, e em virtude do qual o interesse particular e o interesse geral são naturalmente harmônicos nas sociedades industriais (*Syst. ind.*, V, 177). De fato, ele estima que é do interesse dos ricos preocupar-se com os pobres e que todo mundo vai se beneficiar dessa caridade amplamente praticada. "Melhorando a sorte da massa", escreve, "assegura-se o bem-estar dos homens de todas as classes." Na realidade, existem apenas dois meios de

170 | LIVRO II – SAINT-SIMON – SUA DOUTRINA – A ESCOLA SAINT-SIMONIANA

manter a massa de indivíduos que nada possuem ligada à sociedade, a força ou o interesse. É preciso, ou que estejam em um estado de sujeição que os impeça materialmente de se revoltar, ou fazer de tal maneira que eles não tenham esse desejo. Ou impor-lhes a ordem social por meio da força, ou fazer com que amem essa ordem. Durante muito tempo, o primeiro meio foi o único possível, ainda que tenha sido empregado com uma moderação crescente. De fato, os indivíduos que constituíam a maioria nas nações estavam em um estado de ignorância e imprevidência que não permitia contar que eles pudessem perceber o benefício que recebiam da ordem social. Eles não eram sequer capazes de administrar livremente seus próprios negócios. Era preciso, portanto, que se mantivessem sob tutela, e as forças sociais eram empregadas, principalmente, para contê-los e vigiá-los. Mas, hoje, a situação deles não é mais a mesma. A partir da Revolução, a classe mais numerosa provou que havia chegado por si mesma à maioridade. É de suas filas que saíram tanto os que, na indústria agrícola, sucederam os nobres desapropriados, quanto os que, na indústria manufatureira, substituíram essas milhares de empresas arruinadas pelos acontecimentos revolucionários, a lei do *maximum* e as guerras do Império. Devido a eles que as funções sociais mais essenciais não foram suspensas por aquelas crises. O papel social que desempenharam é o primeiro dos progressos feitos pela inteligência deles. Portanto, não há mais razão para tratá-los como inimigos internos; é possível fazer que se interessem diretamente pela tranquilidade pública, chamando-os a participar mais dos benefícios da associação. Podem ser admitidos no ranking das sociedades propriamente ditas, ou seja, transformados em partidários da sociedade, não porque não podem agir de outra forma, mas porque estão espontaneamente ligados a ela. E se isso pode ser feito, deve ser feito. Porque é de interesse comum renunciar ao sistema de repressão que é custoso e improdutivo; custoso porque ele exige um grande deslocamento de fundos, improdutivo não apenas porque não produz nada por si mesmo, mas ainda por não permitir que seja extraído, das energias sociais que oprimem, tudo o que elas poderiam produzir. As forças que são economizadas abandonando essas antigas práticas podem ser empregadas de forma mais útil, e o trabalho dos indivíduos é mais fecundo quando ele é espontâneo. É justamente para essa transformação que tende a regra moral que acaba de ser colocada. É preciso melhorar a sorte das classes trabalhadoras, a fim de que, aproveitando-se da organização social, eles a respeitem sem que seja necessário impô-la. "A minoria não tendo mais necessidade de meios de força para manter subordinada a classe proletária, as combinações às quais ela deve se ligar são aquelas, em meio das quais, os

CAPÍTULO VIII – A DOUTRINA DE SAINT-SIMON [SEQ.] – ORGANIZAÇÃO DO SISTEMA [...] | **171**

proletários estarão vinculados com mais força por seu interesse na tranquilidade pública." (X, 127). E assim cada qual está interessado em não se fechar no puro egoísmo. Esse é o preço de uma paz social verdadeiramente fecunda. Portanto, aqui está uma nova forma que é atribuída à atividade coletiva. A ação dos conselhos diretores da sociedade não deverá tender somente a regular a propriedade de maneira que a indústria seja tão produtiva quanto possível; é preciso, além disso, servir-se dos produtos assim obtidos para melhorar a sorte dos trabalhadores. Mas aqui, como nos casos precedentes, se Saint-Simon coloca firmemente o princípio da reforma que ele reivindica, só tira as consequências práticas que devem realizar-se de uma maneira hesitante e vaga. Se ele marca o objetivo com insistência, ele é muito mais sóbrio e menos preciso no que concerne aos meios. "O meio mais direto", segundo ele, "para operar a melhora moral e física da maioria da população, consiste em classificar, como primeiras despesas do Estado, aquelas que são necessárias para conseguir trabalho para todo homem saudável, a fim de assegurar a sua existência física; as que têm como objetivo difundir o mais rapidamente possível entre a classe dos proletários os conhecimentos adquiridos; e enfim, as que podem garantir aos indivíduos que compõem esta classe prazeres e deleites próprios para desenvolver sua inteligência." (X, 128). Assim, grandes trabalhos públicos, instrução gratuita e desenvolvida, recreações intelectuais colocadas à disposição dos trabalhadores são os três meios preconizados por Saint-Simon. Mas se a questão é saber o que serão essas grandes empresas, se serão privadas ou se deverão consistir em espécies de ateliês nacionais, se para assegurar a existência física dos que ali estão empregados um salário mínimo será fixado etc., Saint-Simon não se exprime explicitamente em nenhuma parte.

Quaisquer que sejam os detalhes das medidas que permitirão realizar esse princípio, não restam dúvidas sobre o seu sentido. A questão à qual ele dá lugar no seu sistema é a questão dos ricos e dos pobres. O sentimento que inspira toda essa parte da doutrina, é a compaixão pelos miseráveis, ao mesmo tempo em que a apreensão acerca dos perigos que eles podem fazer com que a ordem social desapareça; trata-se de uma simpatia ativa pelos que sofrem mais as desigualdades sociais, ao mesmo tempo em que um temor dos ódios e cóleras que podem ser suscitados em seus corações, tornando-os inimigos da sociedade. Encontramos aqui os sentimentos que estão na base do comunismo. Como havíamos enunciado, ainda que se diferencie do antigo comunismo, herda os motivos que o inspiravam. Inclusive, absorve-os sem se confundir. Na realidade, é visível que essa última preocupação está bem longe de ser a única que determinou as teses

172 | LIVRO II – SAINT-SIMON – SUA DOUTRINA – A ESCOLA SAINT-SIMONIANA

de Saint-Simon, visto que, durante muito tempo, ele esteve completamente ausente do que se refere a ela. Sem dúvida, ela é totalmente natural aqui. A partir do momento em que se coloca – como princípio – que na sociedade existem apenas interesses econômicos, o único meio de vincular a massa de trabalhadores à vida social, é fazê-los participar, na medida mais ampla possível, dos produtos dessa atividade econômica; é procurar melhorar sua sorte. Mas essa é apenas uma parte do sistema que se sobrepôs ao resto tardiamente. Tudo o que dissemos sobre o industrialismo, sobre a organização destinada a devolver à indústria sua preponderância, está edificado a partir dessa ordem de considerações. Inclusive, no pensamento de Saint-Simon, é sobretudo em vista dessa produção máxima que importa praticar a máxima cristã. Essa máxima modernizada tem em vista um bem totalmente econômico e temporal.

Além disso, a melhor prova de que o comunismo não se confunde com o socialismo é que, se ele se encontra lá, é sob formas totalmente novas. De acordo com o comunismo, o único meio de prevenir o mal social era tornar todas as condições medíocres. Para prevenir a hostilidade entre ricos e pobres, era preciso suprimir os ricos, ensinar os homens a desprezar o bem-estar material, a se contentar com o estritamente necessário. É em uma direção muito diferente que Saint-Simon, e em seguida o socialismo, procura edificar uma nova sociedade. É suprimindo os pobres que ele pretende reaproximar as duas classes. Longe de ver o bem-estar temporal como algo irrelevante, faz dele o único fim desejável. E, por conseguinte, a única maneira de assentar a paz social é produzir a maior quantidade de riquezas possível para satisfazer o máximo de apetites possível, o mais completamente possível.

Assim, terminamos de expor a organização da sociedade industrial. Em resumo, ela seria composta unicamente por trabalhadores; teria à sua frente um conselho formado apenas pela elite dos produtores. Esse corpo teria sob sua dependência isto que hoje constitui o governo, mas assumiria o seu lugar sem empregar seus antigos dogmas, seus métodos tradicionais. Ele não teria que impor ideias ou mesmo simples vontades de um partido predominante, mas deveria dizer o que está na natureza das coisas, e seria espontaneamente obedecido. Seu papel não seria o de disciplinar os súditos, mas de esclarecer os espíritos. Quanto ao sentido no qual deveria exercer essa ação, ele seria imposto pelo duplo (?) objetivo que acabamos de expor.

CAPÍTULO IX

A doutrina de Saint-Simon (*final*)
O internacionalismo e a religião

Décima primeira lição

Sabemos o que seria um povo que se organizasse industrialmente, de quais elementos ele seria composto, quais órgãos o dirigiriam, o modo de funcionamento desses órgãos, e o sentido em que exerceriam sua ação. Mas está na própria natureza dessa organização, não poder se fechar nos limites de uma sociedade determinada; seus caracteres constitutivos são incompatíveis com um estreito particularismo e ela própria tende a adotar uma forma internacional.

Primeiramente, é materialmente impossível que esse grande trabalho de reorganização tenha lugar em qualquer um dos povos europeus, sem que seja produzido simultaneamente entre os outros povos. "O grande movimento moral que deve fazer que a sociedade passe do regime arbitrário modificado ao regime mais vantajoso para a maioria da sociedade só pode efetuar-se sendo comum aos povos mais esclarecidos." (*Syst. ind.*, VI, 80). "A nação francesa não pode ser tratada e recuperada isoladamente; os remédios que podem curá-la devem ser aplicados em toda Europa." (Ibid., 100; cf. ibid., 23, nota). Na realidade, em primeiro lugar, um povo só pode adotar uma organização tão essencialmente pacífica se os outros estiverem prontos a seguir o seu exemplo. Só pode se desarmar se os seus vizinhos também renunciarem ao militarismo. Mas há uma razão mais profunda para a necessidade de internacionalismo. É que existe, a partir de agora, tal solidariedade entre as diferentes nações europeias que elas não podem deixar de caminhar com um mesmo passo pela via da civilização. De fato, elas não constituem mais personalidades heterogêneas, estrangeiras umas às outras e vivendo, cada uma, uma vida distinta; mas existem entre elas laços invisí-

174 | LIVRO II – SAINT-SIMON – SUA DOUTRINA – A ESCOLA SAINT-SIMONIANA

veis que tornam os seus destinos mutuamente interdependentes. "A França não possui absolutamente uma vida moral que lhe seja própria, ela é apenas um membro da sociedade europeia, existe uma comunidade forçada entre seus princípios políticos e os de seus vizinhos." (VI, 112-3). "Ela se encontra", escreve ele em outra parte, "em uma posição que a torna, até certo ponto, dependente de seus vizinhos, e que estabelece uma espécie de solidariedade política entre ela e os outros povos do continente." (p. 100). A razão disso é que as sociedades europeias, a partir da época em que foram constituídas, pertencem a um mesmo tipo social. Começaram todas submetidas ao regime feudal, ao mesmo tempo em que praticavam uma mesma religião e obedeciam a um mesmo clero, também submetido a um chefe único, independente de todos os governos particulares. Porém, quando as sociedades vizinhas são semelhantes a esse ponto, todas as transformações importantes produzidas em umas repercutem nas outras. Desde o momento em que novidades referentes às bases da constituição social eclodem em um desses povos, essa atmosfera comum, no seio da qual todos estão mergulhados e viviam até então, por essa simples razão, também se modifica. É impossível, portanto, que deixem que um deles se reorganize à sua maneira, como se essa reorganização dissesse respeito apenas a ele e não tivesse impactos além de suas fronteiras. Mas eles abarcam uns aos outros e só podem, consequentemente, transformarem-se por meio de um movimento conjunto. De fato, todas as grandes transformações que ocorreram na Europa desde a Idade Média foram comuns a todas as sociedades europeias. Da mesma forma que a organização era a mesma em todas originalmente, a desorganização caminhou em todas *pari passu*[38]. O regime feudal começou a ser abalado, mais ou menos ao mesmo tempo, em todos os lugares, e a religião cristã perdeu sua unidade primitiva; e a formação da Santa Aliança é a manifestação mais recente dessa inevitável solidariedade (VI, 99 e 100). É provável que esse último fato tenha tocado particularmente Saint-Simon. Nunca, na realidade, a impossibilidade em que se encontram os diferentes países da Europa de se isolarem uns dos outros e a necessidade que possuem de harmonizar seus esforços, caso queiram ter êxito, foram afirmadas com mais força.

Mas então, parece que estamos fechados em um círculo vicioso. Por um lado, o ideal saint-simoniano não pode se realizar e, consequentemente, o regime militar só pode desaparecer graças a uma espécie de acordo internacional e, de outro, o regime militar, enquanto existir, coloca obstáculos a um tal acordo, em virtude das rivalidades e ódios que ele fomenta. A situação

---

38. Expressão latina que significa "em igual passo", "simultaneamente". (N.T.)

CAPÍTULO IX – A DOUTRINA DE SAINT-SIMON [FINAL] – O INTERNACIONALISMO [...] | 175

seria de fato sem saída se, sob o regime feudal, gradualmente, não se desenvolvesse o espírito industrial que age em sentido contrário, reaproximando os povos em lugar de lhes opor uns aos outros e abrindo assim ele mesmo as vias para a organização que lhe é necessária. De fato, "a indústria é uma"; ela possui em todos os lugares os mesmos interesses, todos os que participam dela, seja qual for a sociedade a que pertençam, "estão unidos pelos interesses gerais da produção, pela necessidade que todos têm de segurança no trabalho e de liberdade nas trocas. Os produtores de todos os países são, portanto, essencialmente amigos; nada se opõe a que se unam, e essa coalizão de esforços nos parece a condição indispensável para que a indústria obtenha toda a ascendência de que pode e deve desfrutar." (*Industrie*, III, 47). Uma vez que os sábios, os artistas e os industriais possuem, em todas as partes, o mesmo ideal de paz, e como, em todas as partes, aspiram legitimamente a assegurar a supremacia das classes produtivas sobre as classes improdutivas, cooperam para uma mesma obra e, portanto, é natural que estendam as mãos acima das fronteiras, e se organizem tendo em vista a realização do objetivo comum que perseguem. Saint-Simon não teme, inclusive, declarar que existem mais laços entre as classes semelhantes de dois povos diferentes do que entre duas classes diferentes de um mesmo povo. A indústria inglesa, diz, deveria ter percebido "que, pela natureza das coisas, ela se encontrava mais intimamente ligada por interesses com os industriais de outros países, do que com os ingleses que pertenciam à classe militar ou feudal" (*Industrie*, III, 147). Além disso, de fato, essas coalizões internacionais entre trabalhadores da mesma ordem produzem-se espontaneamente. "Ao mesmo tempo em que a ação científica se constituiu e se estendeu cada vez mais em cada nação europeia considerada isoladamente, a combinação de forças científicas dos diferentes países também se efetuou cada vez mais. O sentimento de nacionalidade foi (sob esse aspecto) totalmente afastado e os sábios de todas as partes da Europa formaram uma linha indissolúvel que sempre tendeu a tornar europeus todos os progressos científicos realizados em cada ponto particular. Essa Santa Aliança, contra a qual o antigo sistema não possui nenhum meio de resistência, é mais forte para operar a organização do novo sistema do que poderia ser – para impedi-la ou simplesmente para retardá-la – a coalizão de todas as baionetas europeias" (*Organisateur*, IV, 141). É verdade que a mesma combinação entre as capacidades industriais das diferentes nações europeias só se produziu em um grau muito menor. Assim, "o sentimento de rivalidade nacional, as inspirações de um patriotismo feroz e absurdo, criadas pelo antigo sistema e cuidadosamente mantidas por ele, conservaram ainda, no que concerne

176 | LIVRO II – SAINT-SIMON – SUA DOUTRINA – A ESCOLA SAINT-SIMONIANA

ao temporal, uma enorme influência" (Ibid.). Mas, trata-se apenas de uma sobrevivência do antigo regime e que não pode tardar a desaparecer. Pouco a pouco, o cosmopolitismo dos sábios produzirá o dos industriais (IV, 142). Então veremos constituir-se um vasto partido que compreenderá todos os trabalhadores da sociedade europeia e "da organização dos industriais europeus em um partido político resultará, necessariamente, o estabelecimento do sistema industrial na Europa" (*Catéchisme*, VIII, 52).

O fato sobre o qual Saint-Simon chama assim a atenção merecia, de fato, ser assinalado, pois é eminentemente característico da nossa época. Sem dúvida, em proporções e sob modalidades diversas, o internacionalismo é observado em todos os momentos da história; porque nunca houve povo que tenha vivido em estado de isolamento hermético. Toda a sociedade sempre teve alguma coisa em comum com as sociedades vizinhas das quais mais se aproximava e foi conduzida dessa maneira a formar com essas últimas associações mais ou menos estáveis, mais ou menos definidas, mais ou menos extensas, mas que, fosse qual fosse sua natureza, opunham um contrapeso ao egoísmo estritamente nacional. É assim que, na Grécia, acima da cidade, havia a sociedade pan-helênica; acima de cada *arch'* (ou tribo) cabila existe a confederação das tribos parentas etc. Só que, até os nossos dias, os laços internacionais que se formavam assim, tinham a particularidade de unir todos os membros de cada sociedade aos membros de outra indistintamente. Elas não eram resultado do fato de que partes determinadas desses diferentes agregados sociais atraíam mais especialmente umas às outras, as afinidades das quais se originavam eram gerais. A confederação helênica, por exemplo, não se formou porque os patrícios das diferentes cidades, sentindo-se particularmente solidários uns com os outros, uniram-se especialmente entre si e, que os plebeus, por seu lado, seguiram o mesmo exemplo. Um movimento geral arrastou a totalidade de cada cidade em direção ao conjunto das outras. A fusão não teve lugar exclusivamente ou preferencialmente em certos pontos definidos: produziu-se igualmente em toda a extensão das massas sociais presentes. Assim, em geral, o que deu origem a todas essas combinações internacionais, apesar das diferenças por meio das quais cada nacionalidade continuava a se distinguir das outras, é que havia, no entanto, um número suficiente de sentimentos, interesses, de lembranças igualmente comuns a todas as classes e a todas as profissões dessas sociedades que se uniam assim para inclinarem-se umas em direção às outras. Mas, em nossos dias, apareceu um internacionalismo de um gênero totalmente novo, o internacionalismo profissional. A aproximação não se opera mais exclusivamente de povo para povo, mas de grupo profissional

CAPÍTULO IX – A DOUTRINA DE SAINT-SIMON [FINAL] – O INTERNACIONALISMO [...] | 177

para grupo profissional da mesma ordem. Vimos os trabalhadores semelhantes de países diferentes reunirem-se diretamente, formarem entre si associações mais ou menos duráveis, mais ou menos organizadas a despeito, inclusive, das hostilidades nacionais, e a aproximação dos povos resultar do precedente, em lugar de ser a sua causa inicial. Sucessivamente foram fundadas associações internacionais de sábios, artistas, industriais, operários, financistas etc., que iam se especializando cada vez mais, à medida que se multiplicavam, e que, pela regularidade crescente com que começavam a funcionar, logo se tornaram um fator importante da civilização europeia. Assim, enquanto, anteriormente, eram os povos em seu conjunto que convergiam uns em direção aos outros, agora, são os órgãos semelhantes de cada um deles que tendem a se ligarem por cima das fronteiras e a se unificarem diretamente. Mas esse novo internacionalismo não tem somente como traço característico a forma particular dos grupos aos quais dá origem; ele se distingue também por uma força de resistência e de expansão que era desconhecida até então. De fato, quaisquer que sejam as semelhanças que os povos vizinhos possam ter, em suma, elas são poucas, ao menos em geral, ao lado das diferenças de língua, costumes, interesses, que continuam a separá-los. Portanto, enquanto o internacionalismo não possui outra base, cada nação arrisca-se pouco a deixar sua individualidade no seio das associações mais vastas nas quais entra e, dessa maneira, dificilmente mais do que confederações bem frouxas são formadas, a menos que uma guerra em comum tenha reforçado a unidade. Pelo contrário, os sentimentos e os interesses profissionais são dotados de uma universalidade bem maior; eles são bem menos variáveis de um país para outro em uma mesma categoria de trabalhadores, enquanto, inversamente, são muito diferentes de uma profissão para outra no seio de um mesmo país. O resultado é que o espírito corporativo tende, por vezes, a unir mais estreitamente as corporações semelhantes das diferentes sociedades europeias que as corporações diferentes de uma mesma sociedade. O espírito nacional encontra assim, diante de si, um formidável antagonismo que ele não conhecia até então e, por conseguinte, as condições são excepcionalmente favoráveis para o desenvolvimento do internacionalismo. São justamente esses dois aspectos do movimento internacional contemporâneo que, nas passagens que acabamos de citar, Saint-Simon coloca em relevo, ao mesmo tempo em que tenta explicá-los. E como então eles eram bem menos marcados do que hoje – acabavam de nascer – pode-se dizer que ele os pressentiu e previu quase tanto quanto os observou. Pela maneira como se expressa em alguns lugares, poderíamos dizer verdadeiramente que ele profetiza *A Internacional*.

178 | LIVRO II – SAINT-SIMON – SUA DOUTRINA – A ESCOLA SAINT-SIMONIANA

Assim, a realização da sociedade industrial supõe o estabelecimento de um acordo europeu e esse acordo se realiza por si mesmo sob a pressão do espírito industrial. Nessas condições, a atitude do pensador e do homem de Estado está toda traçada. Não seria questão de parar o movimento que é irresistível e que, além disso, é necessário para que o industrialismo cumpra o seu destino. Mas resta tomar consciência do grau de desenvolvimento a que chegou espontaneamente e procurar, em seguida, a maneira por meio da qual possa ser conduzido ao seu término definitivo. É preciso encontrar uma organização internacional da Europa que torne possível o estabelecimento, em cada sociedade particular, do sistema industrial. É visível inclusive que, de acordo com o pensamento de Saint-Simon, essa organização não deveria permanecer fechada nos limites do continente europeu, mas que estava destinada a se estender pouco a pouco de maneira a abraçar toda a humanidade. "O regime industrial", segundo ele, "será a organização definitiva da espécie humana." (VI, 81). Ele vislumbra no futuro a formação de uma sociedade que compreenderia todos os homens e que empreenderia a exploração sistemática do globo, à qual ele denomina de propriedade territorial da espécie humana (*N. chr.*, VII, 145 e 146-7). Mas isso não é nada além de um sonho cuja ideia lhe é cara, e que, de tempos em tempos, atravessava o seu espírito, sem que imaginasse realizá-la no presente.

Todavia, na associação europeia, que é realizável no presente, qual será o lugar destinado às pátrias particulares? Saint-Simon não chega a pedir que desapareçam; conserva para elas uma autonomia relativa. Mas é evidente que, no seu pensamento, devem perder a grande importância moral que tiveram até o presente. O particularismo nacional lhe parece apenas uma forma de egoísmo e, consequentemente, pode exercer na moral futura apenas um papel secundário. "Seus moralistas", escreve, "contradizem-se quando proíbem o egoísmo e aprovam o patriotismo, pois o patriotismo não é outra coisa senão o egoísmo nacional; e este egoísmo faz que se cometam, de nação para nação, as mesmas injustiças que o egoísmo pessoal entre os indivíduos." (*Lettres d'un habitant de Genève*, I, 43-4). O que acarretou a inferioridade moral dos gregos e romanos é justamente o fato de eles não terem se libertado dos sentimentos puramente nacionais. "O coração humano não tinha se elevado ainda em direção aos sentimentos filantrópicos. As almas mais generosas, em geral, experimentavam o sentimento patriótico e ele era extremamente circunscrito, dada a pouca extensão dos territórios e a pouca importância das populações entre as nações na Antiguidade." (*N. chr.*, VII, 145). Ao contrário, um dos grandes progressos que o cristianismo trouxe para as ideias morais foi subordinar as afeições patrióticas ao

CAPÍTULO IX – A DOUTRINA DE SAINT-SIMON [FINAL] – O INTERNACIONALISMO [...] | **179**

amor geral pela humanidade. "O melhor código de moral sentimental que possuímos é o da moral cristã. Mas, nesse código, muito se fala sobre os deveres recíprocos dos membros de uma mesma família; ele prescreve a todos os homens olharem-se como irmãos, mas não os estimula de forma alguma a subalternizar seus sentimentos filantrópicos e suas afeições familiares ao patriotismo." (*Catéchisme*, VIII, 200). Assim, mesmo os sentimentos domésticos estariam, de acordo com ele, melhor fundados na natureza das coisas que no apego ao país natal. De fato, se, como admite Saint-Simon, não há interesses sociais fora dos interesses industriais, como a indústria é por natureza, essencialmente cosmopolita, a lealdade nacional fica a partir de então sem razão de ser, enquanto o amor pela família, apesar do seu caráter particularista, possui, ao menos, essa superioridade de responder a uma ordem de sentimentos e interesses *sui generis* que o industrialismo não fez desaparecer. Sabemos como, partindo de um mesmo princípio, os economistas chegaram à mesma conclusão. O cosmopolitismo dos mestres da Escola não é menos intransigente. De qualquer maneira, aqui como em todos os outros casos em que tivemos que marcar o parentesco dos dois sistemas, a concordância certa não é absolutamente completa. Uma divergência que já demonstramos deve ser assinalada. De acordo com os economistas, o reino internacionalista não tem necessidade, para se estabelecer e funcionar, de ser organizado e administrado de acordo com um plano deliberado. É preciso apenas declarar que não existem mais fronteiras e deixar os industriais atarem livremente suas relações no mercado universal. Para Saint-Simon, ao contrário, é necessário submeter esse regime a uma ação sistemática; é preciso uma organização definida, um corpo de instituições comuns à sociedade europeia, como a cada sociedade particular. "Para toda reunião de povos como para toda reunião de homens, é preciso instituições comuns, é necessário uma organização. Sem isso, tudo se decide por meio da força." (I, 173). Qual será então essa organização?

A questão preocupa Saint-Simon desde os seus primeiros escritos; o cosmopolitismo e o industrialismo são, aos seus olhos, tão estreitamente solidários que ele nunca separou os dois problemas. Desde o começo da sua pesquisa, ele os aborda de frente. Enquanto nas *Lettres à un habitant de Genève* (1803), ele expõe um plano de acordo com o qual a direção da humanidade seria entregue a um Conselho Supremo de sábios, denominado de "Conselho de Newton" sob a autoridade do qual funcionariam conselhos nacionais e, inclusive, provinciais, compostos da mesma maneira. Mas, como o próprio Saint-Simon nos expõe esse projeto na forma de um sonho e, além disso, não volta a ele de maneira expressa nas suas outras obras, não nos

180 | LIVRO II – SAINT-SIMON – SUA DOUTRINA – A ESCOLA SAINT-SIMONIANA

cabe insistir, ainda que encontremos nele, sob uma forma concepcional, utópica e mística, as ideias fundamentais da doutrina saint-simoniana. No opúsculo sobre a *Réorganisation de la Société européenne* (1814), obra escrita em colaboração com Augustin Thierry, ele retoma a questão com mais método e sangue frio. Como nesse momento o parlamentarismo lhe parecia ser a solução de todos os problemas políticos, pede que se comece por estabelecer em todos os países, Parlamentos nacionais e, em seguida, acima deles, um Parlamento geral que administrará os negócios comuns, coordenará todos os empreendimentos de interesse geral (e Saint-Simon dá como exemplo a construção dos grandes canais reunindo o Danúbio ao Reno, o Reno ao Báltico etc.), que estabelecerá um código moral comum a todos os povos e que, acima de tudo, terá a direção e a supervisão da instrução pública em toda a extensão da Europa. Dessa maneira, será formado, progressivamente um patriotismo europeu, que se tornará tão forte quanto o patriotismo nacional é hoje.

Como Saint-Simon se desligou rapidamente do parlamentarismo, podemos estar certos de que ele não tardou a julgar insuficiente essa constituição parlamentar da sociedade europeia. Mas ele nunca abandonou a ideia de que era possível ligar, mesmo nos negócios temporais, os diferentes povos da Europa, pois essa ideia ainda é afirmada de forma muito clara no *Système industriel* (III, 53). É verdade que, em nenhuma parte, expôs diretamente como o seu plano primitivo deveria ser modificado para se harmonizar com sua nova teoria (sobre o industrialismo). Mas não é difícil descobrir em que deveriam consistir essas modificações que, no fundo, não possuem nada de essencial. O princípio sobre o qual repousava o projeto de 1814 certamente se mantinha, pois ele é profundamente saint-simoniano. É formulado da seguinte maneira: a Europa deve ser organizada sobre as mesmas bases que as sociedades particulares (I, 179-80). O governo geral e os governos nacionais devem ser homogêneos. Por conseguinte, é apenas questão de substituir o parlamento europeu, por um sistema de conselhos recrutados de acordo com regras que indicamos para os conselhos nacionais, ou seja, composto por industriais sábios e artistas, e administrando os negócios comuns da Europa dentro do mesmo espírito, a fim de colocar a constituição da confederação europeia de acordo com os princípios do industrialismo.

Por vezes relacionamos esse projeto ao que o abade Saint-Pierre expôs anteriormente no seu livro sobre a *Paix perpétuelle*, e concluímos por essa aproximação que ambos eram igualmente utópicos. Saint-Simon, no entanto, tinha tido o cuidado de marcar a diferença que separa essas duas concepções (I, 176 ss.). O abade Saint-Pierre pedia simplesmente que os soberanos da

CAPÍTULO IX – A DOUTRINA DE SAINT-SIMON [FINAL] – O INTERNACIONALISMO [...] | 181

Europa concordassem em submeter suas diferenças a um Congresso permanente de plenipotenciários nomeados por eles e, cujas decisões seriam soberanas. Mas cada povo teria guardada, na confederação, sua organização presente. Porém, segundo Saint-Simon, é ingenuidade acreditar que os ódios e as rivalidades nacionais, que os sistemas políticos atuais mantêm, serão apaziguados como que por encantamento, unicamente porque será constituído um conselho de diplomatas em que todos os interesses antagônicos serão representados. Uma assembleia que só compreende, por definição, elementos discordantes, não possui outra unidade a não ser a do lugar em que se reúne e não pode chegar a um acordo pelo simples fato da aproximação interior. Inclusive, cada um tentará favorecer o seu lado, lutará para que seus interesses próprios predominem e, supondo que um equilíbrio acabasse por se estabelecer artificialmente, ele só poderia ser provisório. "Não há acordo", diz Saint-Simon, "sem pontos de vista comuns e soberanos que tratem em conjunto ou plenipotenciários nomeados por contratantes e revogáveis por eles. Como poderão ter outros pontos de vista que não os particulares?" (I, 177). Tal é o destino que ele predizia antecipadamente para o Congresso de Viena que acabava de começar e que realizava, em parte, o sonho do abade Saint-Pierre (I, 170 ss.). O pensamento de Saint-Simon é completamente diferente. Ele não acredita que o acordo europeu possa ser realizado com um risco de caneta no papel, com a ajuda de um procedimento factício que se reduziria, em suma, em reunir algumas assinaturas no pé de um pergaminho. Se ele julga esse resultado não apenas desejável, mas possível, é que a partir de agora, as sociedades europeias lhe parecem em proporções desiguais, todas animadas por um mesmo espírito, que tende a aproximá-las, o espírito industrial. Assim, existe agora uma comunidade de visões e interesses para a qual, as constituições que ele reclama e que acabamos de detalhar, servirão para sancionar, organizar e desenvolver, uma comunidade que eles seriam impotentes para criar, caso ela não existisse. Seu projeto está, portanto, longe de ter o mesmo caráter utópico que o do abade Saint-Pierre. Há utopia, no sentido literal da palavra, quando um ideal desejável, mas complexo e de uma realização evidentemente laboriosa nos é apresentado como executável, em um abrir e fechar de olhos, com a ajuda de procedimentos de uma simplicidade infantil. Podemos então, sem restrição alguma, taxar de utópico, um autor que, não percebendo o quanto a guerra está estreitamente ligada com os tratados essenciais da nossa organização social, não vendo nela, de forma alguma, mais do que um efeito da estupidez humana, imagina poder desembaraçar a humanidade dela por meio de uma feliz invenção e de um artifício bem combinado, ou mesmo,

182 | LIVRO II – SAINT-SIMON – SUA DOUTRINA – A ESCOLA SAINT-SIMONIANA

simplesmente com algumas exortações. Saint-Simon, ao contrário, tem perfeita consciência de que a guerra baseia-se na natureza das sociedades feudais e que a primeira só pode desaparecer se as segundas se transformarem; ele está, portanto, bem longe de se enganar sobre a gravidade do empreendimento e suas dificuldades. Apenas, como ele acredita que essas transformações profundas da ordem social são eminentes e, inclusive, estão realizadas em parte, não vê nada de impossível em solicitar uma transformação paralela das relações internacionais. Seu cosmopolitismo só poderia ser tratado como utópico na medida em que se aplicasse ao seu industrialismo esse mesmo qualificativo.

O que dá, além disso, à sua concepção seu verdadeiro significado é que ela lhe é imposta em grande parte por um fato histórico, a saber, o caráter internacional do poder papal. "Faz-se uso da alavanca, sem saber explicar o que é uma alavanca [...]. Em Política, como em qualquer espécie de ciência, é feito o que precisa ser feito, antes de saber por que era preciso fazer e, quando após a prática chega-se às teorias, frequentemente, o que foi pensado ficou abaixo do que foi executado por acaso. É o que aconteceu naquela ocasião. A organização da Europa como ela era no início do século XIV é infinitamente superior ao projeto do abade Saint-Pierre." (I, 179). "Fingimos", diz ele há pouco, "um soberbo desprezo pelos séculos que chamamos Idade Média [...] não prestamos atenção que se trata do único momento em que o sistema político da Europa estava fundado sobre uma base verdadeira [...]. Enquanto ela subsistiu, houve poucas guerras na Europa e essas guerras tiveram pouca importância." (I, 174). É preciso assinalar, com muita justiça, que as cruzadas foram guerras da confederação inteira e, nas quais se afirmou o sentimento europeu. Trata-se, portanto, não de imaginar uma combinação sem analogia na História, mas simplesmente de retomar e prosseguir a obra histórica, colocando-a em harmonia com as transformações ocorridas na natureza das sociedades. As modificações a serem introduzidas são de dois tipos. Em primeiro lugar, os bens internacionais não poderiam ser, hoje, da mesma natureza que na organização papal, pela simples razão de que o princípio do sistema social mudou. Além disso, eles devem e podem ser completos. Na Idade Média, os povos estavam ligados apenas ao espiritual, agora devem se ligar ao material e ao temporal. "A ligação será mais completa", escreve, "porque será, ao mesmo tempo, espiritual e temporal, enquanto, no antigo sistema só havia laços entre os diferentes Estados da Europa no que concerne ao espiritual" (*Syst. ind.*, VI, 53).

O que acabamos de ver representa o lado temporal dessa organização. Mas, por mais necessário que seja esse complemento do sistema papal, ele

CAPÍTULO IX – A DOUTRINA DE SAINT-SIMON [FINAL] – O INTERNACIONALISMO [...] | 183

não basta. "Não é necessário acreditar que o laço temporal, muito positivo e precioso, que existe entre eles (os Estados europeus) até certo grau e que tende a ficar cada vez mais estreito, possa prescindir de um vínculo espiritual." (*Syst. ind.*, VI, 53). Em outras palavras, não basta organizar a vida econômica da sociedade europeia; essa organização precisa de uma alma, ou seja, um corpo de doutrinas, de crenças comuns a todos os europeus e que faça a sua unidade moral. Não é suficiente que cooperem industrialmente sob a direção de uma administração comum, é preciso que exista entre eles uma comunhão espiritual. E, hoje, como na Idade Média, essa comunhão só pode ser assegurada por uma religião comum a toda a humanidade.

Nós entramos, portanto, aqui em uma nova parte do sistema; e à primeira vista estamos surpresos por encontrá-la. Quando escutamos o adversário do sistema teológico, o fundador da Filosofia positiva, reclamar a instituição de uma nova religião, ficamos tentados a acreditar que, ao longo do caminho, alguma revolução ocorreu no seu pensamento e ele se tornou infiel aos seus princípios. Essa hipótese extrai certa verossimilhança do fato de *Nouveau christianisme*, o livro em que estão expostas as suas ideias religiosas (1824), ser o último que ele escreveu. A morte sequer lhe permitiu terminá-lo. Por isso, alguns atribuíram essa obra a uma certa debilidade intelectual de Saint-Simon. Nada, portanto, é menos exato do que essa interpretação. Não há dúvidas, ao contrário, de que as preocupações religiosas foram muito intensas em todos os períodos do desenvolvimento intelectual de Saint-Simon. Nós vimos que, desde o início, ele rompeu com a falta de religiosidade de Condorcet e dos escritores do século XVIII, que viam na religião apenas um produto do erro, mantido pela astúcia e pela mentira dos padres. Ele sempre teve em alta conta o papel que o cristianismo teve no mundo. Em um fragmento, que foi conservado, e que se supõe que seja de uma data por volta de 1818, ele narra em uma linguagem belíssima, o nascimento da ideia cristã e as primeiras fases da sua evolução. Desde a *Science de l'homme* (1813) já escrevia: "A instituição religiosa, sob qualquer espírito que a consideremos, é a principal instituição política [...]. Os povos que são vizinhos e que possuem crenças religiosas diferentes estão quase necessariamente em guerra." (XI, 158). Além disso, uma ideia que retorna sem cessar em Saint-Simon, é que a crise atual é análoga à que o mundo civilizado atravessou quando passou do politeísmo greco-latino para o monoteísmo cristão. "A época que apresenta a maior analogia com a nossa é aquela em que a parte civilizada da espécie humana passou do politeísmo ao teísmo, por meio do estabelecimento da religião cristã" (*Syst. ind.*, VI, 61; cf. *Industrie*, III, 22). Consequentemente, Saint-Simon nunca concebeu a Filosofia

184 | LIVRO II – SAINT-SIMON – SUA DOUTRINA – A ESCOLA SAINT-SIMONIANA

positiva e científica, excluindo todos os sistemas religiosos. Parece-lhe, ao contrário, que uma deve naturalmente conduzir à outra. Mas como essas duas partes do sistema se juntam? Para responder a essa questão temos apenas que aproximar uma da outra: sua concepção geral da Filosofia com a que ele tinha da religião. A Filosofia, como ele a entende, consiste em uma síntese das ciências que sistematizariam todos nossos conhecimentos, procurando a ideia fundamental e única da qual eles são derivados. O objeto da Filosofia é encontrar a unidade das coisas, mostrando como todas as leis particulares são apenas corolários de uma lei primordial que domina o universo. E essa lei que é a chave do sistema do mundo é, segundo Saint-Simon, a lei da gravitação. "A gravidade universal pode ser considerada como a única lei à qual o universo é submetido." (I, 94). "É possível organizar uma teoria geral das ciências – tanto físicas quanto morais – baseada na ideia de gravitação." (XII, 304). A função da religião é da mesma natureza; ela também têm, antes de mais nada, como objetivo, combater o particularismo intelectual. Se ela é necessária, é porque, desde que o cristianismo perdeu sua influência, os homens, não tendo mais uma fé comum no seio da qual extraíam o sentimento de solidariedade, mergulharam em estudos especiais e pesquisas particulares, perdendo de vista os princípios gerais que constituem a unidade das coisas e da sociedade, chegando mesmo a perder o gosto por esses princípios. "Desde a dissolução do poder espiritual, resultado da insurreição de Lutero, o espírito humano se afastou das visões mais gerais: entregou-se às especialidades, ocupou-se da análise de fatos particulares, dos interesses privados das diferentes classes da sociedade e estabeleceu-se a opinião que as considerações sobre os fatos gerais e sobre os interesses gerais da espécie humana eram apenas considerações vagas e metafísicas, não podendo contribuir de forma eficaz para o progresso das luzes e aperfeiçoamento da civilização." (VII, 183). É contra essa tendência à dispersão que a religião deve reagir. Ela deve mostrar novamente aos homens que o mundo, apesar da sua diversidade, é um caso que conduz a Deus. Ela não possui, portanto, um papel diferente do que é exercido pela filosofia. Não se opõe a essa quimera como o celestial ao terrestre. Sua verdadeira missão não é desviar a espécie humana da realidade temporal para ligá-la a algum objeto supra experimental, mas simplesmente lhe dar o sentimento de unidade do real. Aqui está precisamente o que faz que ela seja chamada a fornecer a ligação espiritual que deve unir, uns aos outros, os membros da sociedade humana. Ela dá a essa última a consciência da sua unidade. Enquanto a humanidade for concebida como composta por uma pluralidade de seres e de princípios

CAPÍTULO IX – A DOUTRINA DE SAINT-SIMON [FINAL] – O INTERNACIONALISMO [...] | 185

distintos e heterogêneos, haverá diversas humanidades estranhas ou mesmo hostis uma às outras, entre as quais, consequentemente, não pode se estabelecer nenhuma cooperação regular, nenhuma associação durável. A história o prova. O politeísmo antigo fragmentava o gênero humano, em uma multidão difusa de pequenas sociedades inimigas umas das outras. Cada cidade, cada povoado considerava os homens que viviam fora dos seus limites como estando fora da humanidade, pelo simples fato de supor que adotavam outros princípios, derivados de outra origem. E o essencial na revolução cristã é que ela trouxe ao mundo uma ideia, a ideia monoteísta, que podia servir de centro de reunião para todos os povos. "A religião cristã fez com que a civilização desse um grande passo, reunindo todos os homens por meio da crença em um só Deus e do dogma da fraternidade universal. Dessa maneira, foi possível organizar uma sociedade mais vasta e reunir todos os povos em uma família comum." (*Industrie*, III, 33-4). É essa a obra que é preciso retomar e levar mais longe, colocando-a em relação com as transformações que foram feitas na civilização desde a fundação do cristianismo. É esse o objetivo que deve se propor o novo cristianismo, cujo estabelecimento Saint-Simon acredita ser necessário, e essa é a fonte da analogia singular entre o período atual e o que se seguiu à aparição do cristianismo. É o mesmo problema que se coloca nos dois casos, mas em condições diferentes. Trata-se de dar aos homens o sentimento de unidade do mundo, mas levando em conta os resultados a que as ciências particulares, cujas pesquisas trouxeram à luz a riqueza da diversidade das coisas. Veremos, em seguida, quais transformações é preciso trazer à concepção cristã para colocá-la à altura de sua função.

Se tal é a natureza da religião, vemos que, ao passar das especulações filosóficas e científicas para as especulações religiosas, Saint-Simon não renegou seu pensamento primitivo. Pois a religião assim entendida não renega a Filosofia. Tem nela as suas raízes, é ela própria uma coisa filosófica. Será fácil demonstrar, por outro lado, que a Filosofia, como ele sempre a compreendeu, muito longe de ser animada por um espírito irreligioso ou arreligioso, tendia naturalmente a assumir uma forma religiosa. Pois a lei única para a qual ela se esforça em levar todas as coisas, a lei da gravitação é, desde o princípio, apresentada como sendo a lei de Deus. "A ideia da gravitação não está absolutamente em oposição com a ideia de Deus, pois ela não é outra coisa senão a ideia da lei imutável através da qual Deus governa o universo." (XI, 286). "É possível", disse em outro trecho, "organizar uma teoria geral das ciências [...] baseada na ideia da gravitação, considerada como a mesma lei a que Deus submeteu o universo e por meio da qual ele

186 | LIVRO II – SAINT-SIMON – SUA DOUTRINA – A ESCOLA SAINT-SIMONIANA

o rege." (XI, 303). A ideia de Deus e a ideia da lei fundamental são, portanto, apenas faces de uma mesma ideia, a ideia de unidade. Vista por um lado, essa aparece em sua forma mais particularmente abstrata, científica, metafísica; vista por outro, sob sua forma sensível e religiosa. Essa maneira de interpretar o pensamento saint-simoniano não possui nada de hipotética. É ele mesmo que nos apresenta seu projeto como um empreendimento que pode ser considerado sob esse duplo aspecto. Ao falar sobre "essa teoria científica geral, baseada na ideia da gravitação", sobre a qual meditava, disse: "A consequência desses trabalhos será a reorganização da sociedade europeia, por meio de uma instituição geral comum a todos os povos que a compõem, instituição que, de acordo com o grau de luz de cada um, parecer-lhe-á científica ou religiosa, mas que, em qualquer caso, exercerá uma ação política positiva, a de colocar um freio na ambição política dos povos e dos reis." (XI, 310).

Todavia, ainda que certamente ele não tenha dado meia volta no seu pensamento, ainda que nunca tenha passado de um racionalismo irreligioso ou arreligioso para um misticismo que denigre a ciência, existe, no entanto, uma diferença entre a forma primeira desse sistema e a que adota nas últimas obras. É que, nos primeiros escritos, o caráter científico da sua doutrina é predominante, e o caráter religioso muito apagado, enquanto, a partir do *Système industriel* e, sobretudo, no *Le nouveau christianisme,* a ideia de Deus, até então, um pouco eclipsada pela ideia de lei, passa para o primeiro plano. De onde vem essa mudança que é interessante e incontestável? É uma consequência do que assinalamos da última vez, a saber: ele foi levado a atribuir aos sentimentos propriamente morais um papel cada vez mais importante. Enquanto acreditava que o egoísmo era capaz de assegurar a marcha das sociedades – desde que estas fossem bem organizadas – uma teoria unitária, mas puramente abstrata do mundo podia legitimamente lhe parecer adequada para dar aos homens um sentimento suficiente da sua unidade. De fato, não havia espaço para encorajar especialmente a sensibilidade individual a fim de conduzi-la a desempenhar o seu papel social, posto que ela o exercesse espontaneamente, em virtude de sua tendência natural que a inclinava em direção ao egoísmo. Assim, tudo o que restava a fazer era desembaraçar os espíritos das ideias falsas que podiam impedir o egoísmo de produzir as consequências sociais e úteis que ele implica, naturalmente. E, por isso, bastava mostrar aos povos como, isolando-se uns dos outros, tratando-se uns aos outros como outras tantas humanidades distintas, recusando-se, por conseguinte, a se associar e cooperar, eles estavam em contradição com a natureza das coisas, porque não somente o gênero humano, mas

CAPÍTULO IX – A DOUTRINA DE SAINT-SIMON [FINAL] – O INTERNACIONALISMO [...] | 187

universo inteiro, é um e, antes de tudo, está submetido à ação de uma única e mesma lei. Era suficiente uma ideia fria e puramente científica como essa, para servir de base racional à cooperação dos egoísmos. Mas, não podia ocorrer o mesmo, a partir do momento em que Saint-Simon reconheceu que sem a caridade, o dever mútuo, a filantropia, a ordem social e, mais ainda, a ordem humana eram impossíveis. Para induzir os indivíduos a se esforçarem uns pelos outros, a se proporem como objetivo outra coisa que não eles mesmos, não bastava dar a eles uma inteligência puramente especulativa da unidade lógica das coisas. A teoria abstrata da gravitação universal não pode servir de fundamento ao dogma moral da fraternidade humana. Tal noção era suficiente para impedir os homens de ignorar seus interesses, a ponto de não cooperar uns com os outros; mas não bastava para obrigar cada um a esquecer seu próprio interesse para pensar no do outro. Para que tivessem uma razão ativa para a fraternidade, era preciso fazê-los sentir que existe entre eles um laço positivo, uma comunidade de natureza, uma única substância que os torna irmãos; que é a mesma vida que circula em seus corpos, o mesmo espírito que anima todas as inteligências; de tal maneira que se possa enfraquecer essa distinção entre o eu e o você, o meu e o seu, que é o obstáculo dos sentimentos filantrópicos. Para tanto, era indispensável que a ideia da unidade do mundo fosse apresentada sob seu aspecto sensível, e eis como, através do progresso normal, foi se acentuando o caráter religioso do sistema.

Contudo, como percebemos, a religião não ocupava nesse sistema um lugar de peça adicionada, acrescentada tardiamente, e que não formava um corpo com o todo. Ao contrário, podemos julgar agora que a doutrina de Saint-Simon é profundamente una; podemos dizer inclusive que o que a caracteriza melhor é este sentimento da unidade universal que é o seu primeiro ponto de partida e o ponto de chegada, porque o pensamento de Saint-Simon é desenvolvido em uma única direção. Ele parte do princípio de que é preciso encontrar, por meio da síntese das ciências, a unidade do mundo para fazer dela a base de um *corpus* das nossas crenças comuns; em seguida, para tornar essa síntese [completa], ele é obrigado a instaurar as ciências que faltam: a Psicologia e, sobretudo, o que será chamado de Sociologia. Mas, após haver atravessado esses estudos especiais, volta a seu projeto inicial e, com os resultados obtidos no curso das suas pesquisas, empreende construir essa síntese unitária que ele nunca perdeu de vista. É assim que seu sistema se abre e se fecha sobre a mesma questão e permanece, portanto, em toda a sua extensão [animado] pela mesma preocupação.

Décima segunda lição

Nós vimos que o regime industrial, tal como Saint-Simon o entende, não pode permanecer estritamente nacional. Ele só pode se estabelecer em um país da Europa se esse último ingressar, ao mesmo tempo, como parte integrante e na qualidade de província mais ou menos autônoma, na sociedade mais vasta, formada por todos os povos europeus e organizada de acordo com os mesmos princípios de cada um deles. Em outros termos, o industrialismo só é possível graças a uma organização internacional que será, ao mesmo tempo, temporal e espiritual. Quanto ao temporal, ela consistirá em uma instituição de conselhos, análoga às que são nomeadas por cada sociedade particular e encarregada de administrar os negócios comuns da Europa. Quanto ao espiritual, consistirá no estabelecimento de uma religião, nova em parte, comum a todos os europeus e aberta a todos. É essa grande religião que será a alma de todo o mecanismo industrial da grande sociedade europeia e que assegurará o funcionamento harmônico. A religião constitui assim a chave mestra do sistema; pois é ela que torna possível a associação internacional que é a condição necessária do industrialismo.

Nós mostramos, por outro lado, que Saint-Simon pode lhe atribuir essa função essencial, sem negar os princípios de sua doutrina, porque o sistema religioso, tal como ele o entende, não é senão outra face do sistema filosófico, ambas exprimindo a mesma ideia: a ideia de unidade universal. Uma por seu aspecto sensível e prático, a outra, sua forma abstrata e teórica.

Mas em que consistirá essa religião? É o que Saint-Simon deveria expor no seu *Nouveau christianisme*; o estado incompleto no qual ele deixou esse livro, interrompido pela morte, faz que desconheçamos os detalhes de suas concepções religiosas, se é que ele as tinha claras em sua mente. Mas seus princípios podem ser fixados com certa precisão.

Em primeiro lugar, ainda que a religião nova tenha seu culto e seu dogma, sua parte central será a moral. "O novo cristianismo", escreveu, "terá sua moral, seu culto e seu dogma; terá seu clero e seu clero terá seus chefes. Mas [...] a doutrina da moral será considerada pelos novos cristãos como a mais importante; o culto e o dogma serão vistos por eles apenas como assessórios, cujo objetivo principal é fixar a atenção dos fiéis de todas as classes sobre a moral." (VII, 116). Nessas condições, a teologia propriamente dita perde toda a sua importância, pois, nesse ponto, as práticas se tornam secundárias. O melhor teólogo será simplesmente o melhor moralista. "O melhor teólogo é aquele que faz as aplicações mais gerais do princípio fundamental da moral divina [...] ele é o vigário de deus sobre a terra." (VII, 115). De

CAPÍTULO IX – A DOUTRINA DE SAINT-SIMON [FINAL] – O INTERNACIONALISMO [...] | 189

acordo com esse método, é na História que Saint-Simon se apoia para demonstrar em qual direção a evolução religiosa deve prosseguir. Com o seu senso das coisas históricas, ele percebeu, de maneira muito clara, esta lei que atualmente se tornou um axioma: quanto mais nos aproximamos das origens do desenvolvimento religioso, mais as práticas rituais e materiais ganham importância sobre as crenças e os preceitos puramente morais, enquanto são esses últimos que se tornam cada vez mais predominantes na religião dos povos civilizados. "A parte material da religião", escreveu, "desempenhou um papel mais considerável, quanto mais próxima esta instituição estava da sua fundação." "As práticas religiosas, assim como os raciocínios sobre a utilidade dessas práticas, eram (então) as partes da religião que deviam ocupar, com mais frequência, tanto os ministros dos altares como a massa dos fiéis." Ao contrário, "a parte espiritual sempre adquiriu preponderância à medida que a inteligência do homem se desenvolveu." (VII, 166). O que houve de "verdadeiramente sublime, de divino, no primeiro cristianismo, é a superioridade da moral sobre todo o resto da lei, ou seja, sobre o culto e o dogma" (VII, 103). Pois ele cabe inteiramente na máxima que "ordena todos os homens a agirem como irmãos uns com os outros". (VII, 120). Infelizmente, o clero católico não permaneceu fiel às concepções de Cristo. Vimos os escritos religiosos se sobrecarregarem de "concepções místicas" sem relações com "os princípios da sublime moral de Cristo" (VII, 123), ritos materiais de toda sorte apresentados aos fieis como a condição indispensável para a salvação (VII, 153). É por isso que o cristianismo só pode servir como religião da humanidade se for renovado e regenerado. O objeto do *Nouveau christianisme* será libertar a ideia cristã, ou seja, a ideia moral, de todos os vínculos que a desnaturalizam e de restabelecê-la na sua pureza original, tornando-a a base única do sistema religioso. É portanto, como dissemos, para dar mais eficácia aos sentimentos morais, aos motivos filantrópicos que Saint-Simon foi levado a acentuar o caráter religioso do seu sistema, posto que a doutrina da filantropia é, para ele, o que existe de mais essencial na religião. Além disso, ele próprio nos diz que seu objetivo, ao escrever *Le nouveau christianisme*, foi o "de depurar (a moral), aperfeiçoá-la e estender o seu império sobre todas as classes da sociedade, conservando o seu caráter religioso". (VII, 103)

Ademais, nas concepções correntes, não se separa a ideia de religião da de Deus. De fato, o único meio de dar a uma moral um caráter religioso consiste, evidentemente, em associá-la a alguma noção de divindade que esteja em harmonia com ela. Assim, *Le nouveau christianisme* começa com estas palavras: "Eu creio em Deus". Como Deus deve ser representado na

190 | LIVRO II – SAINT-SIMON – SUA DOUTRINA – A ESCOLA SAINT-SIMONIANA

nova religião? O que torna embaraçosa a resposta a essa questão, é que, no seu livro, Saint-Simon não a tratou explicitamente. Ele nos fala a todo instante de Deus sem nos dizer expressamente como ele o concebe. Por isso, a maioria dos seus intérpretes acreditou que devia deixar suas ideias sobre esse ponto na mesma indeterminação. Parece-nos, entretanto, que elas são suscetíveis de serem determinadas, ao menos no que elas possuem de essencial, sobretudo se admitirmos que seu último escrito se associa, sem contradição, às suas primeiras obras, e se, por conseguinte, considerarmos legítimo servir-nos das últimas para esclarecer sua teoria religiosa.

Uma primeira proposição que pode ser estabelecida, com total certeza, é a de que Saint-Simon nunca representou Deus sob a forma de uma causa viva e pessoal. Ele sempre rejeitou formalmente tudo o que pudesse se assemelhar a uma concepção antropomórfica. No *Mémoire sur la science de l'homme*, dirigindo-se à Escola filosófica alemã, exprime-se nestes termos: "Vocês têm muita razão em pregar que é preciso uma teoria geral e que, somente sob o seu aspecto filosófico, a ciência é útil à sociedade [...] mas se equivocam quando querem dar, como base à sua Filosofia, a ideia de uma causa animada.". E acrescenta: "Não é mais a ideia de Deus que deve ligar as concepções dos sábios, e sim a ideia da gravitação considerada como lei de Deus."(XI, 300). Esse texto explica algumas passagens do mesmo livro em que Saint-Simon parece rejeitar radicalmente a própria ideia de Deus, como quando ele diz: "Nós apresentaremos esta ideia (a da gravitação) como devendo desempenhar o papel de ideia geral absoluta e substituir a ideia de Deus." (XI, 276). Mas não é toda a noção de Deus que ele declara ser inconciliável com seu sistema filosófico, pois, dez páginas adiante (XI, 284), mostra que não existe nenhuma contradição entre a ideia de Deus e a da gravidade universal considerada como lei de Deus (cf. p. 300 e 309-10). O que lhe parecia vicioso, nas antigas teorias, é somente "o fato de que Deus era apresentado nelas como uma vontade pessoal. "Animar a causa de todos os efeitos produzidos no universo" é, disse, proceder como uma criança que, quando tropeça em uma pedra, fica zangada com ela (XI, 163). Mas, como conceber a gravitação universal como lei de Deus? Não será Deus senão a natureza divinizada? Não será também que, somente sob esta condição, que será possível lhe atribuir logicamente essa impessoalidade sem a qual ele estará em contradição com os dados da ciência?

Uma segunda proposição, que é certamente saint-simoniana e que vai confirmar a interpretação precedente, poderia ser formulada assim: tudo, na natureza, participa do divino. O físico e o moral possuem igual dignidade. Chamando de espiritualismo "a tendência dos moralistas de subalternizar

CAPÍTULO IX – A DOUTRINA DE SAINT-SIMON [FINAL] – O INTERNACIONALISMO [...] | 191

o homem moral" e de materialismo a tendência inversa dos físicos, diz que, dessas duas tendências, nenhuma deve prevalecer sobre a outra; que "a capacidade do espírito humano em espiritualismo e em materialismo é igual; que moralistas e físicos devem ser colocados em um pé de igualdade fundamental". O sensível não é de uma natureza menos relevante que o inteligível. "Não é mais sobre ideias abstratas que vocês devem fixar a atenção dos fiéis", diz aos padres, "é empregando convenientemente as ideias sensuais [...] que chegaremos a constituir o cristianismo, religião geral, universal e única" (VII, 148). Nada, além disso, mais em conformidade com o princípio fundamental do saint-simonismo, a saber, que não existe dois mundos no mundo, que o universo é uno. Portanto, é preciso escolher. Se ele encerra o divino, tudo nele é divino, tanto o físico como a moral, tanto a matéria quanto o espírito. Mas, para que seja assim, é preciso, evidentemente, que o princípio do eu esteja nas coisas, que Deus seja imanente ao mundo. Pois se ele estivesse fora, haveria necessariamente, na realidade, seres que estariam mais próximos dele, que teriam saído mais diretamente dele, que participariam mais da sua natureza; outros, ao contrário, que estariam mais distantes e receberiam apenas reflexos mais fracos. É precisamente porque o cristianismo colocava Deus fora das coisas, que podia distinguir dois tipos, entre as coisas: as que estavam voltadas em direção a Deus, que o exprimiam e que são as únicas verdadeiramente reais, e as outras, que lhe são opostas e, por conseguinte, representam apenas formas mais ou menos disfarçadas do nada; de um lado, o espiritual, o moral, o ideal; de outro, a matéria, os interesses temporais, as paixões que eles excitam. O espírito alcança as primeiras com a ajuda de procedimentos *sui generis* de natureza mística; é somente a religião que possui qualificação para conhecê-las e explicá-las. As segundas são, ao contrário, abandonadas à razão e à ciência dos homens: *Deus tradidit mundum disputationi hominium* [Deus entrega o mundo à disputa dos homens]. Esses dois elementos são tão contraditórios que o cristão concebe sua associação sob a forma de uma luta, um conflito de todos os instantes que, por essa mesma razão, só pode durar um tempo. O divino, comprometido e como que aprisionado na matéria, tende sem cessar a libertar-se dela, para retornar para Deus, de onde ele vem. Quando, portanto, Deus é separado do mundo, essa dualidade se encontra no próprio mundo, que se cinde em duas partes, segundo tenda mais ou menos para a proximidade de Deus. Tal dualidade é o mais contrária possível ao espírito do saint-simonismo que é, antes de mais nada, apaixonado pela unidade. Para Saint-Simon, a moral é uma coisa essencialmente terrestre; essas são suas próprias palavras. Ela não visa a nenhum fim que ultrapasse os interesses temporais,

192 | LIVRO II – SAINT-SIMON – SUA DOUTRINA – A ESCOLA SAINT-SIMONIANA

é apenas a lei da sua organização. Portanto, uma vez que todo o essencial da religião cabe na moral, ela também só pode ter um objetivo terrestre. Sobre esse ponto, o pensamento de Saint-Simon nunca variou. É procurando "obter para a espécie humana o mais alto grau de felicidade que ela possa alcançar durante sua vida terrestre que vocês conseguirão constituir o cristianismo" (VII, 148). O objetivo da nova fé e de "trabalhar nesta via para o aumento do bem-estar da espécie humana" (VII, 154). O verdadeiro meio de se salvar não consiste em se entregar à disciplina, em dominar a carne, mas em empreender grandes obras públicas. A primeira doutrina cristã, em virtude do falso axioma: *dai a César o que é de César*, desinteressava-se de tudo o que se referia ao temporal, precisamente porque ele não era visto como sendo de ordem divina. A nova organização cristã tirará do princípio: *os homens devem agir como irmãos uns dos outros*, todas as consequências positivas e temporais que ele implica. "Ela dirigirá todas as instituições, de qualquer natureza que elas sejam, em direção ao aumento do bem-estar da classe mais pobre." (VII, 113). Assim, a religião nova não possui objeto que lhe seja próprio fora desta terra. Ela própria é coisa terrestre. Seu reino é deste mundo. É dizer que Deus não é exterior às coisas, mas que faz parte delas, que se confunde com elas. Tudo nos conduz, portanto, a esta conclusão de que a religião saint-simoniana não poderia ser outra coisa senão um panteísmo, afirmando a identidade fundamental de todos os seres e divinizando o alcance tanto quanto o pensamento, pois, de um lado, o Deus de uma tal religião compreendendo em si todo o real, é manifestamente impessoal e satisfaz assim a primeira condição colocada. Por outro lado, como nada está fora dele, tudo tem um valor e uma realidade. O sensível cessa de ser excluído do círculo das coisas que podem servir de fim à conduta dos homens. Ao mesmo tempo, é mais bem explicado como a doutrina de Saint-Simon apresenta a espécie de ambiguidade que assinalamos; como ela pode ser, sem contradições, científica de um lado e religiosa de outro. Assim, de uma maneira geral, o panteísmo, ou, ao menos certo panteísmo, também possui esse duplo aspecto. Pois, como o Deus, cuja existência ele reconhece, não é senão um com a natureza, ele pode ser considerado tanto como a natureza que as ciências estudam, quanto como divindade que a religião adora. Não é necessário, por outro lado, mostrar como esta maneira de se representar Deus pode servir para justificar racionalmente uma moral da solidariedade, pois, está claro que se Deus é o próprio real, se ele é todas as coisas, nós comungamos todos nele, e o princípio da fraternidade é fundado na natureza das coisas.

CAPÍTULO X

Saint-Simon (*final*)
Conclusões críticas

Décima segunda lição (*final*)

Assim, é em uma doutrina da filantropia, tendo por base uma concepção panteísta do universo, que deve consistir no novo cristianismo. Enfim chegamos ao ponto mais elevado do sistema saint-simoniano. De lá, nós podemos perceber toda a sua riqueza e toda sua unidade. Nada é mais complexo, por um lado; pois aí encontramos o embrião de todas as correntes intelectuais que se produziram no curso do século XIX: os embriões do método que, com Augustin Thierry, discípulo de Saint-Simon, e todos os grandes historiadores que o seguiram, devia renovar a ciência histórica; a Filosofia positiva, à qual Comte, outro discípulo de Saint-Simon, iria associar o seu nome e que é, em suma, a maior novidade filosófica do nosso tempo; o socialismo que já se apresenta aí sob as formas mais caracterizadas; enfim dessas aspirações a uma renovação religiosa que, apesar dos períodos de entorpecimento, nunca permaneceram alheias ao espírito do século. Quando seguimos, na história da nossa época, o desenvolvimento de todas as tendências; quando as estudamos isoladamente umas das outras, elas nos parecem ser bem diferentes e se dirigirem em sentidos divergentes. O que prova, no entanto, que – apesar da sua diversidade aparente – elas não carecem de unidade e não fazem mais do que traduzir, sob formas variadas, um mesmo estado social, é que as encontramos todas em Saint-Simon fundidas em um mesmo sistema, que é uno. Ele decorre, na realidade, de um mesmo princípio, o qual já está em tempo de colocar em relevo, a fim de compreendê-lo bem e de examiná-lo.

Esse princípio é o que Saint-Simon denominava de industrialismo. Ele enuncia da seguinte maneira: Os indivíduos e os povos devem perseguir

194 | LIVRO II – SAINT-SIMON – SUA DOUTRINA – A ESCOLA SAINT-SIMONIANA

apenas interesses econômicos; ou, sob outra forma, as funções úteis são as funções industriais. Todas as demais, militares ou teológicas, são de natureza parasitária; são restos de um passado que já deveria ter desaparecido. Aceitem essa ideia e deverão aceitar o sistema, pois ele está inteiramente implicado nela. Se as sociedades têm apenas interesses econômicos, a vida econômica é necessariamente uma coisa social na sua totalidade, ou em parte, a não ser que digamos que não existe nada que seja vida propriamente social. A esse título, em consequência, ela deve ser submetida a uma ação coletiva e organizada. Esse é o princípio econômico do socialismo. Essa organização deverá naturalmente ter o efeito de entregar a direção da sociedade aos representantes dos interesses industriais, uma vez que, apenas eles possuem a competência necessária para administrar os negócios comuns. Mas, justamente por ela ter esse caráter, sua administração não procederá de acordo com o método ordinário dos governos, o qual implica que existem soberanos e súditos, inferiores e superiores e a obrigação de os primeiros obedecerem aos segundos. Pois, como as relações sociais são essencialmente relações de interesses, os diretores da sociedade não terão outra função que não seja ensinar aos povos, em virtude de sua competência especial, o que é verdadeiro ou falso, o que é útil e o que não é; e como não é necessário coagir a humanidade para levá-la a perseguir seus interesses, não terão o que fazer com uma autoridade que os eleva acima daqueles que terão que dirigir. Toda coação governamental será sem fundamento. Esse é o princípio da política socialista. Aqui está o dogma anárquico. Sempre pela mesma razão, uma vez que não existe no mundo mais do que interesses industriais, o único objetivo que essa administração coletiva poderá perseguir será o de tornar tão fecunda quanto possível a produção das riquezas, a fim de que cada um possa receber o máximo possível e, mais especialmente, os mais deserdados do destino. Essa é a moral socialista. Enfim, como os interesses industriais são os mesmos entre todos os povos, como tendem naturalmente a se coligarem, a despeito das fronteiras, o industrialismo chega ao internacionalismo como a sua consequência lógica. Até mesmo o caráter panteísta da religião saint-simoniana deriva da mesma fonte, pois, para que os interesses terrestres possam ser assim apresentados como o único fim possível da atividade humana, é preciso que eles adquiram um valor e uma dignidade que não teriam se concebêssemos o divino às margens das coisas deste mundo.

Essa exposição acaba de evidenciar a profunda diferença que separa o socialismo do comunismo, uma vez que todos os caracteres distintivos do primeiro derivam de um princípio exatamente contrário ao que serve de

CAPÍTULO X - SAINT-SIMON [FINAL] - CONCLUSÕES CRÍTICAS | 195

base para o segundo. Na realidade, o axioma fundamental do socialismo é o de que não existem interesses sociais fora dos interesses econômicos; o do comunismo, é que, os interesses econômicos são antissociais e que a vida industrial deve ser reduzida ao estritamente necessário para deixar o campo livre para outras formas de atividade social: guerra, religião, moral, belas artes etc. Assim, as duas teorias se opõem, não apenas em seu ponto de partida, mas também nos detalhes das suas concepções. Para o socialismo, os diretores designados pela sociedade são os representantes da indústria; para o comunismo, esses últimos só podem cumprir suas funções, libertando-se das preocupações econômicas e, frequentemente, é de regra que sejam selecionados fora da indústria. Assim, Platão os escolheu entre os guerreiros e Campanella entre os metafísicos. Enquanto o socialismo possui uma tendência anárquica, a coerção governamental é necessária no comunismo; ela é o único meio de manter em um estado de subordinação a vida econômica que, por si mesma, fica impaciente diante de qualquer limitação. Enquanto a moral de uns ordena que se aumente e difunda o máximo possível o bem-estar, a dos outros, eminentemente ascética, tende a restringi-lo o máximo possível, pois veem nele um perigo para a moralidade. Enfim, o socialismo, precisamente porque procura, antes de tudo, intensificar a atividade econômica, encoraja os homens a formarem agrupamentos cada vez mais vastos, a fim de que a cooperação seja mais fecunda, em razão do número maior de cooperadores; inclusive as grandes nações europeias são pequenas para os seus desejos e é por isso que solicita que elas saiam do seu isolamento e se fundam umas às outras, a fim de que seus esforços unificados sejam mais produtivos. Nós vimos, inclusive, que ele chega mesmo a sonhar com um futuro em que a humanidade inteira não constitua mais que um único *ateliê*. O comunismo, ao contrário, tende a fragmentar as sociedades em grupos, os menores possíveis, por medo de que um horizonte muito amplo desperte desejos, que uma vida muito ativa estimule necessidades. Por outro lado, a diversidade inevitável que toda grande sociedade implica – pela simples razão de compreender um grande número de elementos dispersos sobre um vasto território e colocados, por conseguinte, em condições de existência muito diferentes – é evidentemente incompatível com a absoluta homogeneidade, a semelhança de ideais e sentimentos e o nivelamento econômico que todo comunismo supõe.

Além disso, se, em lugar de estudar essas doutrinas em si mesmas e em seus traços constitutivos, buscamos sua filiação histórica, é possível pensar que, Saint-Simon tenha sofrido, sobre um ponto qualquer, a influência das teorias comunistas. Ele não fala delas em parte alguma; nem Platão,

196 | LIVRO II – SAINT-SIMON – SUA DOUTRINA – A ESCOLA SAINT-SIMONIANA

nem More, nem Mably e nem mesmo Rousseau o preocuparam. Podemos nos perguntar se ele leu esses autores. Por outro lado, é certo que estudou os economistas; ele fala frequentemente e de maneira elogiosa de Smith e de Jean-Batiste Say: declara depender deles. Historicamente, o socialismo aparece, portanto, não como proveniente do economismo, mas como derivado da mesma fonte. Nascidos mais ou menos na mesma época, os dois sistemas devem evidentemente corresponder a um mesmo estado social, expresso de forma diferente. E, de fato, não apenas coincidem em alguns de seus caracteres secundários, como constatamos ao longo do caminho; não apenas encontramos em um e outro a mesma tendência anárquica, a mesma tendência ao cosmopolitismo, a tendência sensualista e utilitária, mas o princípio fundamental sobre o qual repousam também é identicamente o mesmo. Um e outro são industrialistas; um e outro proclamam que os interesses econômicos são todos interesses sociais. A diferença, é que Saint-Simon e todos os socialistas depois dele concluíram que, sendo a única matéria da vida comum, eles deviam estar organizados socialmente, enquanto os economistas recusam-se a submetê-los a qualquer ação coletiva e acreditam que, a partir de agora, podem se ordenar e se harmonizar sem outra reorganização prévia.

Dessas duas maneiras de interpretar o princípio, a segunda é inadmissível, porque ela o contradiz. Se tudo o que é social é econômico, é preciso que o domínio econômico compreenda alguma coisa de social e, por outro lado, o que é social não poderia, sem contradição, ser considerado e tratado como coisa privada. Os economistas só podem escapar dessa objeção sustentando que, no fundo, não há nada de verdadeiramente coletivo, que toda sociedade não é mais do que a soma de indivíduos justapostos e os interesses sociais, uma soma de interesses individuais, porém, essa concepção não conta com muitos defensores, de tão inconciliável que é com os fatos. Portanto, se considerarmos como estabelecida a proposição fundamental sobre a qual repousam essas duas doutrinas, as teses socialistas e saint-simonianas se impõem logicamente. Se os interesses econômicos possuem a supremacia que lhes atribuímos; se é a eles, consequentemente, que os fins humanos se reduzem, o único objetivo que a sociedade pode se propor é o de organizar a indústria de maneira que ela obtenha o máximo de rendimento possível e, em seguida, o único meio que possui para atrair os indivíduos é repartir os produtos assim obtidos de tal maneira que todo mundo, do mais alto ao mais baixo da cadeia, tenha o suficiente ou, ou melhor ainda, receba o máximo possível.

CAPÍTULO X – SAINT-SIMON [FINAL] – CONCLUSÕES CRÍTICAS | 197

Mas qual é o valor científico desse princípio? Saint-Simon o estabeleceu, demonstrando que os poderes aos quais, até o presente, a indústria havia estado subordinada estavam declinando e que esse declínio era justo. A partir daí, chegou à conclusão de que a indústria tendia e devia tender a uma completa emancipação, a uma liberação absoluta, que ela não devia mais ser subordinada a nada que a ultrapassasse, que, a partir de então, devia ser seu próprio fim e retirar de si mesma suas próprias regras. Porém, essa conclusão era precipitada. Supondo que o estado particular de sujeição em que se manteve no passado não se relacione mais com as novas condições de existência coletiva, não significa que qualquer outro tipo de dependência esteja, a partir de agora, sem razão de ser. Mas pode ocorrer perfeitamente que a transformação atualmente necessária consista, não em suprimir toda subordinação, mas em substituir a que existe por outra; não em fazer dos interesses industriais uma espécie de absoluto além do qual não exista mais nada e nada, consequentemente, limite, mas a limitá-los de outra maneira e dentro de outro espírito diferente do de outrora. Não somente a hipótese merece ser examinada, mas, de fato, é fácil compreender que, em uma organização social qualquer, por mais bem equipada que ela seja, as funções econômicas só podem convergir harmonicamente e se manter em um estado de equilíbrio, se forem submetidas a forças morais que as ultrapassem, contenham e regulem.

E, na realidade, é uma lei geral entre todos os seres vivos que as necessidades e os apetites só são normais sob a condição de estarem limitados. Uma necessidade ilimitada se contradiz a si mesma, pois a necessidade se define pelo objetivo para o qual ela tende e, se ele é ilimitado, não existe objetivo, uma vez que não existe término. Não é um fim procurar sempre, sem cessar, ter mais do que se tem; e trabalhar para ultrapassar o ponto a que se chegou, com o único objetivo de ultrapassar o que se chegará em seguida. De outro ponto de vista, pode-se dizer que, a persistência de uma necessidade ou de um apetite – em um ser vivo – só se explica se ele obtém, fornece, para quem o sente, alguma satisfação. Ora, um apetite que nada pode apaziguar, nunca pode ser satisfeito. Uma sede insaciável só pode ser uma fonte de sofrimentos. O que quer que se faça nunca a acalma. Todo ser vivo ama agir, movimentar-se; e o movimento é a vida. Mas é preciso que sinta que sua ação sirva para alguma coisa, que caminhando, avança. Não se avança quando se caminha sem objetivo, ou, o que dá no mesmo, quando se caminha em direção a um objetivo que está situado no infinito. A distância que nos separa dele é sempre a mesma, qualquer caminho que façamos, e tudo acontece como se nos limitássemos simplesmente a nos

198 | LIVRO II – SAINT-SIMON – SUA DOUTRINA – A ESCOLA SAINT-SIMONIANA

movimentarmos no mesmo lugar. Também é um fato conhecido que a instabilidade é um signo da morbidez. O homem normal para de ter fome quando ingere certa quantidade de alimento; é o bulímico que não pode saciar-se. Os homens sãos adoram caminhar, mas ao fim de certo tempo de exercício, gostam de repousar. O maníaco pela deambulação experimenta uma necessidade de vagar perpetuamente, sem trégua nem repouso, nada o contenta. Em estado normal, o desejo sexual desperta durante um tempo, depois se acalma, o erotomaníaco não tem limites.

Entre os animais, essa limitação se produz por si mesma, simplesmente porque a vida do animal é essencialmente instintiva. Todo instinto é, na realidade, uma cadeia de movimentos conectados uns aos outros, que desenrola seus anéis sob o impulso de um estimulante determinado, mas que se detém quando chega ao último. Todo instinto é limitado porque responde a necessidades puramente orgânicas e as necessidades orgânicas são rigorosamente definidas. Trata-se sempre ou de eliminar uma quantidade determinada de matérias inúteis ou nocivas que sobrecarregam o organismo, ou de introduzir uma quantidade determinada de matérias que reparam as que o funcionamento dos órgãos destruiu. O poder de assimilação de um corpo vivo é limitado e esse limite marca o das necessidades correspondentes. Ele está inscrito no organismo e, por conseguinte, impõe-se ao animal. Por outro lado, falta então o meio para ultrapassá-lo, porque a reflexão ainda não está suficientemente desperta para antecipar sobre o que é ou o que foi e para colocar para a atividade novos fins além dos que são espontaneamente atingidos. É por isso que os excessos são raros. Após comerem o suficiente para matar sua fome, as bestas não pedem mais nada. Quando o desejo sexual está satisfeito, entram em repouso. Mas com o homem não acontece o mesmo, precisamente porque nele os instintos desempenham um papel menor. A rigor, podemos considerar como determinada e determinável a quantidade de alimentos que são estritamente necessários para a manutenção física de uma vida humana, ainda que a determinação já seja menos estreita que nos casos precedentes e a margem muito mais amplamente aberta para as livres combinações do desejo. Pois, além deste mínimo indispensável, com o qual a natureza está pronta para se contentar – quando ela procede instintivamente – a reflexão, mais desperta, permite entrever condições melhores que aparecem como fins desejáveis e que convidam à atividade. Entretanto, é claro que os apetites desse gênero, cedo ou tarde, confrontam um limite o qual não podem transpor. Mas como fixar a quantidade de bem-estar, de conforto, de luxo que um ser humano não deve ultrapassar? Nem na constituição orgânica nem na psicológica

CAPÍTULO X – SAINT-SIMON [FINAL] – CONCLUSÕES CRÍTICAS | 199

do homem encontra-se algo que marque um limite para tais necessidades. O funcionamento da vida individual não exige que se detenham aqui em vez de ali, que se satisfaçam a baixos custos, ou de outro modo; a prova é que essas necessidades não fizeram outra coisa além de se desenvolverem ao longo da história, que foram proporcionadas a elas satisfações cada vez mais completas e, no entanto, a saúde média melhorou e o bem estar médio não diminuiu. Mas então, se não existe nada no interior do indivíduo que contenha esses apetites, é preciso que eles sejam contidos por alguma força exterior ao indivíduo; ou então se tornarão insaciáveis, ou seja, mórbidos. Ou, não conhecendo limites, eles irão se tornar uma fonte de tormentos para o homem, estimulando-o a realizar sem descanso uma atividade que nada pode satisfazer, irritando-o e incitando-o em uma perseguição sem saída possível; ou haverá, fora do indivíduo, algum poder capaz de pará-los, de discipliná-los, de fixar esse limite que a natureza não fixou.

É isso que parece ter escapado a Saint-Simon. Parece-lhe que o meio de realizar a paz social é, por um lado, liberar os apetites econômicos de todos os freios e, por outro, satisfazê-los atendendo suas demandas. Porém, tal tentativa é contraditória. Pois, só podem ser satisfeitos se forem limitados (para serem preenchidos parcialmente) e eles só podem ser limitados por si mesmos. Disso se conclui que não poderão ser considerados como o fim único da sociedade, uma vez que devem estar subordinados a algum fim que os supere, e somente com essa condição são suscetíveis de serem realmente satisfeitos. Imaginemos a organização econômica mais produtiva possível e uma divisão das riquezas que assegure, mesmo aos mais humildes, um grande conforto, talvez tal transformação produzisse, no mesmo momento em que se estabelecesse, um instante de apaziguamento. Mas essa paz não será, nunca, mais do que provisória, pois os desejos, um momento acalmados, irão rapidamente adquirir novas exigências. A menos que se admita uma remuneração igual para todos – e tal nivelamento, se ele é conforme o ideal comunista, é o mais contrário possível tanto à doutrina de saint-simoniana, quanto a toda doutrina socialista – sempre haverá trabalhadores que receberão mais e outros que ganharão menos. É, portanto, inevitável que, em pouco tempo, os segundos julguem sua porção bem magra ao lado da que cabe aos outros; e que, por conseguinte, novas reclamações se elevem, e isso em todos os degraus da escala social. E, além disso, fora, inclusive, de todo sentimento de inveja, os desejos excitados tenderão naturalmente a se estender além do limite que teriam adorado alcançar, e a superá-lo, pela simples razão de que não terão diante de si nada que os detenha; e eles reclamarão, inclusive, muito mais imperiosamente uma nova satisfação, uma vez que as satisfações recebidas lhes terão dado mais força e vitalidade. E é por isso que, mesmo aqueles que estivessem no topo da hierarquia, e que consequentemente, não tivessem nada acima deles que estimulasse suas ambições, não poderiam, no entanto, permanecer no ponto em que haviam chegado, mas continuariam angustiados pela mesma inquietação que os atormenta hoje. O que é preciso para que a ordem social reine, é que os homens em geral se contentem com sua sorte; mas o que é preciso para que eles se contentem com ela, não é que tenham mais ou menos, mas que sejam convencidos de que não têm o direito de possuir mais. E, para isso, é absolutamente necessário que haja uma autoridade, cuja superioridade eles reconheçam, que lhes diga o que é certo, pois nunca o indivíduo, abandonado apenas à pressão dos seus desejos, irá admitir que chegou ao limite extremo de seus direitos. Se não sente acima de si uma força a qual respeita e que o detém, que lhe diz com autoridade que a recompensa que lhe era devida foi alcançada, é inevitável que reclame como lhe sendo devido tudo o que suas necessidades exigem, e, como na nossa hipótese essas necessidades não têm freio, suas exigências são necessariamente sem limites. Para que seja de outra maneira, é preciso que haja um poder moral, cuja superioridade ele reconheça e que grite: "Você não pode ir mais longe".

Tal é, precisamente, o papel que desempenhavam, na antiga sociedade, os poderes cuja progressiva decadência é constatada por Saint-Simon. A religião instruía os humildes a se contentarem com a sua condição, ensinando-lhes, ao mesmo tempo, que a ordem social é providencial, que o próprio Deus fixou a parte de cada um, e fazendo-os vislumbrar além desta terra um outro mundo em que tudo se compensará, e cuja perspectiva os tornava menos sensíveis às desigualdades deste mundo e os impedia de sofrer por elas. O mesmo era feito pelo poder temporal, precisamente porque, tendo as funções econômicas sob sua dependência, continha e limitava as mesmas. Porém, mesmo antes de qualquer exame, é contrário a todo método supor que, durante séculos, pode estar na natureza dos interesses econômicos permanecer em um estado de subordinação e que, no futuro, os papéis devessem inverter-se a tal ponto. Isso seria admitir que a natureza das coisas pode se transformar completamente no curso da evolução. Sem dúvida, pode-se considerar como certo que essa função reguladora já não pode mais ser preenchida pelos antigos poderes, uma vez que nada parece poder deter a sua decadência; sem dúvida também, essa mesma função não poderia ser exercida da mesma maneira e dentro do mesmo espírito de outrora. O órgão industrial, mais desenvolvido, mais essencial que antes ao organismo social, não pode ser contido em limites tão estreitos, subme-

CAPÍTULO X – SAINT-SIMON [FINAL] – CONCLUSÕES CRÍTICAS | 201

tido a um sistema tão pesadamente opressivo, relegado a uma situação tão subalterna. Mas disso não se deduz que deva ser libertado de todas as regras, liberado de qualquer freio. O problema consiste apenas em saber, o que devem ser, nas condições presentes da vida social, essas funções moderadoras necessárias e quais são as forças capazes de desempenhá-las. O próprio espetáculo do passado não nos ajuda apenas a colocar a questão, mas também nos indica em que sentido buscar a solução. O que eram, na realidade, o poder temporal e o poder espiritual que, durante muito tempo, foram os moderadores da atividade industrial? Forças coletivas. Além disso, possuíam esse caráter em que os indivíduos reconhecem sua superioridade, inclinando-se espontaneamente diante delas, não lhes negando o direito de comandar. Normalmente, elas não se impunham pela violência material, mas por sua ascendência moral. É isso que fazia a eficácia de sua ação. Portanto, hoje como outrora, são as forças sociais, as autoridades morais que devem exercer essa influência reguladora sem a qual os apetites se descontrolam e a ordem econômica se desorganiza. Na realidade, a partir do momento em que esse freio indispensável não vem da natureza intrínseca dos indivíduos, ele só pode vir da sociedade. Somente ela está qualificada para contê-los e apenas ela pode fazê-lo sem usar perpetuamente da coerção física, em razão do caráter moral de que está revestida. Em resumo, a sociedade, através da regulamentação moral que institui e aplica, desempenha, no que concerne à vida supra orgânica, o mesmo papel que o instituto cumpre, no que diz respeito à vida física. Ela determina e regula o que ele deixa indeterminado. O sistema de instintos é a disciplina do organismo, da mesma forma que o sistema moral é como o sistema de instintos da vida social.

Vemos agora em que consiste, em nossa opinião, o erro de Saint-Simon. Ele descreveu perfeitamente a situação presente e fez um histórico exato dela. Mostrou: 1°) que a indústria foi, até o presente, colocada sob a dependência de poderes que a ultrapassam; 2°) que esses poderes retrocediam irremediavelmente; 3°) que essa situação era doentia e que era a causa da crise que sofremos. Porém, não é um mérito pequeno ter colocado a questão nesses termos que, ao menos, fazem ver sua unidade. Dessa vez, nós não estamos na presença de um estudo simplesmente crítico, como o que encontramos em Sismondi e encontraremos novamente em Fourier, que consiste em enumerar os méritos e os defeitos da ordem atual e a partir deles concluir a necessidade de uma transformação; como se esses defeitos não fossem compensados por vantagens, e como se uma balança pudesse ser objetivamente estabelecida. Somos colocados na presença de uma lei histórica que domina todo o desenvolvimento das nossas sociedades e que – sem que haja lugar para instituir entre as vantagens e os inconvenientes do regime passado, essas comparações cuja conclusão depende necessariamente de nossos sentimentos pessoais – deve, ela própria, se for bem interpretada, dizer-nos o segredo do futuro. A questão é apenas saber se Saint-Simon a interpretou bem. Constatando o enfraquecimento progressivo dos antigos poderes, ele concluiu que o mal-estar atual devia-se simplesmente ao fato de que, não tendo desaparecido ainda, continuavam atrapalhando a atividade industrial. Disso se concluía que a única coisa a ser feita era acelerar sua queda, assegurar à indústria a supremacia a que ela tinha direito e dedicar-se a organizá-la sem subordiná-la a nada, como se tal organização fosse possível. Parece-nos, portanto, em resumo, que ele se enganou sobre o que, na situação presente, é a causa do mal-estar, propondo, portanto, como remédio, o agravamento do mal. E, definitivamente, ele parece ter tido alguma percepção da insuficiência da solução industrialista, pois, se a religião, cuja instituição ele reclama, não contradiz seu sistema filosófico, é porque ele, em si mesmo, não apela para a lógica, mas para a fé religiosa. Ele a *supõe* um pouco artificialmente, porque Saint-Simon sentiu a necessidade de elevar alguma coisa acima da ordem puramente econômica, limitando-a. Ainda que, em princípio, sua moral filantrópica fosse, no fundo, puramente industrial, ele compreendeu que, para assegurar a ordem, era preciso colocá-la em condições de dominar a esfera dos interesses industriais e, para tanto, dar-lhe um caráter religioso. Existe aí alguma coisa que não está perfeitamente de acordo com o princípio industrialista e talvez seja, inclusive, sua melhor refutação. Além de essa religião não responder completamente às necessidades que indicamos, porque se ela contém os ricos atribuindo como fim o bem-estar dos pobres, não detém esses últimos, e os desejos deles não devem ser menos regulados que as necessidades daqueles. Além disso, mesmo no caso dos primeiros, a eficácia do procedimento é mais do que duvidosa. Não é o sentimento de unidade cósmica, mesmo expresso de forma sensível, que pode bastar para dominar os egoísmos e solidarizar ativamente os homens.

Contudo, podemos nos perguntar, onde estão hoje essas forças morais capazes de instituir, de fazer aceitar e de manter a disciplina necessária. Aqui não é o lugar de tratar tal questão. No entanto, podemos assinalar que, entre as instituições do antigo regime, existe uma da qual Saint-Simon não fala e que, transformada, seria suscetível de se harmonizar com nosso estado atual. São os agrupamentos profissionais ou corporações. Em todos os tempos, eles desempenharam o papel moderador e se, por outro lado, temos em conta o fato de que foram brusca e violentamente destruídas, temos o direito de nos perguntarmos se a sua destruição radical não foi uma das causas do mal. Em todo caso, o agrupamento profissional poderia responder bem a todas as condições que colocamos. Por um lado, por ser industrial, não fará pesar sobre a indústria um jugo muito pesado; está suficientemente próximo dos interesses que deve regular para oprimi-los pesadamente. Além disso, como todo agrupamento formado por indivíduos unidos entre si por vínculos de interesses, ideias e sentimentos, é susceptível de constituir uma força moral para os membros que o compõem. Que o tornemos um órgão definido da sociedade, enquanto ainda não é senão uma sociedade privada; que passemos para ele certos direitos e deveres que o Estado é cada vez menos capaz de exercer e assegurar; que seja o administrador das coisas, das indústrias, das artes, que o estado não pode gerir pelo distanciamento das coisas materiais; que tenha o poder necessário para resolver certos conflitos, para aplicar, de acordo com a variedade dos trabalhos, as leis gerais da sociedade e, gradualmente, pela influência que exercerá, através da aproximação que resultará do trabalho de todos, irá adquirir a autoridade moral que lhe permitirá desempenhar o papel de freio sem o qual não poderia haver estabilidade econômica.

Todavia, não é o momento de desenvolver tais teorias. Basta termos mostrado que, assim colocada, a questão social se apresentará sobre um outro aspecto totalmente diferente. Ela não opõe mais a fonte da arte à do poder como duas antagonistas que se excluem, de forma que o trabalho de reorganização sucessivo suponha o trabalho prévio de destruição. Mas um não é mais do que a continuação do outro. Ela não desperta para tudo o que é e o que foi nenhum sentimento de ódio subversivo; incita apenas a procurar novas formas que o passado deve assumir hoje. Não se trata de colocar uma sociedade totalmente nova no lugar da que existe, mas de adaptar a que já existe às novas condições de existência social. Ao menos, não estimula questões de classe, não opõe mais os ricos aos pobres, os patrões aos operários, como se a única solução possível consistisse em diminuir a parte de uns para aumentar a dos outros. Mas afirma, em interesse de uns e outros, a necessidade de um freio que contenha do alto os apetites nas consciências e coloque assim um termo ao estado de desregramento, efervescência, agitação maníaca que não provém da atividade social e que, inclusive, a faz sofrer. Ou seja, a questão social assim colocada não é uma questão de dinheiro ou de força; é uma questão de agentes morais. O que a domina não é o estado da nossa economia, mas, muito mais, o estado da nossa moralidade.

CAPÍTULO XI

A Escola saint-simoniana
Conclusões críticas do curso

Décima terceira lição

Espírito eminentemente vivo e ávido de saber, curioso sobre todas as novidades, dotado de um tipo de simpatia intuitiva que o torna sensível a todas as aspirações dos seus contemporâneos, Saint-Simon conseguiu fazer de sua obra uma síntese de todas as tendências de seu tempo. E como, por outro lado, ele sempre foi dominado por uma mesma ideia fixa, como, através de todas as aventuras e todos os acidentes de sua carreira, nunca teve mais do que um objetivo, reconstituir – sobre bases racionais e temporais, ou seja, com a ajuda da ciência e da indústria – o sistema social que a ruína do Antigo Regime descompusera. Os diversos elementos que entraram sucessivamente na sua doutrina acabaram agrupando-se e cristalizando-se com toda naturalidade em torno dessa ideia mestra que lhes deu unidade. Seu sistema nos apresenta, dessa forma, em síntese, uma imagem do espírito de seu tempo e, como é o próprio espírito do século XIX que estava então em vias de ser elaborado, não é surpreendente que tenhamos encontrado aí, o embrião de todos os grandes movimentos intelectuais que simultânea e sucessivamente ocuparam a nossa época, do método sociológico, da Filosofia positiva, das teorias socialistas e, por último, das aspirações a uma renovação religiosa. No entanto, apesar do seu estreito parentesco, essas diversas correntes só podem coexistir em um mesmo pensamento, em uma mesma obra, caso permaneçam em um tipo de semi-encobrimento. Seguramente, não existem entre elas essas divergências marcadas que atingem o observador, quando são consideradas a certa distância de sua fonte comum; sendo todas derivadas de um mesmo estado coletivo, não podem ser senão aspectos diferentes de uma mesma consciência social. Mas, como

206 | LIVRO II – SAINT-SIMON – SUA DOUTRINA – A ESCOLA SAINT-SIMONIANA

cada uma delas era extremamente complexa em si mesma, só podiam se desenvolver dividindo-se. A matéria é muito rica. Por isso, nenhum de seus sucessores continuou integralmente seu pensamento, mas repartiram-no. Saint-Simon ainda era vivo quando, primeiramente Augustin Thierry e, em seguida, Auguste Comte separaram-se do seu iniciador comum e tentaram prosseguir, um a sua obra histórica e o outro sua obra filosófica, à margem do mestre e da sua influência. Quanto às teorias sociais e religiosas, tornaram-se, após a morte de Saint-Simon, um privilégio da Escola que, por ser composta especialmente pelos amigos da última hora, assumiu e manteve, ao longo da História, o nome de Escola Saint-Simoniana. É dela que nos ocuparemos agora, porque é ela que, da herança de Saint-Simon, ficou com a parte que tem mais interesse para a nossa pesquisa. Mas, é importante observar que ela é formada por um tipo de desmembramento do sistema, o que o faz continuar apenas em parte.

Ao morrer, Saint-Simon não deixou uma Escola propriamente dita. Mas conseguiu reunir, em torno de si, um número de amigos fiéis, sendo os principais: Olinde Rodrigues, o jurista Duveyrier, o poeta Halévy e o médico Bailly. O primeiro, muito ativo, muito devotado à obra, trabalhou, com ardor, para realizar um dos projetos mais caros a Saint-Simon: formar um jornal de propaganda saint-simoniana. Para conseguir, dedicou-se inicialmente a recrutar novas adesões para a doutrina. Procurava, sobretudo, o concurso de escritores cujo talento pudesse servir ao sucesso da causa e é preciso reconhecer que teve boa sorte. É então, na realidade, que descobriu e se associou a Bazard, Enfantin e Buchez. Os dois primeiros logo foram chamados a se tornarem os chefes da Escola. Ele funda, então, *Le Producteur*, periódico semanal, cuja redação era acima de tudo saint-simoniana, mas que, no entanto, acolhia artigos de aspirações diferentes sobre a tecnologia e a estatística industriais. Entre seus colaboradores encontram-se os nomes de Auguste Comte, que ainda não havia rompido completamente com o saint-simonismo; Armand Carrel, Adolphe Blanqui, Adolphe Garnier etc. Apesar das chances de sucesso que tais colaborações pareciam apresentar, a vida do *Producteur* não foi muito longa. Só foram veiculados quatro volumes e um caderno do quinto. Por falta de 8.000 francos, que eles não conseguiram angariar, a publicação foi suspensa.

Era possível pensar que isso tinha sido o golpe mortal para o saint-simonismo e, na realidade, a imprensa filosófica da época, declarou com segurança, que era o fim da nova doutrina. Mas foi exatamente o contrário o que aconteceu. *Le Producteur* havia tido tempo de provocar, em seu círculo

CAPÍTULO XI – A ESCOLA SAINT-SIMONIANA – CONCLUSÕES CRÍTICAS DO CURSO | 207

restrito, mas elitista, uma viva curiosidade e mesmo ardentes simpatias. A prova disso é que, com o corte de toda a comunicação entre os representantes das novas ideias e os leitores cujo interesse eles haviam despertado assim, em razão do ao desaparecimento do semanário, esses últimos, atormentados pelo desejo de serem colocados completamente a par da nova doutrina, estabeleceram relações pessoais com os antigos redatores. "Correspondências verdadeiramente apostólicas foram estabelecidas com os novos iniciados." Assim, havia, então, nos círculos cultivados, um estado de espírito muito particular que facilitava a tarefa dos novos apóstolos. Estavam fartos do presente, desgostosos do passado, cansados das velhas teorias, curiosos e inquietos sobre o futuro. Havia uma sensação geral de aflição e, ao mesmo tempo, um desejo intenso de sair dela. "Estamos", disse um dos contemporâneos, Hippolyte Carnot, "à espreita de todas as manifestações filosóficas que nos parecem ter uma tendência religiosa." O livro do escritor neorreligioso Ballanche gozava de alta estima. Era, além disso, o momento (1824), em que Jouffroy escrevia seu famoso artigo, *Comment les dogmes finissent*, no qual ele mostra como as religiões morrem para renascer sob novas formas. Essa sede do novo e do desconhecido traz, então, à tona um certo número de jovens destinados a desempenhar um papel importante na História do século. Hippolyte Carnot, De Las Cases, os irmãos Roulleaux--Dugage, Louis de Montebello, Michel Chevallier, Montalivet, para citar apenas os principais a se alistarem na Ordem dos Templários, com a vaga esperança, logo desiludida, de encontrar aí a doutrina cuja necessidade sentiam tão imperiosamente. A partir de 1821, uma sociedade intitulada *Société de Morale Chrétienne* foi fundada tendo, precisamente, como objetivo libertar a moral cristã do espírito ultramontano e congregante e que continha entre seus membros o duque de Broglie, Casimir e Augustin Thierry, Perrier, Laffitte, Benjamin Constant, Guizot, Lamartine, de Rémusat, Montalivet. Havia, portanto, um estado natural de expectativa que naturalmente deveria beneficiar o primeiro sistema um pouco coerente que se constituísse.

Por isso, o fracasso material do *Producteur* teve, como efeito, avivar a curiosidade e a simpatia, em lugar de enfraquecê-la. Quando a falta do periódico impediu que a boa nova chegasse ao público, foi o público que, por si só, veio demandá-la a seus depositários. Uma ação direta e pessoal substituiu a influência abstrata do jornal. Escreviam-se, visitavam-se, "pouco a pouco reuniões foram realizadas [...] centros de propagação estabeleceram-se em diferentes pontos". Reuniam-se na casa de Enfantin, de Comte, de Carnot. Foi, então, que esse último se afiliou à Escola, assim como Michel Chevalier, Fournel, Barrault, os dois Péreire e Charles Dunoyer. Logo, em 1829,

208 | LIVRO II – SAINT-SIMON – SUA DOUTRINA – A ESCOLA SAINT-SIMONIANA

foi preciso procurar um local mais amplo e, em seguida, um ensino oral foi instituído em uma sala da rua Taranne. Bazard empreendeu ali, em uma longa série de conferências, uma exposição completa da fé saint-simoniana, que teve o maior sucesso e ocasionou numerosas adesões, principalmente, entre os alunos ou antigos alunos da Escola politécnica.

O magistério da rua Taranne foi um acontecimento importante na história do saint-simonismo, pois a doutrina de que falamos foi apresentada ali, pela primeira vez, sob uma forma sistemática e em conjunto. Em lugar da grande quantidade de escritos difusos com que Saint-Simon difundira seu pensamento, tinha-se enfim um quadro sinóptico das principais teorias saint-simonianas e era possível apreender sua economia. Mas, o papel de Bazard não se reduzia ao trabalho de coordenação. Ao mesmo tempo em que ele as dispôs em uma ordem lógica, transformou-as em mais de um ponto, dando assim um novo aspecto ao sistema. Não é que tenha acrescentado algo aos princípios colocados pelo mestre, mas desenvolveu-os, elucidou-os, conduziu-os às suas consequências lógicas, ao mesmo tempo em que os separou mais radicalmente dos elementos puramente racionalistas e científicos que passaram a alimentar a doutrina de Auguste Comte. É sob a forma que Bazard deu a elas que as ideias saint-simonianas se generalizam, estendem sua ação e finalmente se mantêm como um dos fatores da nossa evolução intelectual. O magistério da rua Taranne merece que nos detenhamos sobre ele. É, além disso, o momento em que o sistema chega à sua maturidade. Antes, em Saint-Simon, estava no estado germinal e organizado de forma incompleta. Mais tarde, quando a influência de Enfantin se tornar preponderante, ele se desorganizará e entrará em decadência. Foi com Bazard que ele alcançou o seu máximo de consistência lógica e de florescimento. Ademais, essa exposição é, em si mesma, das mais notáveis. Além de ter uma forma muito bonita, apesar de excessivamente oratória, o pensamento de saint-simoniano é expresso e desenvolvido nela com uma amplitude que faz que suas consequências e seu alcance sejam melhor compreendidos. Nós vamos, portanto, esboçá-la insistindo, sobretudo, nas novidades que contém, de acordo com a redação que foi publicada nos tomos XLI e XLII da edição geral da obra de Saint-Simon e Enfantin.

O método seguido por Bazard já nos bastaria por si só para nos advertir de que uma modificação foi feita na orientação do sistema, que o espírito se tornou mais idealista e menos rigorosamente científico. Saint-Simon havia partido do passado, da observação das sociedades feudais e mostrou como elas necessitavam do advento do industrialismo; como o industrialismo, por

CAPÍTULO XI – A ESCOLA SAINT-SIMONIANA – CONCLUSÕES CRÍTICAS DO CURSO | 209

sua vez, reclamava o cosmopolitismo como condição para sua existência e como esse último encontrava, enfim, no dogma da unidade universal, sua conclusão e sua garantia. Assim, subia progressivamente do passado em direção ao futuro. Bazard seguia um caminho contrário, ou quase. Ele tomou, como ponto de partida, o que havia sido o ponto de chegada do seu mestre, e todas as sequências de ideias se desenvolvem, em uma ordem inversa daquela em que estavam logicamente encadeadas no espírito do fundador. Ele começa colocando a unidade fundamental de todas as coisas. Deduz daí o internacionalismo e, do internacionalismo, a organização industrial. Isso é dizer que tem os olhos bem mais fixados no futuro do que no passado; que trata menos de conhecer as leis da história que de determinar as condições em que deve se realizar um ideal previamente escolhido.

O mundo é um. A ordem e a harmonia são o estado normal de todas as coisas; as discordâncias e os conflitos são contrários a toda natureza. Tal é o axioma do qual ele parte. É, inclusive, lendo-o que se compreende melhor o que Saint-Simon queria dizer, quando declarava que todas as leis do universo não eram mais do que formas particulares de todas as leis da gravidade. Assim, na realidade, a atração molecular que dá vida aos corpos brutos, a atração celular da qual resultam os organismos, a atração social da qual nascem as sociedades, não são fenômenos diferentes em natureza da atração dos corpos astronômicos que formula a lei da gravidade (XLI, 91). Além do mais, é provável que, fora da unidade lógica que resultava da redução de todas as leis em uma só, Bazard visse, nessa conspiração universal das coisas que tendem cada vez mais a se reaproximar e a se reencontrar, uma manifestação demonstrativa da necessidade de unidade e equilíbrio, a qual ele tornou a propriedade fundamental de toda realidade. Ademais, é um fato notável que essa lei puramente cósmica tenha sido frequentemente invocada pelos teóricos do socialismo, como princípio científico da sua doutrina. Nós veremos que Fourier fez que desempenhasse em seu sistema um papel não menos importante do que Saint-Simon, sem que, no entanto, fosse possível suspeitar que o primeiro pegasse a ideia emprestada do segundo. A razão dessa particularidade é que, tal lei é, de fato, a imagem física e material da solidariedade; ela também tem a vantagem de associar este último fato, que é, aparentemente, totalmente humano, ao resto da natureza, e de fazê-lo sentir melhor a irresistibilidade, uma vez que, em lugar de apresentá-la como um privilégio da nossa espécie, mostra a sua necessidade no reino biológico e, inclusive, mais abaixo ainda, no mundo dos minerais. Colocando fora do planeta e, portanto, fora do homem o centro do universo, ela nos inclina a admitir mais facilmente que é fora do indivíduo que se encontra o centro do sistema social.

Mas, se é assim o estado natural da humanidade, é a unidade, ou seja, a reunião de todos os homens em uma mesma associação universal, a combinação de todas as forças humanas em uma única e mesma direção que, por conseguinte, só poderá ser pacífica. E, de fato, se a espécie humana ainda não chegou a esse ideal, a história mostra que é o objetivo em direção ao qual ela tende, e do qual ela se aproxima cada vez mais, ainda que haja um estado contrário que a retenha, mas que ela domina cada vez mais completamente e do qual ela se afasta cada vez mais: é o estado de antagonismo que opõe os homens em lugar de uni-los; que os arma uns contra os outros, em lugar de fazê-los colaborar em uma única e mesma obra. Na origem, é o antagonismo que é preponderante, enquanto a associação é apenas rudimentar. "Quanto mais retrocedemos no passado, mais achamos estreita a esfera de associação, mas percebemos também que a associação é incompleta nesta esfera", diz Bazard (p. 183). A humanidade é então fragmentada em muitos grupos hostis entre os quais a guerra é o estado crônico. Em seguida, pouco a pouco, as famílias se reúnem em cidades, as cidades em nações, as nações em confederações, e o último resultado dessa série de progressos é a formação da "grande aliança católica" que, quando estava na plenitude de suas forças, mantinha uma porção notável da humanidade congregada sob a autoridade de uma mesma crença. Ao mesmo tempo em que o círculo da associação se amplia, o princípio da ordem, da união e da harmonia lança, no interior de cada grupo, as mais profundas raízes. Não apenas o campo das relações pacíficas ganha em extensão, mas o próprio caráter pacífico dessas relações vai se acentuando. "Os elementos de luta contidos no seio de cada associação se enfraquecem à medida que várias associações se reúnem em uma só" (190). Quando a sociedade não se estende além da família, a luta é constante entre os sexos, e as idades, entre irmãos e irmãs, entre mais velhos e mais jovens. Quando a cidade aparece, o casamento apazigua as relações sexuais, mas aparece então os antagonismos entre mestres e escravos, entre plebeus e patrícios; em seguida, um e outro se debilitam, o segundo desaparece completamente, o primeiro é substituído por outro antagonismo muito mais suave do servo e do senhor, que também vai se atenuando cada vez mais. O que determina esse apaziguamento progressivo é que, cada vez mais, o papel da força vai diminuindo nas relações sociais. No princípio, ela é a base de toda organização social e consiste na submissão dos mais fracos aos mais fortes, em seguida, na exploração dos

CAPÍTULO XI – A ESCOLA SAINT-SIMONIANA – CONCLUSÕES CRÍTICAS DO CURSO | 211

primeiros pelos segundos. Mas, cada vez mais, ela perde terreno, à medida que o homem percebe que a exploração das coisas é mais proveitosa que a exploração dos semelhantes, ou seja, à medida que a indústria aparece como mais produtiva que a guerra.

"A exploração do homem pelo homem, eis o estado das relações humanas no passado; a exploração da natureza pelo homem, tal é o quadro que o futuro apresenta." (206).

Não restam dúvidas sobre o fim que a humanidade persegue e deve perseguir. Ela deve tender na direção de um estado em que todos os seus membros, cooperando harmonicamente, estejam unidos para explorar o globo em comum. Está muito claro que estamos bem longe do objetivo. As lutas entre os povos estão longe de serem extintas e, no interior de cada povo, existem conflitos de toda sorte. Apesar dos progressos já realizados, resta muito a fazer ainda para que a sociedade humana possa ser vista como constituída. No entanto, por mais incontestável que seja essa comprovação, por si só, ela não bastaria para demonstrar a necessidade de uma transformação imediata das sociedades civilizadas. Poderia acontecer, na realidade, que, estando ainda bem longe do objetivo a ser alcançado, não tivessem nem os meios nem o desejo de se aproximarem mais. Pois, há momentos na história de cada povo em que se chega ao máximo de harmonia, de ordem e de paz de que então se é capaz. É isso o que Bazard chama de épocas ou períodos orgânicos. Elas devem esse privilégio ao fato de que um corpo de doutrinas, de crenças comuns, encontra-se então constituído, e é bem extenso e, geralmente, bastante respeitado para neutralizar o efeito dos antagonismos e das hostilidades que persistem, para conter as tendências dispersivas que resultam deles, ou seja, para dominar os egoísmos e fazer com que todas as atividades particulares convirjam em direção a um fim comum. O que caracteriza exteriormente essas épocas é o estabelecimento de um dogma reconhecido por todo o mundo e sob o qual se classificam espontaneamente, em certo sentido, as teorias particulares que não são mais do que suas divisões e que asseguram, assim, a unidade das inteligências e, portanto, das vontades. Como exemplo de época orgânica, podemos citar na história das sociedades cristãs, o período que se estende do século XI ao século XVI, aproximadamente, ou seja, quase até a Reforma e, na História das sociedades antigas, aquelas durante as quais o politismo greco-latino esteve em todo o seu vigor e que terminou em Roma, com Augusto e na Grécia, com Péricles. No momento em que uma sociedade chegou a tal fase de maturidade, a que Bazard chama de orgânica, não é nem desejável, nem

212 | LIVRO II – SAINT-SIMON – SUA DOUTRINA – A ESCOLA SAINT-SIMONIANA

possível tentar transformá-la. Não é possível porque, para isso, seria necessário destruir o sistema de crenças sobre o qual repousa a ordem social e elas estão bastante vivas, muito fortemente enraizadas para serem aniquiladas em um instante. Isso não é desejável porque não se deve destruir nada que não se possa substituir e porque, para elaborar um novo dogma e fazer que ele penetre nos espíritos, são necessários séculos. Se, portanto, nossa época fosse orgânica, bem poderíamos tentar evocar novos progressos, mas não poderíamos reclamar uma transformação radical. Na realidade, nossa organização, bem longe de ter alcançado o seu máximo de resistência, está em ruínas. Bem longe de ser tudo o que pode ser, hoje, não possui sequer os efeitos benéficos que teve outrora. A marcha das sociedades em direção à associação universal não é, de fato, uma absoluta continuidade. Há momentos em que se produz uma espécie de retrocesso, em que há menos ordem e harmonia que anteriormente. Esses são os períodos críticos que se opõem aos períodos orgânicos. O que os caracteriza é que, sob o golpe de novas forças, o corpo de ideias que, até então, unia os espíritos, é discutido e atacado. À medida que a obra de destruição avança, os antagonismos, menos contidos, desenvolvem-se cada vez mais e a anarquia se manifesta. As atividades individuais, ao deixarem de ser agrupadas em conjuntos, dirigem-se em sentidos divergentes ou contrários e, por isso, chocam-se umas com as outras. O egoísmo é desencadeado porque a força que o mantinha em xeque enfraqueceu. "A marca das épocas críticas, como a das grandes derrotas, é o egoísmo" (113). O egoísmo conduz, na sua sequência, à guerra. Outro signo exterior através do qual se reconhecem tais períodos, é que as filosofias individuais, as opiniões particulares têm neles o lugar ocupado até então pelas religiões estabelecidas. Seguramente, elas estão longe de serem inúteis e se, em um sentido, constituem um movimento de retrocesso, na realidade, são condições indispensáveis para todo progresso. Pois, uma vez tendo chegado ao período orgânico, as sociedades ficariam imobilizadas nele para sempre se a crítica não fizesse o seu papel, se ela não se aplicasse às ideias subtraídas até então a todo exame e não revelasse a insuficiência das mesmas. É preciso que a crítica perturbe o equilíbrio para que ele não se fixe de uma vez por todas, sob a forma que adquiriu em um dado momento. Mas, por outro lado, menos ainda que as fases orgânicas, as fases críticas não podem ser consideradas como o último termo da evolução, pois a destruição é a morte, e a morte não é um fim para a vida. Só se deve destruir para reconstruir. Os períodos críticos só são úteis pois, na medida em que possibilitam novos períodos orgânicos. E, de fato, na

História da Antiguidade, o período crítico é o que começa com Sócrates, com o grande desenvolvimento da Filosofia grega e que termina com o estabelecimento do cristianismo. Na História das sociedades cristãs, ele começa com a Reforma, com o abalo do dogma cristão e não terminou ainda. Ao contrário, tudo prova que chegou ao seu máximo de atividade. Pois nunca o individualismo anárquico atingiu um tal grau de desenvolvimento. Na ordem intelectual, cada um possui o seu sistema e todos esses sistemas contrários lutam esterilmente uns contra os outros. Os sábios propriamente ditos estão como que atolados nos seus estudos especiais que não se entrelaçam e perderam todo o sentimento da sua unidade. "Acumulam experiências, dissecam toda a natureza [...] acrescentam fatos mais ou menos curiosos aos fatos anteriormente observados [...]. Mas, quais são os sábios que classificam e coordenam essas riquezas acumuladas em desordem? Onde estão aqueles que organizam as espigas de tão abundante colheita? Alguns molhos podem ser percebidos aqui e ali; mas eles estão dispersos pelo vasto campo da ciência, e, depois de mais de um século, nenhuma grande visão teórica foi produzida." (91). Na indústria, o conflito de interesses individuais tornou-se a regra fundamental, em nome do famoso princípio da concorrência ilimitada. As artes, enfim, não exprimem mais do que sentimentos antissociais. "O poeta não é mais o cantor divino colocado à frente da sociedade para servir de intérprete ao homem, para lhe dar as leis, para reprimir suas tendências retrógradas, para lhe revelar as alegrias do futuro [...]. Não, o poeta não encontra mais do que cantos sinistros. Ora se arma com o chicote da sátira, sua verve se exala em palavras amargas, volta-se contra toda a humanidade [...]. Ora, com uma voz fragilizada, canta em versos elegíacos os encantos da solidão, entrega-se à onda dos devaneios, pinta a felicidade no isolamento; e, no entanto, se o homem, seduzido por estes tristes acentos fugisse de seus semelhantes, longe deles, não encontraria senão desesperança." (113-114). "Digamos, as belas artes não têm voz quando a sociedade não tem amor. Para que o verdadeiro artista se revele, necessita de um coro que repita seus cantos e receba sua alma quando ela extravasar." (115). Portanto, uma reorganização da sociedade não é apenas possível, ela é necessária; pois a obra da crítica chegou ao seu último termo; tudo está destruído, e uma vez que a destruição teve como causa o surgimento de novas necessidades, a reconstrução não pode consistir em uma simples restauração do antigo edifício. Deve ser feita sobre novas bases.

Esta distinção dos períodos críticos e os períodos orgânicos já estava indicada em Saint-Simon, mas foi Bazard que a erigiu sob a forma de uma teo-

214 | LIVRO II – SAINT-SIMON – SUA DOUTRINA – A ESCOLA SAINT-SIMONIANA

ria distinta. Ela constitui um progresso importante na Filosofia da História. Para os filósofos do século XVIII, os povos antigos, por estarem infinitamente distantes do que parecia ser o fim verdadeiro das sociedades humanas, constituíam outros tantos monstros, seres anormais, cuja persistência e a generalidade eram, por conseguinte, dificilmente explicáveis. Por isso, dizia-se das instituições daqueles povos que mais feriam o ideal moderno, que só tinham conseguido se manter por meios artificiais: a astúcia e a violência. Bazard, ao contrário, distinguindo – fora da perfeição suprema que ele designa como o fim último da humanidade – estados relativos de saúde, de equilíbrio estável natural, cujas condições variam, nos diferentes momentos da História, não estava mais obrigado a representar a humanidade com se ela tivesse vivido perpetuamente fora da natureza. Podia admitir que, na história de cada sociedade, houve momentos em que ela foi tudo o que devia ser. Além disso, a lei assim formulada é incontestável, ao menos grosso modo. Por todos os lados, vemos sistemas de crenças se elaborarem sucessivamente, chegar a um máximo de consistência e autoridade, para sucumbir progressivamente sob a crítica. O que escapa a Bazard é que, quanto mais avançamos na História, mas vemos os caracteres do período crítico se prolongarem até o seio do período orgânico. Na realidade, quanto mais um povo é culto, menos o dogma que faz a sua unidade exclui o livre exame. A reflexão e a crítica se mantêm ao lado da fé, impregnam a própria fé sem arruiná-la e vão ocupando nela um espaço cada vez maior. É assim que o cristianismo, mesmo no seu período orgânico, admitia muito mais a razão que o politeísmo greco-latino no período correspondente, e o cristianismo de amanhã deverá, portanto, ser ainda muito mais racionalista que o de ontem. Saint-Simon tinha, além do mais, muito mais do que seus discípulos, a percepção desse racionalismo crescente das crenças coletivas.

Seja como for, uma vez que estamos no limite extremo de uma fase crítica, é preciso sair dela. E, para isso, é necessário: 1°) transformar as instituições temporais de maneira a colocá-las em harmonia com as novas necessidades que surgiram e que arruinaram o antigo sistema; 2°) constituir um sistema de ideias comuns que sirvam de base moral a essas instituições. Porém, o que existe de novo nas necessidades atuais da humanidade é o crescimento do sentimento de simpatia, de fraternidade e de solidariedade que torna radicalmente intoleráveis para nós os últimos vestígios do império, que ainda conserva a força material das antigas potências, e tudo o que sobreviveu às velhas instituições que permitiam ao homem explorar o homem. Chegamos a um ponto em que não é mais suficiente buscar sim-

CAPÍTULO XI – A ESCOLA SAINT-SIMONIANA – CONCLUSÕES CRÍTICAS DO CURSO | 215

ples atenuações do antigo sistema, que foram as únicas melhoras perseguidas pelas sociedades até o presente, porque agora conhecemos o último ideal em direção ao qual tende a humanidade; e desde que ele apareceu, apegamo-nos a ele a ponto de não podermos mais nos desprender. É por isso que os fins provisórios com os quais os homens se contentaram, até então, não possuem atrativos agora e não podem mais nos satisfazer. O cristianismo foi o último esforço nessa revelação progressiva do ideal humano. Ele já havia nos ensinado a conhecer e a amar uma humanidade una, unida inteiramente ao espiritual, mas agora, elevamo-nos à ideia mais alta de uma humanidade solidária, ao mesmo tempo, espiritual e temporal, na ação e no pensamento e, consequentemente, não podemos nos propor outros objetivos. Sem dúvida, não se trata de alcançá-la de um só golpe. É, ao contrário, muito elevada para que um dia seja completamente alcançada e, consequentemente, não há razão para temer que um dia o progresso chegue ao fim e que a atividade humana careça de elementos. Mas o que devemos fazer é tê-la em vista. Ela, e nada mais que a mascare. E agir. Em consequência, encarregarmo-nos de representá-la em toda a sua integridade, descartando todas as forças de espera, cuja hora passou, e trabalhar para configurar nela a organização social.

Para chegar a este resultado, muitas forças seriam necessárias e possíveis desde agora. Mas existe uma que parece se impor aos saint-simonianos de uma maneira mais urgente que as outras, é a transformação do direito de propriedade.

Na realidade, o que caracteriza a propriedade, tal como está constituída hoje, é o fato de ser transmissível fora de toda competência social, em virtude do direito de herança. Por essa razão, homens nascem com o privilégio de não fazer nada, ou seja, vivem à custa de outros. A exploração do homem pelo homem permanece sendo, portanto, sob essa forma, a base de nosso sistema social, pois ele repousa inteiramente sobre a organização da propriedade. Se tal exploração deve desaparecer, então, que a instituição que ela perpetua, de uma maneira crônica, desapareça por sua vez. Há quem alegue, diz Bazard, que o proprietário não vive à custa de outros, porque o que o trabalhador representa são apenas os serviços produtivos dos instrumentos que lhe foram emprestados. Mas ele responde: a questão não está em saber se esses serviços devem ser remunerados, mas a quem essa remuneração deve ser feita e se, ao atribuí-la ao proprietário que não possui outro título além do acaso do seu nascimento, não consagramos um privilégio da força material. Ora, pelo simples fato de um homem ser proprietário por direito de nascença, possui sobre os trabalhadores simples com os quais estabelece transações, uma superioridade que lhe permite impor suas vontades e que não difere, em natureza, daquela que coloca o vencido nas mãos do vencedor, pois o operário, reduzido a esperar seu alimento de cada dia do seu trabalho da véspera, é obrigado a aceitar, sob a pena de perder a vida, as condições que lhe são oferecidas. Além disso, a hereditariedade da riqueza implica, como contrapartida, a hereditariedade da miséria. Existem, dessa forma, na sociedade, homens que, apenas por seu nascimento, são impedidos de desenvolver suas faculdades: o que fere todos nossos sentimentos (p. 227).

De acordo com o método de Saint-Simon, Bazard se esforça para demonstrar que, de fato, a evolução histórica se dirige espontaneamente bem nesse sentido; que, por si sós, as sociedades se aproximaram de modo muito sensível do objetivo que ele lhes propõe. De fato, de maneira geral, "o dogma moral de que nenhum homem deveria ser marcado como incapaz pelo seu nascimento, há muito tempo penetrou nos espíritos e as constituições políticas dos nossos dias o sancionaram expressamente" (p. 225). Não há razões para não estendê-lo ao mundo econômico. O proprietário possui uma função social que é a de distribuir aos trabalhadores os instrumentos que lhes são necessários para produzir (247). Por que essa função seria mais necessária que as outras? E há mais, não apenas o direito do capitalista está em contradição com o fundo do nosso sistema social, mas ela vai perdendo sua importância progressivamente, tão forte é o sentimento de que deve desaparecer. O que confere, na realidade, essa importância "é o privilégio de conseguir uma gratificação através do trabalho alheio: ora, tal gratificação, representada atualmente pelo interesse e pelo arrendamento, decresce sem cessar. As condições que regulam as relações do proprietário e do capitalista com os trabalhadores são cada vez mais vantajosas para os últimos; em outros termos, o privilégio de viver na ociosidade tornou-se mais difícil de ser adquirido e conservado" (p. 235-6). Assim, bem longe de sustentar, como tantos teóricos do socialismo, que os direitos dos proprietários tornaram-se cada vez mais exorbitantes, justificando assim as reivindicações das classes operárias, Bazar reconhece, ao contrário, que a supremacia do capital vai se suavizando cada vez mais. Mas, a partir dessa diminuição progressiva, conclui que pedir sua supressão radical é difícil, não é propor nada que não esteja de acordo com a marcha natural e espontânea das sociedades. Pois, vê colocada aí a prova de que essa medida é, cada vez mais, reclamada pelos sentimentos da humanidade.

CAPÍTULO XI - A ESCOLA SAINT-SIMONIANA - CONCLUSÕES CRÍTICAS DO CURSO | 217

Para chegar a esse resultado, basta uma última modificação. É preciso que "o Estado, e não mais a família, herde as riquezas acumuladas, na medida em que elas formem o que os economistas chamam o fundo de produção" (p. 236). É preciso que seja uma instituição social, única e perpétua, depositária de todos os instrumentos da produção e que presida toda exploração material (p. 252). Nessas condições, na realidade, não haverá mais, na sociedade, superioridades que não correspondam a uma maior capacidade intelectual e moral. A força material com a qual o capital arma quem é proprietário por direito de nascença será definitivamente abolida. Além disso, o próprio interesse econômico, assim como o sentimento moral, reclama essa transformação. Na realidade, para que o trabalho industrial chegue ao grau de perfeição a que pode aspirar, é preciso: 1°) que os instrumentos de trabalho sejam repartidos em função de cada ramo da indústria e de cada localidade; 2°) que sejam entregues nas mãos dos mais capazes, para que produzam todos os frutos que se podem esperar; 3°) que a produção seja organizada de maneira a ser a mais perfeita possível, no que concerne às exigências do consumo, ou seja, de maneira a reduzir ao mínimo os riscos de escassez ou abundância. Porém, no atual estado das coisas, quem é que procede à distribuição dos instrumentos de trabalho? São os capitalistas e os proprietários, uma vez que são eles, e apenas eles, que dispõem dos instrumentos. Mas, indivíduos isolados não estão em condições de conhecerem bem os homens, nem as necessidades da indústria, nem os meios de satisfazê-las para cumprir convenientemente suas funções. Cada um deles, forçosamente, percebe apenas uma pequena porção do mundo social e não sabe o que acontece além. Ignora, portanto, se, no momento em que funda sua empresa, outras já não se ocupam em satisfazer a necessidade a que ele se propõe a saciar e se, consequentemente, todo o seu trabalho e toda a sua despesa não correm o risco de serem vãos. É ainda mais difícil para ele medir, com precisão, a extensão dessas necessidades; como ele pode saber qual é a importância da demanda no conjunto do país e qual é a parte que lhe corresponde? Daí vêm essas escolas, essas tentativas por ensaio e erro que se manifestam através de crises periódicas. Enfim, o que preparou os capitalistas para tão delicada função de escolher os que são os mais aptos para utilizar os instrumentos de trabalho no interesse comum? Como o seu berço, por si só, coloca-os em situação de estimar com alguma precisão, o valor das competências industriais? E como só emprestam seus capitais para aqueles a quem querem, são eles, em suma, que designam soberanamente quais devem ser os funcionários da indústria. Transportemo-nos, agora,

218 | LIVRO II – SAINT-SIMON – SUA DOUTRINA – A ESCOLA SAINT-SIMONIANA

para um mundo em que essa tripla missão pertença não mais a capitalistas isolados, mas a uma instituição social. Essa, estando por suas ramificações em contato com todas as localidades e todos os gêneros de indústria, percebe todas as partes do atelier industrial; ela pode, portanto, perceber as necessidades gerais e as necessidades particulares e levar braços e instrumentos lá onde a necessidade se faz sentir, ao mesmo tempo em que está mais bem situada para reconhecer as verdadeiras capacidades e apreciá-las em suas relações com o interesse público.

Mas, em que deve consistir tal instituição?

Bazard, e antes dele Saint-Simon, ficou impressionado com o papel considerável que a indústria dos banqueiros estava adquirindo nas sociedades modernas. Via nelas um começo de organização espontânea da vida industrial. De fato, a função dos banqueiros é de servir de intermediário entre os trabalhadores que têm necessidade de instrumentos de trabalho e os proprietários dos instrumentos que não desejarem empregá-los por si mesmos. Os bancos são, portanto, substitutos dos capitalistas e dos proprietários na tarefa de distribuir aos produtores os meios de produção e podem cumpri-la com muito mais competência que os indivíduos isolados. Colocados, de fato, em uma perspectiva muito mais central, em relação com diferentes pontos do território e ramos diferentes da indústria, podem observar melhor a extensão relativa das diferentes necessidades industriais. Eles já são instituições públicas, no sentido que abraçam porções muito mais vastas do domínio econômico do que um simples capitalista. Ao mesmo tempo, como a própria profissão do banqueiro consiste em descobrir capacidades às quais os fundos de produção podem ser utilmente confiados, os capitais que passam por suas mãos possuem muito mais chances de serem entregues aos mais aptos a tirar partido deles. Entrevemos, portanto, que um simples desenvolvimento do sistema dos bancos poderia gerar a instituição procurada.

O que faz que a organização atual seja insuficiente é, em primeiro lugar, o fato de a centralização ser muito imperfeita. Apesar de os banqueiros estarem em melhor posição que os proprietários para julgar as necessidades da indústria, não há um banco que seja o centro de onde todas as operações industriais desemboquem e se resumam e que possa, por conseguinte, enxergar o conjunto delas e regular, com pleno conhecimento, a divisão dos capitais. Além disso, cada banqueiro permanece um empreendedor privado que tem seu ponto de vista pessoal e se preocupa em obter o melhor dízimo possível sobre os produtos do trabalho, da mesma forma que o proprietário,

CAPÍTULO XI – A ESCOLA SAINT-SIMONIANA – CONCLUSÕES CRÍTICAS DO CURSO | 219

que lhe entrega seus fundos, busca obter dele as maiores vantagens possíveis. O privilégio do capital hereditário não está, portanto, suprimido. Para desembaraçar essa instituição dos seus inconvenientes e colocá-la à altura de suas funções, três medidas são necessárias e suficientes: 1ª) submeter todos os bancos à ação de um banco unitário e diretor que os domine; 2ª) dar a ele a administração de todos os fundos de produção; 3ª) especializar os bancos subordinados. Vejamos, então, como funciona o sistema. Uma vez abolida a herança, todas as riquezas mobiliárias e imobiliárias retornariam para o estabelecimento central que disporia assim de todos os instrumentos de trabalho. Desse banco dependeriam bancos de segunda ordem, encarregados dos ramos especiais da indústria e que se ramificariam, por sua vez, em cada localidade, através de outros estabelecimentos do mesmo gênero, mais restritos, no entanto, e em contato direto com os trabalhadores. Através desses canais, o primeiro banco seria mantido a par das necessidades e da potência produtiva da indústria no seu conjunto. Ele decidiria, consequentemente, de que maneira os capitais deveriam ser divididos entre as diferentes classes de empresas, ou seja, abriria a cada uma delas um crédito determinado, proporcional às suas necessidades e aos meios de que dispõe a sociedade. Cada banco especial teria, então, como função, dividir entre os trabalhadores de cada categoria, através desses estabelecimentos locais, a parte de crédito acordada ao ramo industrial que ele for encarregado de dirigir. Cada produtor não é mais do que o gerente da oficina ou dos instrumentos que emprega. Recebe, para tanto, um salário determinado, mas a renda de sua empresa não lhe pertence e retorna ao banco local e, por intermédio dele, ao banco central. Ele dispõe de seu salário com plena liberdade, tem plena propriedade dele, mas do restante é um tesoureiro. Quando ele morre, os capitais que explorou são transmitidos ao que então parece mais digno, através do progresso administrativo. Assim, as bases imaginadas por Bazard são: a constituição de um sistema unitário de bancos que centralize e divida os meios de produção; a atribuição desses meios a gerentes que recebam remunerações proporcionais a seus serviços. Graças a tão sábia hierarquia, a condição de cada indivíduo na sociedade é determinada pela sua capacidade, conforme o axioma saint-simoniano: "A cada um segundo suas capacidades, a cada capacidade segundo suas obras".

Saint-Simon, sem dúvida, assombrou-se com as implicações extremas extraídas dos seus princípios e é, de fato, surpreendente, o caminho feito em alguns anos (1825-1828) pelas ideias que ele foi o primeiro a formular. Mas a exposição de Bazard é interessante por outro motivo. Estamos na presença

220 | LIVRO II – SAINT-SIMON – SUA DOUTRINA – A ESCOLA SAINT-SIMONIANA

de um plano completo de reorganização econômica, cujo caráter socialista é incontestável. Acabamos de encontrar fórmulas que anunciam as de Marx. Acabam de nos falar da vida econômica como algo capaz de ser integralmente centralizada. Acontece que, nem na sua crítica da ordem atual, nem no seu programa de reorganização, Bazard faz alusão à grande indústria. Nem para justificar as transformações que reclama, invoca os costumes especiais que são atribuídos a ela, nem para estabelecer o caráter prático das reformas que propõe, apoia-se sobre o seu exemplo. Esses dois fatos são muito notáveis, pois a organização da grande indústria, sobretudo o seu caráter centralista, era, ao que parece, um argumento muito natural para demonstrar que as funções industriais podem e devem centralizar-se. E, no entanto, a centralização não está em questão. Evidentemente, por conseguinte, não é a indústria que ele tem em vista, mesmo quando se levanta contra o sistema de hoje, mesmo quando constrói o seu sistema. Essa mesma observação poderia ser feita a respeito de Saint-Simon. Vimos, na verdade, que a única reforma econômica grave que ele reclamava, dizia respeito à propriedade das terras; não aos capitais empregados na indústria, à manufatura ou ao comércio, que ele não via inconveniente em deixar submetidos ao regime atual. Da mesma maneira, também em Fourier, veremos que a ideia da grande indústria é muito pouco precisa. O que quer dizer que, na gênese do socialismo, ela não desempenhou o papel que lhe atribuímos às vezes. Ela é, certamente, um fator secundário e simultâneo dele. Esses dois fenômenos sociais se desenvolvem paralelamente, sem que haja entre eles uma relação de causa e efeito. Talvez, poderíamos dizer, inclusive, que o socialismo e a grande indústria são o produto de um mesmo estado social? Em qualquer caso, veremos que, se o socialismo não se constituiu sozinho, ao menos ele foi o primeiro a constituir-se.

Décima quarta lição

Vimos como, de acordo com Bazard, uma vez que as sociedades modernas chegaram ao limite extremo do seu período crítico, uma transformação profunda das instituições temporais tornou-se necessária, a fim de satisfazer as novas necessidades que surgiram. Antes de tudo, o regime da propriedade deve ser reformado; pois ele contribui, mais do que qualquer outra coisa, para manter o antagonismo e a guerra, permitindo que o proprietário nato explore aqueles dentre os seus semelhantes que não possuem nada. É preciso, portanto, através da supressão do direito de herança, retirar

CAPÍTULO XI - A ESCOLA SAINT-SIMONIANA - CONCLUSÕES CRÍTICAS DO CURSO | 221

de alguns privilegiados a força material de que estão armados pelo simples fato do seu nascimento e que lhes assegura uma injusta preponderância. Ao mesmo tempo, a função que consiste em dividir entre os produtores os instrumentos de trabalho, deixará de ser abandonada a indivíduos isolados, incompetentes e egoístas, para ser atribuída a uma instituição social. Essa reforma, todavia, não é a única que Bazard reclama, ele propõe outras referentes à educação, à legislação e aos tribunais. Mas, como todas dependem da primeira, não é necessário expô-las em detalhes.

Além disso, qualquer que seja a importância de tais medidas, elas não são o que existe de capital na obra de reorganização. Pois, as instituições temporais possuem apenas a autoridade, sem a qual não poderiam funcionar normalmente, a não ser sob a condição de repousarem sobre um conjunto de crenças comuns que fossem como suas raízes nas consciências particulares. Definitivamente, um sistema de instituições deve exprimir um sistema de ideias. É, portanto, na constituição desse sistema que importa, antes de qualquer coisa, trabalhar. Enquanto ele faltar, a organização social mais habilmente equipada pode ter apenas uma existência artificial. Ela é a letra da qual aquele é o espírito. O sistema de ideias é, inclusive, tão essencial que o veremos finalmente dar luz à uma instituição *sui generis* na qual encarnará mais especialmente e que dominará todas as outras. Assim, sem crenças que o animem, o corpo das instituições sociais não fica apenas sem alma, sequer é completo. Falta o principal. O problema que resta tratar é, de longe, portanto, o mais capital. O segundo volume da *Exposition* está consagrado a resolvê-lo.

Ele pode ser formulado assim: em que devem consistir as crenças que, tendo em conta as necessidades e os sentimentos novos que se manifestaram nos corações humanos, poderão, a partir de agora, servir de vínculo entre os homens?

Em primeiro lugar, deverão ter um caráter religioso. De fato, o que distingue os períodos orgânicos dos períodos críticos, é a religiosidade dos primeiros e arreligiosidade dos segundos. A humanidade nunca conseguiu passar do egoísmo anárquico e tumultuado de uns ao equilíbrio ordenado de outros a não ser graças à constituição de um novo dogma. É somente quando uma nova religião substitui a que a crítica tinha definitiva e justamente arruinado, que a incoerência termina e as forças sociais agrupam-se e concertam-se de novo, harmonicamente. Não existe, portanto, nenhuma razão para acreditar que haja outro meio de sairmos da crise atual; que haja qualquer outro caminho que os homens tenham ignorado até o

222 | LIVRO II – SAINT-SIMON – SUA DOUTRINA – A ESCOLA SAINT-SIMONIANA

presente. Por outro lado, como isso seria possível? Um povo só pode se organizar sintetizando suas concepções, pois são elas que determinam as ações. Enquanto elas forem descoordenadas, não poderá haver ordem nos movimentos. Uma sociedade em que as ideias não estejam sistematizadas, de maneira a formar um todo orgânico e sistematizado, é necessariamente presa da anarquia. Mas, para que as ideias que fazemos do mundo possam receber essa unificação, é preciso que o mundo seja um ou, ao menos, que o acreditemos tal. Porém, só podemos representá-lo como tal sob a condição de concebê-lo como derivado de um único e mesmo princípio, que é Deus. Portanto, a ideia de Deus é a base de toda ordem social, porque ela é a única garantia lógica da ordem universal. Se a irreligião e o ateísmo são o traço característico das épocas críticas, é porque o estado de decomposição em que se encontram as ideias naqueles momentos fez desvanecer todo sentimento de unidade. Não há nenhuma razão para reportar tudo a um único ser, quando tudo parece discordante. "A ideia de Deus", diz Bazard, "não é para o homem mais do que a maneira de conceber a unidade, a ordem, a harmonia, de se sentir com um destino e explicá-lo." Porém, "nas épocas críticas, não há mais para o homem nem unidade, nem harmonia, nem ordem, nem destino." (XLII, 123). Mas então, inversamente, só se pode passar a uma fase orgânica restaurando a ideia fundamental, que é a condição de toda sistematização. Em outros termos, a religião não é outra coisa senão a expressão do pensamento coletivo próprio de um povo ou da humanidade. Por outro lado, todo pensamento coletivo possui, necessariamente, um caráter religioso.

Essa tese se chocava tanto com as críticas racionalistas do século XVIII que ainda tinha representantes, quanto com a famosa lei dos três estado que Comte acabava de formular na sua *Política positiva*. Sobre os primeiros, que tendiam a apresentar toda ideia de Deus como irreconciliável com a ciência, Bazard facilmente tinha razão. Sem dificuldade, ele estabelece que a ciência, para proceder às suas explicações, é obrigada a postular uma ordem nas coisas, uma vez que seu único objetivo é buscá-la. Mas, a ordem, sem Deus, é ininteligível. A outra objeção é mais embaraçosa, ainda mais que parecia ter a seu favor a própria autoridade de Saint-Simon. O mestre não tinha declarado que a humanidade passara sucessivamente da idade teológica para a idade metafísica e dessa, enfim, para o regime da ciência, a idade positiva, e, desde então, não parecia que a era das religiões havia terminado, a menos que a civilização retrocedesse? Bazard se desembaraça da situação com uma engenhosa distinção que, além do mais, não deixa de

CAPÍTULO XI – A ESCOLA SAINT-SIMONIANA – CONCLUSÕES CRÍTICAS DO CURSO | 223

ter alguma verdade. Fala-se desses três estados, diz ele, como se eles correspondessem aos três estados da humanidade tomados em seu conjunto e, chega-se à conclusão de que os homens, após atingirem o segundo, não podem retornar ao primeiro, e nem ao segundo, uma vez que tiverem conseguido chegar ao terceiro, da mesma forma que o indivíduo, uma vez adulto, não pode voltar à infância, nem da maturidade à juventude. Mas, na realidade, essa lei exprime somente a série de transições através das quais, um determinado povo passa da fase orgânica à fase crítica. A idade teológica é a idade do equilíbrio; a idade positiva, a época de decomposição; a idade metafísica é intermediária, é o momento em que o dogma começa a se abalar. No entanto, sabemos que o ciclo formado por esses períodos recomeça sem cessar, que aos estados críticos sucedem novos estados orgânicos; portanto, é falso dizer que as crenças religiosas não são mais do que vestígios de um passado destinado a desaparecer. A verdade é que, nós os vemos morrer para logo depois renascerem, alternadamente, sem que tenhamos o direito de fixar um fim à série de alternâncias que assim se sucedem. A lei de Auguste Comte traduz exatamente a maneira como se desenvolveram as sociedades modernas desde o século X até o século XIX; mas ela não se aplica a toda a sequência da evolução humana. É por isso que ela não poderia ser utilizada para inferir o futuro. Porém – da mesma forma que à idade teológica que as sociedades da Idade Média representaram, sucedeu a época do ateísmo, à qual corresponde a decadência das cidades antigas – é permitido acreditar que a irreligiosidade atual não constitui o último termo da história.

Tais alternâncias são, na realidade, incontestáveis; elas são, portanto, uma forte objeção à teoria de Comte. Mas não bastava – e não poderia bastar – a Bazard ter demonstrado que a religião está sujeita a renascimentos. Ele precisava, além disso, demonstrar que, a cada retorno, ela ganha terreno, longe de perdê-lo: de outro modo, sua tese fundamental não poderia ser considerada como estabelecida. Como, de acordo com Bazard, a humanidade tende em direção a um estado de harmonia e de paz cada vez mais perfeito e que, por outro lado, a harmonia social se desenvolve como a religião em que se baseia, devemos constatar que a organização coletiva, à medida que se torna mais harmônica, também se impregna mais de religiosidade; consequentemente, as sociedades tornam-se cada vez mais religiosas. A História confirma essa hipótese? Bazard ensaia prová-lo, mas sua argumentação sobre esse ponto é muito frágil. Contenta-se em distinguir três fases na evolução religiosa, o feiticismo, o politeísmo e o monoteísmo e em demonstrar que em cada uma delas a religião é praticada por sociedades

224 | LIVRO II – SAINT-SIMON – SUA DOUTRINA – A ESCOLA SAINT-SIMONIANA

mais extensas. No feiticismo, o culto é fechado dentro da família; no politeísmo, ele se torna uma instituição da cidade; com o monoteísmo cristão, ele se estende a toda a humanidade. A partir disso, ele conclui, não sem sofismo, que o caráter social da religião torna-se cada vez mais marcado. Porém, como ele não viu que o que faz a importância social da religião não é o número de indivíduos que aderem a ela, mas o número de instituições das quais ela é o fundamento e que marca com o seu carimbo? Assim, uma sociedade minúscula pode ser mais fundamentalmente religiosa do que uma imensa associação, pois pode muito bem acontecer que, na primeira, todos os detalhes das relações sejam regulamentados religiosamente e que, na segunda, ao contrário, haja muito pouco desse caráter. Pouco importa que a humanidade inteira tenha uma mesma fé; essa fé terá apenas um papel social secundário, se não se estender além de uma pequena porção da vida coletiva; se ela é majoritariamente laica. Na realidade, à medida que avançamos na história, à medida que passamos das sociedades inferiores para a cidade, e delas aos povos cristãos, observamos, de maneira mais regular que, a religião se retira cada vez mais da vida política. Portanto, se é verdade que, até o presente, sempre a vimos renascer, depois de cada período de declínio, é preciso acrescentar que, a cada renascimento, sempre perdeu importância como instituição social. Assim, a História está longe de ser favorável à proposição de Bazard. Ela está longe de nos mostrar um paralelismo constante entre a marcha da religiosidade e os progressos da harmonia coletiva. Por conseguinte, ela não nos autoriza a esperar do futuro um sistema social ainda mais essencialmente religioso que os do passado.

Todavia, aceitemos essa proposição como demonstrada. Dela se depreende que a sociedade pacífica em direção à qual tendemos e devemos tender será possível apenas se uma nova religião for fundada. Por outro lado, como cada termo do progresso não é e não pode ser mais do que um aperfeiçoamento do termo precedente, a nova religião não poderá ser, ela própria, senão um cristianismo aperfeiçoado. Quais são, portanto, as transformações que a religião cristã deve sofrer para estar à altura da missão de que precisa se encarregar no futuro?

O grande erro cristão é ter lançado o anátema sobre a matéria e sobre tudo o que é material. A Igreja não apenas situou o sensível fora da religião, não apenas recusou a ele todo o caráter sagrado, mas chegou, inclusive, a torná-lo o princípio do mal. Sem dúvida, admite que, através do pecado original, o homem degradou-se, ao mesmo tempo, no espírito e na carne; mas, na elaboração do seu dogma, foi conduzida a deixar na sombra a decadên-

CAPÍTULO XI – A ESCOLA SAINT-SIMONIANA – CONCLUSÕES CRÍTICAS DO CURSO | 225

cia do espírito, para colocar em relevo, quase exclusivamente, a da carne, que terminou por ser vista como a única fonte do pecado. Por isso, a maioria dos seus preceitos morais tem, como objetivo, reprimir as necessidades materiais e tudo o que se relaciona a elas. Ela santifica o casamento, mas o considera um estado inferior, prescreve a abstinência e as mortificações. Mas o que melhor mostra a aversão em relação a tudo o que é matéria, é o fato de que o deus cristão é concebido como espírito puro. Como resultado, todos os modos da atividade temporal são desenvolvidos fora da igreja e de sua influência. A indústria sempre foi estrangeira à Igreja; ela lhe retirava, inclusive, toda razão de ser, colocando a pobreza e as privações físicas no topo das virtudes e, se assimilou o trabalho à prece, é porque via no trabalho uma penitência e uma expiação. Da mesma maneira, ainda que a ciência tenha nascido nos monastérios, ficou estacionada enquanto permaneceu neles, e só começou a se desenvolver quando libertou-se daquele meio, que não era o seu, e se laicizou. Enfim, a arte, na medida em que exprime a vida, sempre foi tratada como suspeita e até mesmo como inimiga, pelos representantes do pensamento cristão. E aconteceu então que, essas forças sociais, ao se organizarem fora da igreja e da sua lei, voltaram-se naturalmente contra ela, uma vez que se tornaram adultas. Precisamente porque se desenvolveram a despeito do dogma, à medida que adquiriram importância, elevaram-se como um protesto vivo contra o dogma que as havia renegado e o renegaram, por sua vez. Como, por desprezo pelo mundo, a igreja o abandonou a si mesmo, o mundo pouco a pouco acabou lhe escapando e terminou por se insurgir contra ela. Mas, em tal luta, ela só poderia ser derrotada, uma vez que tinha contra si toda a civilização humana, que havia rejeitado em seu seio. É assim que o antagonismo da ordem temporal e da ordem religiosa conduziu à ruína da última.

Portanto, para que a nova religião esteja isenta desse vício constitucional e para que possa estar segura do futuro, é indispensável que, desde o princípio, renuncie a essa dualidade e a esse exclusivismo; é preciso que se estenda a todo o real; que consagre igualmente a matéria e o espírito, o sensível e o inteligível; em poucas palavras, é preciso que faça deste mundo o seu domínio. "O aspecto mais tocante, o mais novo... do progresso geral que a humanidade é chamada a fazer, consiste na reabilitação da matéria." (282). Em lugar de banir as pesquisas dos sábios, os empreendimentos da indústria, os trabalhos dos artistas, em lugar de lhes acordar uma tolerância um tanto quanto desdenhosa, que os declare coisas santas, obras pias, tornando-os a própria matéria do culto e da fé. Somente sob essa condição, escapará desse

226 | LIVRO II – SAINT-SIMON – SUA DOUTRINA – A ESCOLA SAINT-SIMONIANA

duelo no qual, como o cristianismo, sucumbirá cedo ou tarde. Além disso, proclamando a homogeneidade de todas as coisas, não fará mais do que se conformar ao princípio fundamental da unidade e da harmonia universais; e é porque a antinomia cristã era uma violação delas, que o cristianismo só pode se manter, caso se transforme.

Mas, só existe um meio de reabilitar a matéria, é fazê-la entrar no próprio Deus (p. 301). Para que todas as coisas tenham o mesmo valor, é preciso que todas sejam divinas, ou que nenhuma seja. A segunda hipótese estando afastada, porque ela é a negação de toda religião, resta a primeira. Mas para que todos os seres participem igualmente do divino, é preciso que Deus esteja em todos. Essa é, na verdade, a concepção a que Bazard chega. Ele nos dá a seguinte definição de Deus: "Deus é um. Deus é tudo o que é: tudo está nele. Deus, o ser infinito universal, expresso em sua unidade viva e ativa, é o amor infinito, que se manifesta para nós sob dois aspectos principais, como espírito e como matéria, ou, o que não é mais do que uma expressão variada deste duplo aspecto, como inteligência e como força, como sabedoria e como beleza." (293-294). Aqui está, portanto, os germes do panteísmo que havíamos encontrado anteriormente em Saint-Simon, dessa vez, em seu pleno desenvolvimento. É verdade que Bazard não aceitava, sem reticências, esse epíteto panteísta, mas isso, por razões táticas. Era para evitar que se confundisse a nova concepção com as velhas doutrinas, além do mais, desacreditadas. Mas ele reconhecia que "se esta palavra não tinha outro sentido que o da sua etimologia" não havia "nenhuma razão para rejeitá-la"; e acrescentava: "Se considerarmos apenas de maneira abstrata, o progresso religioso do homem em direção à unidade, e fizermos entrar nele o novo progresso que anunciamos, pode-se dizer, com exatidão, que os termos gerais que ele compreende são o politeísmo, o monoteísmo e o panteísmo." (306).

Dessas especulações abstratas e filosóficas sairão graves consequências práticas. Se a religião se estende a tudo, tudo na sociedade decorre da religião. Não cabe conceder apenas a sua parte. "Toda ordem política é, antes de tudo, uma ordem religiosa" (299). Sem dúvida a proposição não significa que a sociedade deva ser subordinada à religião, que ela deva perseguir fins transcendentais, estranhos aos seus fins temporais. Tal subordinação é impossível, uma vez que, na doutrina, a religião não possui um domínio fora da ordem espiritual. Bazard apenas pretende dizer que tudo o que é social é religioso, por essa razão, e inversamente, que as questões teológicas e as questões políticas são idênticas "e não apresentam, falando propriamente, senão duas faces distintas, sob as quais os fatos da mesma natureza

CAPÍTULO XI – A ESCOLA SAINT-SIMONIANA – CONCLUSÕES CRÍTICAS DO CURSO | 227

podem ser considerados" (298), da mesma forma que Deus e o mundo não são mais do que dois aspectos de uma mesma e única realidade. E, uma vez que a ciência é o estudo do universo, ela é o conhecimento de Deus e pode ser chamada de teologia. E, como a indústria tem por objetivo agir sobre o globo, através dela, o homem estabelece relações exteriores e materiais com Deus. Ela se torna culto. E não é menos verdadeiro que, se é assim, da mesma maneira que deus é a expressão eminente do mundo, é o representante de Deus, ou seja, o padre, que deve ser o funcionário eminente da ordem social. Tal é efetivamente a forma através da qual, segundo Bazard, os princípios precedentes devem ser traduzidos no sistema político. Uma vez que não existe, absolutamente, nas sociedades, função mais vital do que a que consiste em assegurar sua unidade, e como a ideia de Deus é a única que deve servir de polo ao sistema social, quem tiver um sentimento mais vivo de Deus estará em melhores condições para dirigir a vida comum; "disso se conclui que os chefes da sociedade só podem ser os depositários da religião, os padres" (335). É a eles que caberá a tarefa de fazer convergir em direção a um mesmo fim todas as atividades particulares; é o corpo sacerdotal que servirá de ligação entre os homens e as funções sociais. Todos os detalhes das suas atribuições resultam daí. Uma vez que existem duas grandes funções sociais, a ciência e a indústria, a teoria e a prática, o padre terá, portanto, antes de qualquer coisa, que vincular a ciência à indústria nas suas generalidades; ele velará por seu desenvolvimento harmônico, de maneira que a teoria se preocupe com as necessidades da prática e a prática sinta toda a necessidade que possui da teoria. Esse papel será do padre mais elevado na hierarquia, mas, por sua vez, a ciência de um lado e a indústria de outro compreendem uma infinidade de ramos particulares. A ciência se resolve em uma infinidade de pesquisas especiais; a indústria, em uma pluralidade de empresas diferentes. Para fazer com que esses trabalhos particulares caminhem de acordo, tanto com a ordem científica, quanto com a ordem intelectual, serão necessários outros intermediários. Esse cuidado caberá a outros padres, inferiores ao primeiro. Uns farão com que as diferentes ciências concorram, de maneira que elas sirvam umas às outras, troquem seus serviços, percebam perpetuamente sua relação e que, dessa forma, a unidade do trabalho intelectual seja mantida; os outros farão o mesmo com os diferentes tipos de indústria, de forma que cada uma delas tenha o seu justo ponto de desenvolvimento e todas tendam para um mesmo objetivo. Em definitivo, toda a religião será reduzida a lembrar perpetuamente os trabalhadores do sentimento da sua unidade. Para poder preencher essa

228 | LIVRO II – SAINT-SIMON – SUA DOUTRINA – A ESCOLA SAINT-SIMONIANA

missão, os padres serão escolhidos entre os homens com a mais alta capacidade de simpatia, uma vez que a simpatia é a faculdade unificadora por excelência. Aquele que unir o maior número possível em igual sentimento de amor será o mais capaz de ligar os seres uns aos outros, pois sua alma contém uma parte maior do universo, e ele está bem mais próximo de Deus. Era exato, portanto, dizer que esse sistema social não pode ser compreendido sem o sistema religioso que confere sua unidade, porque é a função sacerdotal que domina e que unifica todas as outras. É através do padre que a indústria e a ciência são unidas e convergem; é o padre que assinala o lugar que convém a cada um; ou seja, que distribui as tarefas, de acordo com as capacidades e que retribui as capacidades de acordo com as obras. A sociedade industrial só se encontra em equilíbrio adotando uma forma teocrática. A primeira vista, tal concepção parece bem distante das que encontramos em Saint-Simon. Também, foi dito, por vezes, que a Escola Saint-simoniana tinha mais afinidade com as teorias de Joseph de Maistre do que com as da Escola Liberal (Janet, 111). Mas isso é ignorar o caráter original dessa teocracia, que tem como objetivo principal desenvolver a ciência e os negócios industriais. É esquecer que sua razão de ser não é oprimir os interesses, mas consagrá-los. Ainda que religiosos, seus fins são exclusivamente terrestres, assim como os do velho racionalismo liberal. Na realidade, a doutrina de Bazard não contém outras ideias além das de seu mestre. Apenas, essas ideias são encontradas nele com uma espécie de aumento que permite compreendê-las melhor e que, sobretudo, torna mais perceptível o seu defeito fundamental. Essa organização teocrática, que em certo sentido parece se adicionar exteriormente ao socialismo industrialista de Saint-Simon, manifesta, ao contrário, com mais evidência, seus caracteres próprios, ao mesmo tempo em que faz resplandecer sua insuficiência.

Nós sabemos, na realidade, que o erro de Saint-Simon consistiu em querer edificar uma sociedade estável sobre uma base puramente econômica. Como começava por colocar em princípio que não existe mais do que interesses industriais, era obrigado a admitir que eles podiam se equilibrar por si mesmos, graças a ajustes inteligentes, mas sem a intervenção de nenhum fator de outra natureza. Para isso, bastava organizar a indústria de maneira que, produzindo o máximo possível, pudesse satisfazer completamente o maior número de necessidades possível. Mas vimos que tal projeto é irrealizável, pois supõe que os desejos dos homens podem ser satisfeitos por certa quantidade de bem-estar; que, por si sós, possuem um limite e que se

CAPÍTULO XI – A ESCOLA SAINT-SIMONIANA – CONCLUSÕES CRÍTICAS DO CURSO | 229

apaziguam, uma vez que ele tenha sido alcançado. Na realidade, todas as necessidades que ultrapassem as simples necessidades físicas são ilimitadas, pois não existe nada no organismo que lhes imponha um fim. Portanto, para que não sejam sem limites, ou seja, para que não sejam sempre descontentadas, é preciso que haja, fora do indivíduo e, por conseguinte na sociedade, forças que as contenham, que possam, com uma autoridade reconhecida por todos, assinalar onde se encontra sua justa medida. E para poder, dessa forma, conter e regulamentar as forças econômicas, são necessárias forças de outra natureza. É, portanto, indispensável que haja na sociedade outros poderes além dos derivados da capacidade industrial. São os poderes morais. Vimos, além disso, que o próprio Saint-Simon, no final da sua vida, havia percebido a insuficiência do seu sistema sobre esse ponto, e que foi isso que o conduziu a acentuar o seu caráter religioso. Portanto, o que o considerável desenvolvimento que a religião adquiriu no sistema de Bazard demonstra é que a Escola compreendeu, cada vez mais, a necessidade de completar a organização puramente industrial, através de outra que a superasse. De fato, uma das funções da religião sempre foi a de colocar um freio nos apetites econômicos. Acabamos de constatar que, em Bazard, o padre, elevado bem acima dos conselhos profissionais que Saint--Simon colocava como sendo os poderes supremos da sociedade, tornou-se o regulador soberano de toda a vida econômica. Parece, portanto, que a lacuna assinalada foi preenchida. Mas, precisamente porque essa religião, ela própria, possui uma base puramente econômica, veremos que ela é puramente nominal e incapaz de cumprir o papel do qual se desejaria encarregá-la; que esse sistema é teocrático apenas na aparência e que, ainda que Bazard tenha dado um verniz místico à doutrina industrial, não introduziu o elemento que faltava. Tanto é verdade que o industrialismo não pode sair de si mesmo, por mais necessidade que tenha.

O que é, de fato, essa religião? Ela tem por teologia a ciência e por culto a indústria, de acordo com a expressão de Bazard e, como a ciência não possui razão de ser a não ser que seja útil à indústria, é ela, definitivamente, que constitui o fim último da sociedade. No final, os homens não possuem, portanto, outro objetivo além de prosperar industrialmente, e o papel dos padres se reduz a fazer convergir as diferentes funções científicas e industriais de forma a assegurar a prosperidade. Onde está, em tudo isto, o freio que contém as paixões? Em nenhuma parte, percebem-se mais do que interesses econômicos, diretos ou indiretos, sem que se veja como, de um deles, poderia se desprender um poder que os domine. Dir-se-á que existe a ideia

230 | LIVRO II – SAINT-SIMON – SUA DOUTRINA – A ESCOLA SAINT-SIMONIANA

de Deus e que o padre está investido de uma autoridade *sui generis,* que o coloca acima dos produtores de todo tipo, porque ele está mais próximo que eles da divindade, porque ele a encarna em um grau mais alto? Mas isso é esquecer que Deus, nesse sistema, é o mundo, que se trata de um simples nome dado à totalidade do real e que, portanto, encarnar Deus mais eminentemente que a multidão, é compreender melhor o mundo de forma muito mais simples, alcançar melhor a unidade do diverso e a relação das coisas, graças a uma consciência mais desenvolvida. O padre não está, portanto, marcado por um caráter singular que o torna sem par; ele não é mais do que um homem mais culto, uma inteligência sofisticada unida a uma grande simpatia. O soberano pontífice de tal religião é o trabalhador em melhores condições, pela percepção que tem dos homens e das coisas, para fazer com que os negócios e os estudos úteis a eles avancem. É por isso que podemos dizer dele, com toda justiça, que ele é o papa da indústria. Se o cristianismo pode preencher o seu papel social, é que, totalmente ao contrário da teologia saint-simoniana, ele coloca Deus fora das coisas. A partir de então, existe uma força moral, ilusória ou não, pouco importa, fora e acima dos homens, dos seus desejos, dos seus interesses, uma força, por conseguinte, capaz de contê-los, ao menos por intermédio daqueles que eram considerados como representantes titulares, ou seja, os padres. Mas, se Deus se confunde com o mundo, como nós dominamos o mundo tanto quanto ele nos domina, como o mundo por si mesmo não é uma força moral, estamos em paridade com a divindade e, portanto, não é de lá que pode vir a disciplina indispensável. Se, como admite o dogma cristão, os interesses materiais são inferiores aos interesses espirituais e devem ser subordinados a eles, os primeiros encontram nos segundos um limite muito natural. Mas se estão em pé de igualdade, se possuem o mesmo valor e se não há outros, como poderia se constituir uma regulamentação que se imponha, seja a uns seja a outros. Qualquer autoridade reguladora é impossibilitada por tal nivelamento.

Sem dúvida, o que faz com que Bazard não tenha percebido essa dificuldade é que, para ele, a origem dos conflitos sociais reside principalmente na injusta distribuição de funções e de produtos que faz com que a situação dos indivíduos não esteja relacionada com sua capacidade. Consequentemente, a harmonia seria assegurada desde que fosse estabelecido um regime que classificasse os trabalhadores exatamente de acordo com o seu valor e que os remunerasse conforme seus serviços. Ele estima que o corpo sacerdotal, recrutado de acordo com as regras que ele colocou, estaria em condições de

CAPÍTULO XI – A ESCOLA SAINT-SIMONIANA – CONCLUSÕES CRÍTICAS DO CURSO | 231

proceder a essa classificação e a essa divisão da melhor maneira possível. Admitamo-lo ainda que, evidentemente, as objeções sejam fáceis. Falta muito para que possamos secar dessa maneira a fonte das lutas e dos descontentamentos, pois o próprio princípio que se invoca para reclamar essa reforma, logo e com muito direito, será invocado para reclamar outras que implica realmente. Na verdade, parte-se da ideia de que não é nem bom nem justo que os indivíduos tenham privilégios de nascença, mas, a inteligência, o gosto, o valor científico, artístico, literário, industrial não são, eles também, forças que cada um de nós recebe por nascimento e de que não somos autores, em uma medida mais ampla, como o proprietário não é o criador do capital que recebe ao vir ao mundo? Portanto, a proposição de acordo com a qual os privilégios hereditários devem ser suprimidos tem um corolário, que todo mundo deve ser remunerado da mesma maneira, que a divisão deve ser igual, independente do mérito. Além disso, ele não imagina, para as necessidades da causa, a tendência de não levar ao ativo e ao passivo dos indivíduos, suas disposições naturais, sejam boas ou más. Ela existe desde agora; é ela que nos inclina cada vez mais a suavizar as penas que infligimos aos criminosos; essa indulgência consciente não é mais do que a aplicação do princípio em nome do qual Bazard reclama a supressão da herança. Se, portanto, a guerra social possui verdadeiramente como causa principal a existência de desigualdades congênitas, a paz só poderia ser estabelecida graças a uma organização estritamente igualitária e comunista. Chegaremos a essa consequência extrema? Chocamos-nos com verdadeiras impossibilidades; a vida social seria impossível se não houvesse um prêmio para as capacidades. Restringiremos a aplicação desse princípio moral em nome da utilidade coletiva? Recusar-nos-emos a estendê-lo até as aptidões inatas dos indivíduos para não lesar de forma muito grave os interesses sociais? Mas, então, estamos bem seguros de que a herança também não pode ser defendida pela mesma razão? Temos segurança de que a transmissão hereditária das riquezas carece de vantagens econômicas; e se ela não as tem, por outro lado, poderia ser mantida de forma tão geral? Se é a família que herda, dizem, os instrumentos de trabalho, seguramente, não vão para os mais capazes; mas se é o Estado, que desperdício! Do ponto de vista puramente econômico, a balança é difícil de estabelecer. Além disso, quando uma instituição, contrária a um princípio moral, defende-se apenas por razões utilitárias, está condenada e não pode sobreviver por muito tempo. Não é através de considerações desse tipo que poderemos um dia deter e conter as aspirações da consciência pública, pois esses cálculos não possuem

232 | LIVRO II – SAINT-SIMON – SUA DOUTRINA – A ESCOLA SAINT-SIMONIANA

influência sobre ela. Se, no entanto, é colocado que o que existe de mais essencial a ser feito, é recusar toda sanção social às desigualdades hereditárias, que ela deve ser a base da reorganização social, são desencadeadas necessidades que não se podem satisfazer e levantados novos descontentamentos, no momento em que se acreditava apaziguar tudo. Não pretendemos, além disso, que não haja espaço para tentar atenuar cada vez mais o efeito dessas desigualdades; está claro, ao contrário, que os sentimentos de simpatia humana, que se tornam sempre mais vivos, nos impulsionam cada vez mais a suavizar as consequências – as dessa desigual divisão dos dons e das coisas – no que possuem de mais doloroso e mais revoltante. Consideramos, inclusive, como certo, que a aspiração a uma moral mais justa afetará progressivamente o direito sucessório. Mas digo que tal princípio não pode servir de fundamento a um sistema social, e só pode ter sobre a organização das sociedades uma influência secundária. Não pode ser o fundamento porque não é, por si mesmo, um princípio de ordem e de paz. Não traz consigo esse contentamento médio com a sorte, que é a condição da estabilidade social. Seguramente, tem a sua importância que vai aumentando; mas se ele pode e deve corrigir e atenuar nos seus detalhes as instituições sociais, não pode ser a base sobre a qual elas descansam. Essa última deve ser buscada em outro lugar, na instituição dos poderes morais, capazes de disciplinar os indivíduos.

O sistema de Bazard vem, dessa forma, confirmar as críticas que endereçamos ao de Saint-Simon e mostrar melhor sua generalidade. Trata-se de uma tentativa muito vigorosa do industrialismo de elevar-se acima de si mesmo, mas tal tentativa abortou, pois, quando partimos deste axioma, que existem apenas interesses econômicos, tornamo-nos prisioneiros deles e não podemos ultrapassá-los. Bazard tentou, em vão, submetê-los a um dogma que os dominasse. Esse dogma não fez mais do que traduzi-los para outra linguagem. Não é mais do que outro aspecto deles, porque a única religião possível em tal doutrina é um panteísmo materialista, uma vez que o material e o espiritual devem ser colocados sobre o mesmo plano. Porém, o Deus de tal panteísmo é apenas outro nome do universo e não poderia constituir um poder moral cuja utilidade o homem reconhecesse. Mesmo desenvolvendo assim o caráter religioso do industrialismo, Bazard não fez mais do que tornar mais sensíveis suas lacunas e perigos, pois, em Saint-Simon, o aspecto racionalista que o sistema conservava dava a ele um ar de severidade que dissimulava as consequências que ele implicava. Mas quando, abertamente, santificam-se as paixões, como contê-las poderia ser

CAPÍTULO XI – A ESCOLA SAINT-SIMONIANA – CONCLUSÕES CRÍTICAS DO CURSO | 233

a questão? Se elas são coisas sagradas, resta apenas deixá-las livres. Assim, o único motivo ao qual Bazard se dirige é o amor que, segundo ele, assume cada vez mais o lugar do respeito. São as espontaneidades do amor que devem ocupar o lugar da autoridade. Da mesma maneira, quando se diviniza a matéria e as necessidades materiais, com que direito se impõe a elas um freio e uma regra? Ao impregnar de religiosidade a vida industrial, Bazard não colocou nada acima dessa última, ao contrário, colocou-a acima de tudo. Ele reforçou o industrialismo, em lugar de subordiná-lo. Tal doutrina só podia, portanto, chegar a um sensualismo místico, a uma apoteose do bem-estar, a uma consagração do desregramento. Isso foi, na realidade, o que aconteceu e o que a destruiu. Sua história, a partir dessa época, é uma verificação experimental da discussão precedente.

No entanto, tais consequências não se manifestaram imediatamente. A lógica severa de Bazard serviu, durante certo tempo, para impedir esses embriões de desordem e decomposição de se desenvolverem. A época que, inclusive, sucedeu imediatamente o magistério da rua Taranne marca, para a escola, o apogeu do sucesso. Dois jornais foram sucessivamente fundados para difundir as ideias saint-simonianas, *Le Globe* e *Le Producteur* (1831). Um vivo impulso de proselitismo resulta deles. Essa data marca as iniciações de Clapeyron, de Bureau, ministro das finanças no governo de Napoleão III; de Adolphe Jullien, depois diretor da P.-L.-M.; de Avril, diretor da École des Ponts e Chaussées; de Lambert, que depois se tornou Lambert-Bey. Famílias inteiras se aproximam, os Rodrigues, os Péreire, os Guéroult, os Chevallier, Fournel, diretor do Creusot e sua mulher, Charles Lemonnier e a sua, Jules Renouvier, o irmão do filósofo, Charton, o historiador, os d'Eichthal, Lamoricière, que levou consigo muitos dos seus colegas do exército etc. Mas o movimento não estava localizado nas classes cultas. "A afluência dos convertidos", disse H. Carnot, "homens e mulheres de todas as classes e de todas as religiões, era tão considerável que, na França, podiam ser contados por milhares. Já não era mais uma Escola, era uma população devotada ao seu governo." Por isso, a escola adquiriu uma organização oficial. Adotou o nome de colégio sagrado e reconheceu, como chefes, ou seja, como sacerdotes supremos, Bazard e Enfantin. Quando os iniciados tornaram-se muito numerosos, foram criados colégios preparatórios de segundo e terceiro graus, sob a forma de noviciado; formando assim viveiros em que era recrutado o sacro colégio. Sua sede foi estabelecida em uma casa da rua de Monsigny. Bazard e Enfantin lá viviam.

234 | LIVRO II – SAINT-SIMON – SUA DOUTRINA – A ESCOLA SAINT-SIMONIANA

Os saint-simonianos iam a casa com muita frequência fazer suas refeições em comum. Aconteciam muitas reuniões sociais e os salões eram muito solicitados, sobretudo pelos sábios e artistas. Neles eram vistos Liszt, Adolphe Nourrit, o Dr. Guépin, E. Souvestre, Félicien David, Raymond Bonheur etc. Enfim, os centros de propaganda e ensino se multiplicaram em Paris e em toda a França.

No entanto, apesar de tão brilhante aparência, a Escola estava próxima do seu declínio. Se Bazard, espírito frio e moderado, resistia aos embriões desse misticismo sensualista que observamos no sistema, Enfantin, gênio tumultuoso e apaixonado, contava mais com o coração do que com a mente, tinha excesso de complacência por essa mesma tendência. Disso resultaram os conflitos que acabaram por estourar em plena luz. O cisma se produziu sobre a questão das mulheres e do casamento. Bazard, com toda a escola, reclamava que a mulher fosse tratada no casamento como sendo igual ao homem. Mas Enfantin ia muito mais longe e sua teoria não era outra coisa que uma consagração do amor livre e quase da prostituição sagrada. Reconhecia que o matrimônio era o estado que melhor convinha aos homens e as mulheres cujo humor é constante e fiel; mas que existem outros temperamentos que são refratários a ele, em razão de sua extrema instabilidade. É preciso, portanto, acomodar a sociedade conjugal ou, como disse Enfantin, a religião do amor, às necessidades desses últimos e, para tanto, dar a eles a flexibilidade e a mobilidade necessárias. Uma vez que deus deu a inconstância a determinados seres, como um dom, por que não utilizá-la? Ela será utilizada, autorizando a esses corações volúveis a modificarem sua situação conjugal à vontade. Assim, a ausência de regulamentação, que está na base da doutrina, produzia suas consequências naturais. Quando Enfantin ousou exprimir suas ideias pela primeira vez, houve uma grande comoção no sacro colégio. Durante dias inteiros aconteceram discussões, com uma animação da qual não fazemos a menor ideia. Os espíritos estavam tão superexcitados que ocorreram crises de êxtase entre os assistentes. O cérebro de Bazard foi atingido em consequência dessas lutas intelectuais. No meio de uma controvérsia, ele caiu vítima de uma congestão cerebral. Quando se recuperou, separou-se de Enfantin. E, então, a debandada começou.

Enfantin permaneceu à frente do estabelecimento da rua Monsigny; sob sua influência, a religião saint-simoniana se desregrou cada vez mais. "A carne foi solenemente reabilitada; o trabalho, a mesa, os apetites voluptuosos foram santificados [...]. O inverno de 1832 foi uma longa festa na rua Monsigny. A religião se coroou de rosas, manifestou-se nos vapores do ponche e nas barulhentas harmonias da orquestra [...]. Naquelas reuniões, apareceram algumas mulheres elegantes, jovens, que dançavam por dançar [...] sem entrever o lado religioso daquelas danças e daqueles prazeres." (Reybaud, *Et. s.l., Réformateurs*, 107). Semelhantes gastos geraram dificuldades financeiras. Ao mesmo tempo, a polícia proíbe a continuação do ensino saint-simoniano que acontecia na rua Taitbout. Surgem discussões entre Enfantin e Olinde Rodrigues, que acusava o primeiro de promiscuidade religiosa, separando-se dele. Por falta de recursos suficientes, o *Le Globe* deixa de circular, e Enfantin foi obrigado a abandonar o imóvel da rua Monsigny. Estabeleceu-se em Ménilmontant, em uma propriedade que lhe pertencia. É o fim. É inútil contar as últimas convulsões da Escola, que correspondem à história anedótica e não à história das ideias. Um processo movido contra Enfantin, em 1832, terminou com uma condenação à prisão. Esse foi o sinal da dispersão definitiva. Mas as ideias saint-simonianas não morreram tão depressa. Elas marcaram profundamente todas essas gerações e, durante muito tempo, continuaram agitando os espíritos. Os homens distintos e eminentes que aderiram ao saint-simonismo levaram-nas para as mais diferentes carreiras, entre as quais eles se dividiram e só se desfizeram delas muito lentamente. E, provavelmente, sua influência teria sido mais duradoura ainda, não fosse o ridículo em que caiu a seita de Enfantin, desacreditando-as.

Conclusões do curso

Nós nos demoramos muito no estudo do saint-simonismo. Assim, além de haver poucas doutrinas mais ricas em percepções fecundas, essa Escola apresenta, em certos aspectos, um interesse totalmente atual. Seu estudo serve para nos fazer compreender melhor as circunstâncias nas quais nos encontramos hoje. De fato, são impressionantes as analogias entre o período que acabamos de estudar e o que vivemos. O que caracteriza o primeiro, do ponto de vista intelectual, é que as três ideias seguintes são simultaneamente produzidas: a ideia de estender às ciências sociais o método das ciências positivas, de onde surgiu a Sociologia, e o método histórico, auxiliar indispensável da Sociologia; a ideia de uma renovação religiosa; enfim, a ideia socialista. E é incontestável que, há cerca de dez anos [escrito em 1896], vimos essas três correntes se reformarem com a mesma simultaneidade e adquirirem cada vez mais intensidade. A ideia sociológica, que havia caído na sombra, a tal ponto que a própria palavra era desconhecida, expandiu-se novamente com extrema rapidez; uma Escola neorreligiosa foi fundada e, por mais vagas que sejam suas concepções, não se pode negar que ela ganha mais terreno do que perde; enfim, são conhecidos os progressos feitos pelas ideias socialistas nos últimos anos. Quando consideramos essas correntes, de fora, elas parecem repelir umas às outras e, inclusive, os que estão mais ativamente misturados nelas, enxergam apenas antagonismos entre si. O movimento religioso apresenta-se como um protesto contra as ambições da ciência positiva; o movimento socialista, uma vez que ele traz consigo uma solução mais ou menos definida dos problemas sociais que nos preocupam, só pode aceitar a Sociologia se ela se colocar sob sua dependência, consequentemente, se ela renunciar a ser ela mesma, ou seja, uma ciência independente; parece, portanto, que entre essas diferentes tendências do

238 | O SOCIALISMO

pensamento contemporâneo existe apenas contradição e antinomia. Todavia, é aqui que o estudo retrospectivo que acabamos de fazer se torna
instrutivo, pois, o fato de, por duas vezes, no curso deste século, essas tendências terem sido produzidas e desenvolvidas, ao mesmo tempo, não pode
se dever a um simples acidente, da mesma forma que as vimos igualmente
desaparecer todas juntas de 1848 a 1870, aproximadamente. Isso significa
que existem, entre elas, relações que não percebemos. E essa hipótese é
confirmada ainda pelo estado de união em que as encontramos no seio do
sistema de Saint-Simon. Começamos assim a nos perguntar se o que faz
que essas teses apareçam e considerem-se contraditórias entre si, não é
simplesmente o fato de que cada uma exprime apenas um aspecto da realidade social e que, não tendo consciência desse caráter fragmentário, acredita-se única e, consequentemente, inconciliável com qualquer outra. E, de
fato, o que significa o desenvolvimento da Sociologia? De onde vem a ideia
de que temos a necessidade de aplicar a reflexão às coisas sociais, a não
ser de que nosso estado social é anormal e de que, a organização coletiva,
debilitada, não funciona mais com autoridade de instinto, pois é isso o que
sempre determina o despertar da reflexão científica e sua extensão a uma
nova ordem das coisas? O que atestam, por outro lado, o movimento neorreligioso e o movimento socialista? Assim, se a ciência é um meio, e não um
fim – e, como o fim a ser atingido está longe, a ciência só pode chegar a ele
lenta e laboriosamente – os espíritos apaixonados e apressados se esforçam
por alcançá-lo logo. Sem esperar que os sábios tenham avançado suficientemente os estudos, empreende-se a busca do remédio por instinto, e nada seria mais natural, se não elevassem esse método à categoria de procedimento
único e não exagerassem sua importância, até o ponto de negar a ciência.
Essa, além disso, tem muito que aprender com esse duplo movimento que
exprime dois aspectos diferentes de nosso estado atual, uns tomando as coisas sob o seu aspecto moral; outros, sob o aspecto econômico, pois, o que
faz a força do primeiro movimento, é este sentimento que nos faz acreditar
em uma autoridade que contenha as paixões, que faça convergir os egoísmos e os domine, e que se deverá a uma religião, sem ver exatamente com
o que ela pode ser constituída. O que faz a força do segundo movimento, é
que esse estado de desenvolvimento moral possui consequências econômicas e ele as coloca em relevo, porque, se as causas objetivas dos sofrimentos
não são mais intensas que outrora, o estado moral em que se encontram os
indivíduos torna-os mais sensíveis e, consequentemente, mais impacientes.
As necessidades, não estando contidas, são mais exigentes, e as exigências

CONCLUSÕES DO CURSO | **239**

crescentes não permitem ao homem se contentar com sua sorte de antes. Já não há razão para aceitá-la, para se submeter a ela e se resignar. Nossa conclusão é, portanto que, se se deseja dar um passo à frente em todas essas teorias práticas que não avançaram muito desde o início do século, é preciso se obrigar, metodicamente, a levar em conta as tendências diferentes e buscar sua unidade. Foi isso que Saint-Simon tentou fazer; é seu empreendimento que é preciso retomar e, inclusive, a esse respeito, sua história pode servir para nos mostrar a direção. O que causou o fracasso do saint-simonismo é que Saint-Simon e seus discípulos desejaram extrair o mais do menos, o superior do inferior, a regra moral da matéria econômica. O que é impossível. O problema deve, portanto, ser colocado assim: procurar por meio da ciência quais são os freios morais que podem regulamentar a vida econômica e, por intermédio dessa regulamentação, permitir a satisfação das necessidades.

Em resumo, pode-se dizer que [a oposição de todas estas escolas]... está ligado a esta dupla causa: o esforço de uns para regularizar, os esforços de outros para liberar a vida econômica. A unidade destas diversas correntes consiste em procurar qual é o elemento dessa situação que é a causa do mal. Para os economistas e os saint-simonianos, o mal reside no fato de que as [almas puras?] não são [entendidas por todos?] e o remédio só pode consistir em organizar a vida econômica em e por si mesma, uns acreditando que essa organização pode ser estabelecida espontaneamente, os outros que ela deve ser conduzida, cada vez mais, pela reflexão. Diante dessa solução, existe outra que consiste em procurar, por meio de procedimentos racionais, quais são as forças morais que podem ser [sobrepostas?] e as que não o são. Além das diferentes vias nas quais nós [esgotamos] nossas forças, existe outra que pode ser tentada. Basta-nos tê-la indicado.[39]

---

39. Todo este final do curso é muito pouco legível. Nós não tentamos reconstruí-lo completamente. Indicamos, usando reticências, o que não conseguimos decifrar, e por meio de colchetes o que permaneceu duvidoso. Está claro que Durkheim se refere a sua teoria do grupo profissional, inspirado pela ciência social, coincidindo com o socialismo, e fundando uma moral. (M.M.)

Este livro foi impresso pela Paym
em fonte Minion Pro sobre papel Chambril Avena 80 g/m^2
para a Edipro no inverno de 2016.